DICIONÁRIO DE GESTALT-TERAPIA

"GESTALTÊS"

Dados Internacionais de Catalogaçao na Publicação (CIP)
(Câmara Brasileira do Livro, SP, Brasil)

Dicionário de Gestalt-terapia : "Gestaltês" / Gladys D'Acri, Patricia Lima, Sheila Orgler. — 3. ed. revista e ampliada — São Paulo : Summus, 2016.

Bibliografia.
ISBN 978-85-323-0821-4

1. Gestalt-terapia - Dicionários I. D'Acri, Gladys. II. Lima, Patricia. III. Orgler, Sheila.

07-6966   CDD-616.8914303

Índice para catálogo sistemático:
1. Gestalt-terapia : Medicina : Dicionários   616.8914303

Compre em lugar de fotocopiar.
Cada real que você dá por um livro recompensa seus autores
e os convida a produzir mais sobre o tema;
incentiva seus editores a encomendar, traduzir e publicar
outras obras sobre o assunto;
e paga aos livreiros por estocar e levar até você livros
para a sua informação e o seu entretenimento.
Cada real que você dá pela fotocópia não autorizada de um livro
financia o crime
e ajuda a matar a produção intelectual de seu país.

GLADYS D'ACRI
PATRICIA LIMA (TICHA)
SHEILA ORGLER

Organizadoras

DICIONÁRIO DE GESTALT-TERAPIA

"GESTALTÊS"

summus editorial

DICIONÁRIO DE GESTALT-TERAPIA
"Gestaltês"
Copyright © 2007, 2012 by autores
Direitos desta edição reservados por Summus Editorial

Editora executiva: **Soraia Bini Cury**
Editora assistente: **Salete Del Guerra**
Capa: **Daniel Rampazzo / Casa de Ideias**
Projeto gráfico: **Daniel Rampazzo / Casa de Ideias**
Diagramação: **Casa de Ideias**

2ª reimpressão, 2024

Summus Editorial
Departamento editorial
Rua Itapicuru, 613 – 7º andar
05006-000 – São Paulo – SP
Fone: (11) 3872-3322
http://www.summus.com.br
e-mail: summus@summus.com.br

Atendimento ao consumidor
Summus Editorial
Fone: (11) 3865-9890

Vendas por atacado
Fone: (11) 3873-8638
e-mail: vendas@summus.com.br

Impresso no Brasil

Nossos agradecimentos

Aos AUTORES, por continuarem acreditando neste projeto audacioso.
Aos NOVOS AUTORES, que se disponibilizaram a escrever, em prazo
recorde, seus respectivos verbetes a tempo de serem incluídos
nesta nova edição.
À SUMMUS EDITORIAL, especialmente à editora SORAIA BINI CURY,
pela parceria e disponibilidade em atender às nossas necessidades.
A NÓS DUAS, que mesmo com a ausência de nossa parceira SHEILA ORGLER
mantivemos a união para levar adiante a ideia inicial de incluir
novos autores e fazer a versão para outra(s) línguas(s).

Homenagens póstumas

À parceira Sheila Orgler, organizadora da edição brasileira, que partiu prematuramente para outra dimensão, nosso agradecimento pela sua amizade, nosso reconhecimento pelos seus ensinamentos e nossa admiração pela sua postura positiva diante da vida.
À Elysette Lima da Silva, autora do verbete "Ponto cego", que por sua visão de mundo e alegria pela vida partiu deixando saudades.

Gladys D'Acri
Patricia Lima (Ticha)

SUMÁRIO

Apresentação, 13
Apresentação da Gestalt-terapia, 15
Introdução à obra, 17

Verbetes

Agressão, 19
Ajustamento criativo, 20
Ansiedade, 22
Aqui e agora, 24
Assimilação, 26
Atualização, 27
Autoapoio, apoio ambiental e maturação, 28
Autorregulação organísmica, 31
Awareness, 32
Cadeira quente (ver *Hot seat*), 35
Cadeira vazia, 35
Camadas da neurose, 38
Campo (ver Teoria de campo), 39
Caráter, 39
Ciclo do contato, 42
Comportamento deliberado e espontâneo, 45
Compulsão à repetição, 47
Como (ver Semântica, porquê e como), 48
Concentração (ver Teoria e técnica de concentração), 48
Configuração, 48
Conflito, 50
Confluência , 52
Consciência, 54
Conscientização, dar-se conta, tomada de consciência, 57
Contato, 59
Corpo, corporeidade, 60
Crescimento, 64
Criatividade, 65

Cura (ver Doença, saúde e cura), 68

Dar-se conta (ver Conscientização, dar-se conta, tomada de consciência), 69

Deflexão (ver Mecanismos neuróticos), 69

Dessensibilização (ver Mecanismos neuróticos), 69

Diagnóstico, 69

Dialética, 71

Dialógico, 74

Doença, saúde e cura, 76

Dominador (*underdog*) *versus* dominado (*topdog*), 79

Dominâncias (espontânea, não espontânea e neurótica), 80

Ego, 85

Ego, função (ver Função id, função ego, função personalidade), 86

Egotismo, 86

Emergência de necessidades (ver Necessidades, hierarquia de necessidades e emergência de necessidades), 87

Emoções, 87

Energia, 89

Escotoma (ver Ponto cego/escotoma), 91

Espontaneidade, 91

Essência, 93

Estética, 95

Eu-Tu e Eu-Isso, 97

Excitação/excitamento, 100

Existência, 102

Existencialismo, 104

Experiência, 107

Experimento, 109

Fantasia, 115

Fenomenologia, 116

Figura e fundo, 118

Fixação (ver Mecanismos neuróticos), 121

Fluidez, 121

Fronteira de contato, 122

Frustração, 123

Função e disfunção de contato, 125

Função id, função ego, função personalidade, 126

Funcionamento saudável e funcionamento não saudável, 128

Gestalt, Gestalt aberta, Gestalt fechada, Gestalt inacabada, 131

Gestaltismo, 133

Gestalt-pedagogia, 135

Gestalt-terapia, 137

Hábito, 141

Hierarquia de necessidades (ver Necessidades, hierarquia de necessidades e emergência de necessidades), 142

Holismo, 142

Homeostase, 144

Hot seat, 146

Id, função (ver Função id, função ego, função personalidade), 149

Indiferença criativa, pensamento diferencial, ponto zero, 149

Instinto de fome, 150

Intercorporeidade, 153

Introjeção, 157

Luto, 159

Maturação (ver Autoapoio, apoio ambiental e maturação), 161

Mecanismos neuróticos, 161

Método fenomenológico, 164

Mudança (ver Teoria paradoxal da mudança/mudança), 168

Necessidades, hierarquia de necessidades, emergência de necessidades, 169

Neurose, 172

Neutralidade, 174

Óbvio, 179

Organismo (ver Teoria organísmica, organismo, campo organismo/ambiente), 181

Parte e todo, 183

Pensamento diferencial (ver Indiferença criativa, pensamento diferencial, ponto zero), 185

Personalidade, função (ver Função id, função ego, função personalidade), 185

Polaridades, opostos, forças opostas, 185

Ponto cego/escotoma, 187

Porquê (ver Semântica, porquê e como), 188

Presente, 188

Prioridade (ver Necessidades, hierarquia de necessidades, emergência de necessidades), 190

Proflexão (ver Mecanismos neuróticos), 190

Projeção, 190

Psicose, 191

Psicoterapia de grupo e *workshop*, 194

Resistência e evitação, 199

Responsabilidade, 200

Retroflexão, 203

Satori, 205

Saúde (ver Doença, saúde e cura), 207

Self, 207

Semântica, porquê e como, 209

Ser-no-mundo, 212

Sintoma, 213
Sistema, 215
Sistema sensoriomotor, 217
Situação inacabada, 218
Sonhos, 220
Suporte, 222
Teoria de campo, 225
Teoria organísmica, organismo, campo organismo/ambiente, 227
Teoria paradoxal da mudança/mudança, 230
Teoria e técnica de concentração, 232
Tomada de consciência (ver Conscientização, dar-se conta, tomada de consciência), 234
Totalidade, 234
Vazio fértil, 237
Vergonha, 239
Viagem de fantasia, 240
Vivência (ver Método fenomenológico), 241
Workshop (ver Psicoterapia de grupo e *workshop*), 241
Zen-budismo, zen, 243

APRESENTAÇÃO

Com imensa satisfação vemos concretizada a criação, em todos os significados da palavra (obra, criatividade, invento, instituição de algo novo), do *Dicionário de Gestalt-terapia – "Gestaltês"*.

Trata-se de um livro que contribui para o uso adequado dos termos técnicos e científicos da abordagem gestáltica. A forma clara com que esses termos estão definidos organiza os conceitos de maneira singular. Baseado nas informações dos criadores da abordagem, a leitura de cada verbete concorre para deixar claros o âmbito e os limites do campo conceitual da Gestalt-terapia tal é a sustentação com que se fazem presentes. Não bastasse a novidade da obra, pois desconhecemos qualquer trabalho em Gestalt nos moldes aqui apresentados, apreciamos também a maneira de desenvolvê-la.

Entretecida por diversas mãos dos mais habilidosos tecelões da psicoterapia, esta elaboração, absolutamente original, vem preencher uma lacuna antiga, alimentar nossa sede de saber e contribuir de forma decisiva para o escopo teórico-prático desta vertente psicológica e psicoterapêutica.

Não temos dúvida, portanto, da relevância deste trabalho. Ele se mostra importante para os Gestalt-terapeutas em geral, sendo mais que um instrumento para profissionais e estudantes, um refúgio para o desconhecimento, para as dúvidas e as questões polêmicas. Acreditamos que ele alcançará tão grande êxito que atravessará as fronteiras do Brasil e conquistará o mundo. Não poderíamos esperar nada diferente de uma ideia que tivesse partido das organizadoras.

Sobre Gladys D'Acri, idealizadora deste dicionário, os que a conhecem sabem que, além de psicóloga clínica, destaca-se por sua força empreendedora, vontade e capacidade de levar adiante qualquer projeto. Com este dicionário, um sonho seu antigo se realiza.

Patricia Albuquerque Lima (Ticha) é capaz de articular saber, fazer e interagir de maneira firme e delicada, enriquecendo a todos com sua capacidade de comunicação. Seu jeito de ser está impresso nos contatos, nos verbetes que escreveu e no empenho para que este sonho se realizasse.

Sheila Orgler, além da vasta experiência e da seriedade com que conduz seu trabalho em diferentes setores, alia requinte intelectual à paixão pelas artes, mais especialmente pela música, fato que torna seu fazer profissional diferenciado.

Cada qual, com perfil próprio, mergulhou na organização deste livro oferecendo aos leitores o que há de mais importante para um sistema psicológico – a clareza dos conceitos.

Parabenizo as organizadoras, minhas particulares e diletas amigas, e agradeço a honra de ter sido escolhida para apresentar uma criação de tão grande alcance.

Teresinha Mello da Silveira

APRESENTAÇÃO DA GESTALT-TERAPIA

Origens da Gestalt-terapia*

Ao perguntar a qualquer Gestalt-terapeuta a respeito da origem de sua abordagem, podemos obter duas respostas bastante divergentes e polêmicas: para alguns, o fundador é Fritz Perls; para outros, não se pode falar de *um* fundador, mas de um *grupo* de fundadores – o "Grupo dos Sete", que compreendia um médico, um educador, dois psicanalistas, um filósofo, um escritor e um especialista em estudos orientais. Não se trata, no caso, de uma divergência puramente histórica, mas de duas maneiras diferentes de pensar e praticar a Gestalt-terapia.

Além dessa divergência quanto à origem, temos também a questão de qual livro mais bem representa a abordagem. O livro da discórdia, o mais discutido e certamente o que expressa as várias contraposições, permanece sendo *Gestalt therapy: excitement and growth in the human personality* (1951), de Perls, Hefferline e Goodman. Estamos falando mais precisamente da segunda parte desse livro, escrito por Paul Goodman com base em apontamentos de Fritz Perls, na época com 58 anos.

O chamado Grupo dos Sete, que era constituído por Fritz Perls, sua esposa, Laura, Paul Goodman, Isadore From, Paul Weisz, Elliot Shapiro e Sylvester Eastman, muito experimentou e aprofundou essa parte do livro, sempre o considerando como a bíblia da Gestalt.

O *Gestalt therapy* foi publicado há 56 anos. É razoável considerar esse evento como o nascimento da Gestalt. Foi então que se usou o termo pela primeira vez, apesar das discussões entre o grupo. Para Laura, devia chamar-se "Psicanálise existencial". Esse nome foi recusado por questões mercadológicas (na época, o existencialismo de Sartre era considerado demasiado niilista nos Estados Unidos). Hefferline queria que o livro se chamasse "Terapia integrativa"; o Grupo dos Sete como um todo queria chamá-lo "Terapia experiencial"; Perls queria chamá-lo "terapia de concentração", para se opor à associação livre da psicanálise.

O nome "Gestalt-terapia" provocou acalorados debates, principalmente com Laura, que conhecia muito bem a psicologia da Gestalt e não achava esse nome pertinente. Paul Goodman, por sua vez, como bom anarquista, achou o termo muito "esotérico e estranho", por isso mesmo o apoiou. Esse texto veio propor uma nova teoria e mudanças em alguns paradigmas teórico-clínicos da psicoterapia da época.

---

* Este texto, cedido pela autora, é parte do artigo "Gestalt-terapia: revisitando as nossas histórias". *IGT na Rede – Revista Virtual*, Rio de Janeiro, n. 1, ano 1, 2004. Disponível em: <http://www.igt.psc.br/artigo>.

No período de publicação desse livro nasce, em Nova York, o primeiro Instituto de Gestalt. No ano seguinte, é fundado o Instituto de Cleveland, de onde se originaram, entre outros, Erving e Miriam Polster, e Joseph Zinker, que são reconhecidos como a primeira geração de Gestalt-terapeutas.

Principais ideias

Para Perls, a tarefa central da terapia não é fazer os pacientes aceitarem interpretações arcaicas de sua história passada, e sim ajudá-las a se tornar vivas para a experiência imediata no momento presente. É acordar para o imediatismo e a simplicidade do *agora*. O *por quê* da psicanálise dá lugar ao *o quê* e ao *como*. Preocupa-se mais com a estrutura do que com o conteúdo da fala. Esse sistema modifica radicalmente o que o terapeuta e o cliente vão focalizar, tornando possível começar de qualquer ponto, com qualquer material disponível: um sintoma, um sonho, um suspiro, uma expressão facial, um modo de se sentar etc. Em Gestalt-terapia, qualquer elemento desses é o núcleo do trabalho.

Meio e mensagem, forma e conteúdo têm relação quase oposta à da psicanálise tradicional, na qual o relato do paciente e a interpretação do terapeuta são o material básico. A maneira pela qual o paciente se apresenta permanece periférica.

A busca de uma solução terapêutica trabalhável no presente dá à Gestalt-terapia seu ímpeto para improvisar e experimentar, mais que explicar. A vivência, o acontecimento são as melhores explicações.

Ao trocar o local da descoberta do passado para o presente, da lógica das causas para o drama dos efeitos, Perls foi mais além: tornou possível para o paciente em terapia revisar todo seu padrão de existência de acordo com a perspectiva do *agora*. Portanto, a construção que o paciente faz de sua vida se torna uma escolha, não um fato do destino.

O que dá coerência a todos os conceitos alheios que Perls toma emprestados é sua focalização na qualidade de vida do presente. Ele se utiliza de conceitos teóricos como lentes através das quais examina a dificuldade das pessoas em contatar a situação imediata.

A medida de saúde, para Perls, é a habilidade de experimentar *o que é novo, como novo*.

Essas elaborações teóricas integraram diversos modelos de psicoterapia e as principais orientações do horizonte cultural da época – 1951.

Jean Clark Juliano

INTRODUÇÃO À OBRA

Esta segunda edição apresenta novidades: contamos com mais sete verbetes escritos por colegas do Brasil, Argentina e França, além da revisão no texto de alguns verbetes da primeira edição. **Os novos verbetes são: Corpo, corporeidade; Criatividade; Essência; Intercorporeidade; Luto; Sintoma; e Vergonha.**

Este dicionário tem a intenção de apresentar de maneira clara e precisa os principais conceitos da Gestalt-terapia, propondo-se a ser um veículo de consulta para todos os profissionais e estudantes interessados nessa abordagem. Nesse intuito, os conceitos foram organizados na forma de verbetes.

A obra reúne a maioria dos termos relacionados à Gestalt-terapia, preocupando-se com a contextualização (quando foi introduzido na Gestalt-terapia), conceituação (segundo Perls ou quem o introduziu) e evolução do termo na contemporaneidade (contribuição dos principais autores contemporâneos para o termo e/ou do autor do verbete). Apresenta, ainda, referências bibliográficas de cada verbete, facilitando a procura e o aprofundamento do termo na literatura.

Como na organização dos verbetes o livro *Gestalt-terapia* é constantemente citado, adotamos a sigla *PHG* para nos referirmos ao livro e aos autores Perls, Hefferline e Goodman.

Por uma questão de coerência com a própria Gestalt-terapia, um constante construir, esta não é uma obra acabada. Nem tem a pretensão de ser completa, mas de ir-se completando, quem sabe, com futuras edições.

Gladys D'Acri, Patricia Lima (Ticha) e Sheila Orgler (sempre presente)
Rio de Janeiro, agosto de 2012

a

AGRESSÃO

Em 1936, Perls participou do Congresso Internacional de Psicanálise na Tchecoslováquia, levando uma contribuição à teoria psicanalítica intitulada "Resistências orais". Na ocasião, sua contribuição foi muito mal recebida por Freud e outros colegas. Desde então, Perls passou a criticar a teoria de Freud e a propor uma nova compreensão e atuação do trabalho psicanalítico.

Já em contato com Friedländer, atraído pelo pensamento existencial de Martin Bubber e tendo trabalhado com Goldstein, publica seu primeiro livro, em 1942, intitulado *EFA*, que levava como subtítulo Uma revisão da teoria de Freud. O cerne dessa obra refere-se às "Resistências orais", de onde surgem importantes conceitos, entre eles o da "agressão".

Partindo de uma visão holística, na qual o organismo é visto como um todo indivisível, Perls faz um paralelo entre o processo biológico da fome e da alimentação e os processos mentais, o que denomina "metabolismo mental" (Parte II). Inicia analisando o alimentar-se ao longo do desenvolvimento humano, partindo da alimentação do embrião até a mastigação completa. Descreve então os diferentes estágios do desenvolvimento do instinto de fome e seus aspectos psicológicos, classificando-os como: pré-natal (antes do nascimento), pré-dental (amamentação), incisivo (morder) e molar (morder e mastigar). Com base nesses estágios, descreve as resistências orais que vão fundamentar a compreensão de processos mentais não saudáveis, tais como introjeção, narcisismo e retroflexão.

No livro *Isto é Gestalt*, em seu artigo "Moral, fronteira do ego e agressão", Perls (1977, p. 57) coloca:

Para viver, um organismo precisa crescer física e mentalmente. Para crescer, precisamos incorporar substâncias de fora e, para torná-las assimiláveis, necessitamos desestruturá-las. Consideremos a ferramenta elementar da desestruturação agressiva, os dentes. Para formar as proteínas altamente diferenciadas da carne humana, temos de desestruturar as moléculas do nosso alimento. Isto ocorre em três estágios: mordendo, mastigando e digerindo. Para morder, temos os incisivos, os dentes da frente que em nossa cul-

tura foram parcialmente substituídos pela faca. O primeiro passo é cortar pedaços grandes em pedacinhos. Em segundo lugar, moemos os pedacinhos transformando-os em uma massa com a ajuda de nossos molares [...]; finalmente há a desestruturação química no estômago, pelos ácidos solventes [...]. Não só os dentes, mas também os músculos do queixo, mãos e palavras são instrumentos de agressão. Esta resulta do trabalho orgânico de todas as partes da personalidade.

Perls discute o conceito apontando que, para a sociedade, a agressão tem como seu equivalente emocional o ódio, confundindo a destruição com aniquilamento. Acrescenta:

> [...] *não podemos destruir uma substância importante para nós, transformando-a em nihil, nada. Destruir significa desestruturar, quebrar em pedaços. [...] A agressão tem um duplo objetivo: 1) desestruturar qualquer inimigo ameaçador, de forma que ele se torne impotente; 2) numa agressão que se expande, desestruturar a substância necessária para o crescimento, torná-la assimilável.* (Perls, 1977, p. 56)

A energia agressiva é essencial para os processos de discriminação e diferenciação, que possibilitam ao indivíduo fazer escolhas saudáveis. Digerir experiências vividas, bem como ideias e conceitos morais, permite que o indivíduo identifique o que é seu e o que é do outro, podendo reter o que lhe serve e jogar fora o que lhe é tóxico e faz mal.

Portanto, para Perls, a agressão é uma função importante para o crescimento emocional saudável. Na medida em que podemos identificar e fazer uso da "agressividade construtiva", passamos a aprimorar nosso senso crítico e a desenvolver maior proatividade diante da vida. Vamo-nos construindo com base no autorrespeito e na coerência interna, o que possibilita o estabelecimento de diálogos e relações mais genuínas.

Acredito que a agressão descrita por Perls se faça presente na atitude do terapeuta, permeando a relação terapeuta–cliente. Podemos assim, junto com nosso cliente, mastigar e digerir suas vivências, buscando soluções criativas – e não temerosas – diante de suas escolhas e da verdadeira expressão do Ser.

Claudia Ranaldi

REFERÊNCIAS BIBLIOGRÁFICAS

PERLS, F. S. (1942). *Ego, hunger and agression*. Nova York: Random House, 1947.

PERLS, F. S. In: STEVENS, J. O. (org.). *Isto é Gestalt*. São Paulo: Summus, 1977.

VERBETES RELACIONADOS

Instinto de fome, Introjeção, Organismo, Retroflexão

AJUSTAMENTO CRIATIVO

O conceito de "ajustamento criativo" foi usado por Frederick Perls para descrever a natureza do contato que o indivíduo mantém na fronteira do campo organismo/ambiente, visando à sua autorregulação sob condições diversas. O qualificativo de "criativo" refere-se ao ajustamento resultante do sistema de contatos intencionais que o indivíduo mantém com seu ambiente, diferenciando-o do sistema de ajustamentos conservativos desenvolvidos dentro do organismo, o qual constitui a maioria das funções reguladoras da homeostase fisiológica (PHG, 1997).

No ajustamento saudável, a criatividade pode ser entendida como a posse pelo indivíduo da aptidão de se orientar pelas novas exigências das circunstâncias, possibilitando inclusive uma ação transformadora. PHG (1997, p. 45) afirmam que "todo contato é ajustamento criativo do organismo e ambiente. Resposta consciente no campo. É o instrumento de crescimento no campo". Estando o campo (tanto o organismo como o meio) em contínuo processo de transformação, sob pressões e condições de vida constantemente mutáveis (Perls, 1988), o contato é sempre novidade, e o processo autorregulador necessita de *awareness* da situação e descoberta de estratégias adaptativas.

O papel ativo do indivíduo se torna fundamental e urgente, já que, ante a enorme variedade do ambiente e as próprias mudanças a que ele mesmo está sujeito, nenhum ajustamento seria possível somente por meio da autorregulação herdada e conservativa. As funções conservativas dispensam o contato consciente com o entorno, processando-se de forma involuntária e irrefletida, como: a síntese de hormônios, as funções secretoras das células endoteliais, a circulação, a termorregulação, a periodicidade circadiana do homem, entre outras.

A quase totalidade das necessidades humanas, porém, implica, para sua satisfação, contato *aware*, ou seja, consciente da situação. Isso se reflete na percepção do campo (que inclui a própria pessoa) discriminando tanto as próprias necessidades quanto os recursos disponíveis, ou a serem modificados e assimilados, daqueles elementos do campo que devem ser rejeitados

como inúteis ou nocivos para a manutenção e o crescimento do indivíduo.

O contato *aware* na fronteira entre o organismo e o ambiente é condição prévia constituinte do processo de ajustamento criativo:

> *Quando estes processos (as necessidades organísmicas) requerem recursos do meio para sua realização, estas figuras despontam na consciência mobilizando as funções de contato do organismo, que são o instrumental que o indivíduo dispõe para ir ao encontro, sentir, avaliar e selecionar o que se encontra à sua volta. (Ciornai, 1995)*

O ajustamento criativo torna-se fundamental para a autorregulação humana. Os ajustamentos na fronteira podem, contudo, se cristalizar assumindo formas crônicas de reação em determinado âmbito da vivência, ou seja, formas alienadas das condições presentes e atuais. Sendo este o caso, o ciclo de autorregulação está interrompido neste particular, ficando o indivíduo incapaz de satisfazer suas necessidades e em permanente estado de desequilíbrio e tensão, pela inibição temporária ou permanente da capacidade de ajustar-se de forma nova num campo sempre novo.

Em síntese, pode-se descrever o ajustamento criativo como o processo pelo qual a pessoa mantém sua sobrevivência e seu crescimento, operando seu meio sem cessar ativa e responsavelmente, provendo seu próprio desenvolvimento e suas necessidades físicas e psicossociais. Diante de condições alteráveis, o mero ajustamento do organismo ao meio é insuficiente, requerendo respostas criativas, justamente nesse encontro específico e singular no campo, por meio da identificação da novidade e assimilação ou rejeição do novo na fronteira de contato (PHG, 1997). É criativo na medida em que "não se trata de adaptação a algo que já existe e sim de transformar o ambiente e, enquanto este se transforma, o indivíduo também se transforma e é transformado" (Silveira, 2005).

A compreensão do conceito de ajustamento criativo pode ser enriquecida correlacionando-o com a dinâmica do elemento no campo, descrita pelo filósofo Gilbert Simondon (*apud* Robine, 1997, p. 194). Ele identifica dois estatutos do elemento no campo: a) como receptor da influência do campo, está submetido à força deste, ocupando certo ponto do gradiente, o que permite representar a repartição do campo; b) o elemento intervém no campo na qualidade de criador e ativo, modificando-lhe as linhas de força e a repartição do gradiente.

Eu penso que ambos os estados (estar submetido à força da totalidade e estar intervindo no campo) se desenvolvem de forma simultânea, e não ora um ora outro, como se pode supor pela dualidade utilizada como recurso explicativo. Essa reciprocidade entre a função de totalidade e a função de elemento é o que exige do elemento vivo, no caso o sujeito humano, a função de ajustar-se criativamente.

Marisete Malaguth Mendonça

REFERÊNCIAS BIBLIOGRÁFICAS

Ciornai, S. "Relação entre criatividade e saúde na Gestalt--terapia". Palestra publicada na *Revista do I Encontro Goiano de Gestalt-Terapia do Instituto de Treinamento e Pesquisa em Gestalt-Terapia (ITGT)*, Goiânia, n. 1, p. 72-5, 1995.

Perls, F. S. *A abordagem gestáltica e testemunha ocular da terapia*. São Paulo: LTC, 1988.

Perls, F. S.; Hefferline, R.; Goodman, P. *Gestalt-terapia*. São Paulo: Summus, 1997.

Robine, J.-M. *Contato y relación em psicoterapia: reflexiones sobre terapia gestalt*. Santiago de Chile: Cuatro Vientos, 1997.

Silveira, T. M. da. "Caminhando na corda bamba: a Gestalt--terapia de casal e de família". *IGT na Rede – Revista Virtual*, Rio de Janeiro, n. 3, ano 2, 2005. Disponível em: <http://www.igt.psc.br/Artigo>. Acesso em: fev. 2007.

VERBETES RELACIONADOS

Autorregulação organísmica, *Awareness*, Contato, Criatividade, Luto, Sintoma

ANSIEDADE

Este conceito aparece em textos e livros de Gestalt-terapia principalmente por duas compreensões não excludentes: uma que trata a ansiedade como relacionada à excitação; outra que a trata como relacionada com o tempo, especialmente entre presente e futuro. Uma terceira compreensão, proveniente do movimento existencial em psicologia, que trata a ansiedade como algo inerente ao ser humano, poderia ser mais bem explorada na abordagem gestáltica.

Na obra inicial de Perls, *EFA* (1942), a ansiedade é estudada em seu aspecto corporal, ou seja, como fruto de uma couraça peitoral que gera problemas respiratórios. Já nessa época, para Perls, a ansiedade derivava de uma descarga inadequada da excitação, de modo que a terapêutica recomendada se baseava na percepção concentrada da contração dos músculos peitorais, na expressão da excitação contida e na reconstrução da respiração, especialmente da capacidade de esvaziamento, proporcionada por uma boa expiração (Perls, 2002, p. 267-9).

Em outra obra de Perls (1997, p. 45), a ansiedade, "fator preponderante na neurose", é conceituada como uma patologia, uma "consequência da interrupção da excitação do crescimento criativo", e é pertinente à psicologia anormal. Para Perls (1979, p. 151), a ansiedade é patológica: "Eu, e não somente eu, vejo a ansiedade como um estado não sadio".

É bastante comum, em Perls e na Gestalt-terapia, a compreensão da ansiedade como patologia da excitação: "A ansiedade é a excitação, o élan vital que carregamos conosco, e que se torna estagnado se estamos incertos quanto ao papel que devemos desempenhar" (Perls, 1977, p. 15). É ainda Perls quem argumenta: "Se as excitações não puderem ser transformadas nas atividades específicas, e ficarem estagnadas, então temos o estado que chamamos de ansiedade, que é uma tremenda excitação contida, engarrafada" (Perls, 1977, p. 95).

Além de ser excitação contida, a ansiedade tem também relação com o presente e o futuro. Segundo Perls (1979, p. 153), "a ansiedade está sempre relacionada com o futuro"; ele a define como a "tensão entre o agora e o depois" (Perls, 1979, p. 153). O que vem ao encontro de uma afirmação sua feita em outro texto: "Assim que você pula para fora do agora, por exemplo, para o futuro, o intervalo entre o agora e o depois se enche de excitação contida, que é experienciada como ansiedade" (Perls, 1977, p. 111). Por não conseguir tolerar essa tensão, muitas pessoas preenchem esse espaço com tentativas de tornar o futuro seguro, por meio de repetições, de mesmices. Isso torna o futuro um "vazio estéril" (Perls, 1979, p. 153).

Discordando de Goldstein, para quem a ansiedade estaria ligada a expectativas catastróficas, Perls afirma que a ansiedade está ligada a expectativas, sejam elas catastróficas ou positivas, isto é, a ansiedade, que é também "medo do palco" (Perls, 1979, p. 153), aparece quando a pessoa sai do presente: "Tenho filmes que mostram que qualquer medo do palco desaparece logo que o paciente entra em contato com o presente e larga sua preocupação com o futuro" (Perls, 1979, p. 155).

Penso que é preciso ampliar o olhar gestáltico para a ansiedade, de maneira a incluir mais claramente as referências da psicologia existencial ao tema, as quais colocam, ao lado da ansiedade patológica, a ansiedade existencial, ou ontológica, que é inerente ao ser humano e não pode ser confundida com a excitação. Como ser-para-a-morte, ao homem ameaça constantemente o não ser, de modo que a ansiedade está inevitavelmente posta diante dele por toda a sua existência.

É essa ansiedade, não patológica, que vivemos ao nos protegermos para atravessar uma rua, ao escolhermos um traje para uma reunião importante, ao participarmos de um experimento em Gestalt-terapia, ao explorarmos nossos valores existenciais. É essa ansiedade que Tellegen (1984, p. 115) contempla quando afirma que "para que um experimento não caia no vazio, ou levante ansiedades acima do que o grupo ou uma pessoa possa suportar em dado momento, é preciso que haja suporte (por parte do terapeuta)". É também a essa ansiedade ontológica que Kierkegaard se refere quando diz que "aventurar-se causa ansiedade, mas deixar de arriscar-se é perder a si mesmo. [...] E aventurar-se no sentido mais elevado é precisamente tomar consciência de si próprio" (*apud* May, 1978, p. 5).

Ênio Brito Pinto

REFERÊNCIAS BIBLIOGRÁFICAS

MAY, R. *O homem à procura de si mesmo*. Petrópolis: Vozes, 1978.

PERLS, F. S. (1942). *Ego, fome e agressão*. São Paulo: Summus, 2002.

_____. *Escarafunchando Fritz: dentro e fora da lata de lixo*. São Paulo: Summus, 1979.

_____. *Gestalt-terapia explicada*. São Paulo: Summus, 1977.

PERLS, F. S.; HEFFERLINE, R.; GOODMAN, P. *Gestalt-terapia*. São Paulo: Summus, 1997.

TELLEGEN, T. A. *Gestalt e grupos: uma perspectiva sistêmica*. São Paulo: Summus, 1984.

VERBETES RELACIONADOS

Aqui e agora, Excitação/excitamento, Presente

AQUI E AGORA

O termo "aqui e agora" é aplicado na Gestalt-terapia tanto para exprimir o caráter temporal do sistema *self*, e das vivências de contato nele estabelecidas, quanto para designar um "estilo" de intervenção clínica adotado pelos Gestalt-terapeutas cujo propósito é promover a "concentração" do consulente no modo "como" este, na atualidade da sessão, opera com isso que, para ele, é passado ou futuro. Os dois empregos estão intimamente relacionados, a ponto de podermos dizer que constituem a mesma noção.

Na obra *EFA* (1942), Frederick Perls não emprega, explicitamente, o termo "aqui e agora". Todavia, ao criticar as práticas psicanalíticas que fazem do passado a causa dos sintomas presentes, Perls (2002, p. 146) afirma não haver "outra realidade a não ser o presente". O que não significa que desprezasse a importância do passado e do futuro na experiência clínica. Ainda assim, afirma Perls (2002, p. 148), o passado só existe enquanto puder se fazer sentir no presente, da mesma forma como o futuro não é mais que uma possibilidade que se abre na atualidade.

De acordo com essa constatação, Perls propõe uma maneira de intervenção clínica em que, em vez de promover a busca "arqueológica" no passado pelas causas do sofrimento atual, o terapeuta incentiva a "concentração" do consulente nas manifestações presentes desse passado, tal como elas se dão a conhecer na atualidade da sessão. Dessa forma, o consulente recobra a *awareness* de seus próprios modos de ajustamento, da maneira como se interrompe e das possibilidades que ainda lhe restam ou que a atualidade inaugura para ele lidar com o que tiver restado como situação inacabada vinda do passado.

É só na obra de PHG (1997, p. 51) que a expressão "aqui e agora" ganha seu formato definitivo. Os autores acrescentam à forma como Perls concebia a integração das dimensões temporais no presente uma leitura fenomenológica, explicitamente fundamentada no modo como o filósofo Edmund Husserl propunha à noção de "campo de presença", da qual "aqui e agora" é uma versão.

Em sua tentativa de explicitar de que modo nós vivemos, antes de representá-la, a unidade de nossa inserção operativa no mundo da vida, Husserl propõe uma interpretação, segundo a qual toda vez que somos afetados por uma matéria impressional, por exemplo uma nota musical, se essa experiência foi capaz de dar, às minhas vivências passadas, a ocasião de uma retomada, ela não desaparece tão logo eu ouça outra nota. A primeira nota permanece "retida" como horizonte de percepções duradouras, o que não quer dizer que permaneça inalterada. A cada nova vivência, aquela que ficou retida sofre uma pequena modificação. Ainda assim, permanece como fundo disponível à espera de retomada. Razão pela qual o valor de cada nova nota escutada não se restringe às propriedades materiais que essa mesma nota é capaz de mobilizar, mas inclui um fundo de vivências passadas (por exemplo, notas já ouvidas), para o qual a nota atual há de abrir perspectivas, possibilidades de retomada (num todo de sentido, que é a melodia).

E eis que, em torno de cada vivência material, forma-se um "campo de presença" temporal (Husserl, s.d., p. 141), em que o passado e o futuro não estão ausentes, mas comparecem como horizontes virtuais. Esse campo, por sua vez, não permanece eternamente. Tão logo um novo dado material surja demandando a participação de meus horizontes de passado e futuro, o campo de presença se desmancha em proveito da configuração de um novo. Essa passagem assegura à minha própria história uma autoaparição fluida, porquanto, a cada nova aparição, é a mesma história que retorna, mas em uma configuração diferente.

PHG (1997) utilizam a expressão "aqui e agora" para elucidar essa unidade de passagem que é o "campo de presença". Com aquela expressão, os autores não querem se referir a determinado instante ou lugar, mas ao fato de que, em cada instante e lugar, somos trespassados por uma história que nos lança ao futuro e, consequentemente, àquilo que vem nos surpreender. Cada "aqui e agora" é mais do que uma posição determinada. Trata-se de um campo temporal ou, o que é a mesma coisa, de um campo de presença do já vivido como horizonte de futuro para a materialidade da relação organismo/meio. No interior de cada aqui e agora, operamos

o "contato", que é justamente essa reedição criativa (ou ajustamento criativo) do passado diante das possibilidades abertas pela atualidade do dado. Nas palavras dos autores (PHG, 1997, p. 48):

> *Contato é achar e fazer a solução vindoura. A preocupação é sentida por um problema atual, e o excitamento cresce em direção à solução vindoura, mas ainda desconhecida. O assimilar da novidade se dá no momento atual à medida que este se transforma no futuro.*

O *self*, por sua vez, é apenas o sistema de contatos no presente transiente, o fluir de um "aqui e agora" em outro, a passagem de um campo de presença para outro, a fronteira de contato em funcionamento – que é outro nome para a síntese de passagem de que falava Husserl. Nas palavras de PHG (1997, p. 180): "O presente é uma passagem do passado em direção ao futuro, e esses tempos são as etapas de um ato do *self* à medida que entra em contato com a realidade".

De onde se depreende, mais uma vez, que "em psicoterapia procuramos a instigação de situações inacabadas na situação atual e, por meio da experimentação atual com novas atitudes e novos materiais [...], visamos a uma integração melhor" (1997, p. 48). Ou, então, conforme Perls (1973, p. 75-6):

> *A terapia gestáltica é, então, uma terapia "aqui e agora", em que pedimos ao paciente durante a sessão para voltar toda sua atenção ao que está fazendo no momento, no decorrer da sessão.*

Pedimos ao paciente para não falar sobre seus traumas e problemas da área remota do passado e da memória, mas para reexperienciar seus problemas e traumas – que são situações inacabadas no presente – no aqui e agora.

Marcos José e Rosane Lorena Müller-Granzotto

REFERÊNCIAS BIBLIOGRÁFICAS

HUSSERL, E. *Lições para uma fenomenologia da consciência interna do tempo.* Trad. Pedro M. S. Alves. Lisboa: Imprensa Nacional/Casa da Moeda, [s.d.].

PERLS, F. S. (1973). *A abordagem gestáltica e testemunha ocular da terapia.* Rio de Janeiro: Zahar, 1977.

_____. (1942). *Ego, fome e agressão.* São Paulo: Summus, 2002.

PERLS, F.; HEFFERLINE, R.; GOODMAN, P. (1951). *Gestalt-terapia.* São Paulo: Summus, 1997.

VERBETES RELACIONADOS

Ajustamento criativo, *Awareness*, Concentração, Contato, Fronteira de contato, Presente, *Self*, Situação inacabada, Vivência

ASSIMILAÇÃO

A comunicação sobre "Resistências orais" feita por Perls, em 1936, no Congresso Internacional de Psicanálise na Tchecoslováquia, tinha a intenção de contribuir com a teoria de Freud, que defendia a "Resistência anal", mas Perls não imaginava que estava começando a seguir um caminho próprio. Como essa comunicação não foi bem recebida, ele voltou frustrado e, a partir dessa época, iniciou suas críticas à psicanálise, marcando o começo de sua dissidência, como menciona em *EFA* (2002, p. 185):

Minhas experiências em psicanálise foram influenciadas por meu próprio subdesenvolvimento oral. Acreditando,

como anteriormente fiz, na teoria da libido (especialmente no ideal do caráter genital de Reich) e não compreendendo suas implicações, fiz dela um tipo de religião fálica, racionalizada e justificada pelo que parecia um fundamento científico sólido. Mastigando as teorias psicanalíticas, entretanto, e ponderando sobre cada pedaço indigesto, tornei-me cada vez mais capaz de assimilar suas partes valiosas e de descartar seus erros e construtos artificiais.

Em 1942, em Durban, África do Sul, foi publicado pela primeira vez *EFA*, do qual o capítulo sobre "Resistências orais" tornou-se o núcleo, e Perls marcou a importância da assimilação nesta citação:

Após as lacunas terem sido preenchidas, e termos psicanalíticos dúbios tais como libido, instinto de morte e outros serem examinados, o mais vasto escopo do novo conceito será demonstrado na Parte II, que trata da assimilação mental. (2002, p. 40)

Essa Parte II do livro trata do metabolismo mental, que estabelece um paralelo entre alimento físico e material psicológico, delineando um funcionamento psicológico. Conforme Perls (2002, p. 198),

Não devemos ficar satisfeitos em tornar consciente o material inconsciente, em "vomitar" o material inconsciente. Devemos insistir em que deveria ser remoído e, portanto, preparado para sua assimilação.

Assim como a mastigação é a destruição do conteúdo ingerido, no processo organísmico do metabolismo mental, descrito como a digestão do alimento mental, a assimilação funciona de forma similar, fazendo que não haja um corpo estranho no organismo do indivíduo. Quando um conteúdo é ingerido inteiro, como no estágio da amamentação, esta é considerada uma introjeção total; e diz-se que é uma introjeção parcial quando somente partes do conteúdo são ingeridas, como no estágio da mordida.

Segundo Perls, em *Escarafunchando Fritz* (1979, p. 250): "Ao desestruturarmos a comida mental ou real, nós a assimilamos, a tornamos nossa, fazemos que seja parte do processo de crescimento".

Em *EFA* (2002, p. 199), diz: "[...] o material introjetado – ao ser despedaçado – é diferenciado em material assimilável".

E Gary Yontef (1998, p. 28) traduz desta forma:

As pessoas crescem abocanhando um pedaço de tamanho apropriado (seja comida, ideias ou relacionamentos), mastigando-o (considerando) e descobrindo se é tóxico ou nutritivo. Se nutritivo, o organismo o assimila e o torna parte de si. Se tóxico, o organismo o cospe fora (rejeita-o).

Pode-se dizer também que o material (conteúdo) não despedaçado, não triturado, é um "não-eu", que, ao passar pelo processo de assimilação, torna-se "eu", provendo saúde e bem-estar, crescimento e desenvolvimento.

Brigite Peterhans

REFERÊNCIAS BIBLIOGRÁFICAS

PERLS, F. S. (1942). *Ego, fome e agressão*. São Paulo: Summus, 2002.

_____. *Escarafunchando Fritz: dentro e fora da lata de lixo*. São Paulo: Summus, 1979.

TELLEGEN, T. A. *Gestalt e grupos: uma perspectiva sistêmica*. São Paulo: Summus, 1984.

YONTEF, G. M. *Processo, diálogo e awareness*. São Paulo: Summus, 1998.

VERBETE RELACIONADO

Introjeção, Criatividade, Luto

ATUALIZAÇÃO

Em seus escritos iniciais, Perls ressalta o processo de atualização do indivíduo, partindo da premissa de que é pela capacidade de atualização que o organismo prioriza aquilo que satisfaz a sua necessidade mais premente (que se destaca – a figura); quando tal necessidade é satisfeita, outra surge, e aquela deixa de estar em evidência (vai para o fundo). Surge então outra figura, e o processo se reinicia sucessivamente.

Na obra de PHG (1997, p. 84), o processo de autorregulação organísmica é assim explicado:

Cada situação inacabada mais premente assume a dominância e mobiliza todo o esforço disponível até que a tarefa seja completada; então torna-se indiferente e perde a consciência, e a necessidade premente seguinte passa a exigir atenção.

Provavelmente surgem problemas no processo de atualização quando uma necessidade básica não pode ser satisfeita.

Como pano de fundo para entendermos melhor esse processo de atualização em Gestalt-terapia, temos a abordagem organísmica de Kurt Goldstein, que aponta a tendência de o organismo se atualizar na busca da autorregulação. Pela Teoria organísmica acredita-se que, na interação do organismo com o mundo, ele se atualiza em contato com sua natureza, do melhor jeito possível. Então, "o organismo se atualiza no momento em que as necessidades são satisfeitas segundo uma ordem preestabelecida pela própria natureza" (Ribeiro, 1985, p. 109).

Podemos entender, por extensão, que todo tipo de psicoterapia que tem por base o equilíbrio organismo/ambiente (como a Gestalt-terapia) leva à realização do movimento que emerge, por meio das figuras naturais, atualizando-se. A lei que rege o funcionamento do homem diz respeito à busca incessante de atualizar suas potencialidades, principalmente sua base positiva, caracterizada por um impulso de autorregulação. Nesse aspecto, sua energia de vida está diretamente ligada à sua capacidade de atualização (Ribeiro, 1985, p. 107-8).

Segundo Yontef (1998, p. 28):

> *Mesmo o que é nutritivo precisa ser discriminado de acordo com a necessidade dominante [...]. Idealmente, a necessidade mais urgente energiza o organismo até ser concretizada, ou é substituída por uma necessidade mais vital. Viver é uma progressão de necessidades, satisfeitas ou não, que atingem um equilíbrio homeostático e vão em busca do próximo momento e da nova necessidade.*

Portanto, o organismo às vezes se expressa como figura, às vezes como fundo, e todo o processo é visto de forma holística e natural.

Mário Tadeu Bruçó

REFERÊNCIAS BIBLIOGRÁFICAS

PERLS, F. S.; HEFFERLINE, R.; GOODMAN, P. *Gestalt-terapia*. São Paulo: Summus, 1997.

RIBEIRO, J. P. *Gestalt-terapia: refazendo um caminho*. São Paulo: Summus, 1985.

YONTEF, G. M. *Processo, diálogo e awareness*. São Paulo: Summus, 1998.

VERBETES RELACIONADOS

Autorregulação organísmica, Criatividade, Energia, Figura e fundo, Gestalt-terapia, Luto, Necessidades, Organismo, Teoria organísmica

AUTOAPOIO, APOIO AMBIENTAL E MATURAÇÃO

No livro *A abordagem gestáltica e testemunha ocular da terapia*, de Fritz Perls (1981), de forma genérica e sem uma definição clara, aparecem os conceitos de "autoapoio" e "apoio ambiental". No entanto, no *Gestalt-terapia explicada* (1977, p. 49-50), ele define assim estes verbetes:

> *Minha formulação é que amadurecer é transcender ao apoio ambiental para o autoapoio. Consideremos o feto. Ele recebe todo apoio da mãe – oxigênio, comida, calor, tudo. Assim que a criança nasce já é obrigada a respirar por si mesma. [...] O impasse é o ponto onde o apoio ambiental ou o obsoleto apoio interno não é mais suficiente, e o autoapoio autêntico ainda não foi obtido. O bebê não consegue respirar sozinho – e não há mais suprimento de oxigê-*

nio pela placenta. Não podemos dizer que o bebê tem uma escolha porque não há uma tentativa deliberada de pensar o que fazer, mas o bebê ou morre ou aprende a respirar. Deve existir algum apoio ambiental próximo – uma palmada ou provisão de oxigênio.

Prosseguindo neste livro, Perls define "maturação" de acordo com conceitos de apoio ambiental e autoapoio:

[...] o processo de maturação é a transferência do apoio ambiental para o autoapoio, e o objetivo da terapia é fazer que o paciente "não" dependa dos outros, e descubra desde o primeiro momento que ele pode fazer "muito mais" do que ele acha que pode. No processo de crescimento existem duas escolhas. A criança pode crescer e aprender a superar frustrações, ou pode ser mimada. [...] Sem frustração não existe necessidade, não existe razão para mobilizar os próprios recursos, para descobrir a própria capacidade, para fazer alguma coisa; e, a fim de não se frustrar, o que é uma experiência muito dolorosa, a criança aprende a manipular o ambiente. Agora, cada vez que o mundo adulto impede a criança de crescer, cada vez que ela é mimada por não ser frustrada o suficiente, a criança está presa. Assim, em vez de usar seu potencial para crescer, ela agora usará seu potencial para controlar o mundo, adultos. Em vez de mobilizar seus próprios recursos, ela cria dependências. (1977, p. 50-4)

O pensamento de Perls sobre hétero e autossuporte parece escrito para os dias atuais. A natureza nos dá a dica de que um suporte nutritivo caminha do próximo para o distante, do externo para o interno. Pensemos no bebê no ventre materno, onde recebe, para seu desenvolvimento, tudo de que precisa do meio externo (mãe). À medida que vai desenvolvendo seu autossuporte, se diferencia e distancia daquilo que lhe dera suporte inicialmente (receber pronto do meio), direcionando-se para uma autossuficiência (um apoio ancorado mais em si e menos no meio).

Como indivíduo e sujeito são elementos de um único todo, eles estarão em relação de interdependência por toda a vida. Assim, ambos se influenciam, sem haver relação causal, não podendo um ser responsabilizado pela doença do outro. Como um ser-no-mundo, estará sempre no meio, mas poderá contar cada vez mais com seu apoio. Ou, como Sartre (1974, p. 201) dizia: "O homem não é um espírito desencarnado, está em situação, mas é ele quem confere o valor".

Perls declarava a importância para a maturação do acolhimento e da frustração como condições necessárias ao homem para seu crescimento. O pulsar entre essas duas possibilidades no mundo (contato consigo e com o meio) é que irá propiciar um eixo, gerando uma boa forma, uma configuração saudável do homem no mundo e um bom trânsito deste em seu mundo, ou, como escreveu Perls (1981, p. 40): "O homem que pode viver em contato íntimo com sua sociedade, sem ser tragado por ela nem dela completamente afastado, é um homem bem integrado. É autossuficiente, porque compreende a relação entre si e a sociedade".

Dessa forma, processa o crescimento tanto para fora quanto para dentro. Como poderá o ser amadurecer se tudo lhe for dado graciosamente na boca? Como dizia Perls, esta crença de que "quero dar tudo a meu filho" ou porque não tive nada ou porque gostaria de ter recebido mais do que recebi alimenta mais o "bebê chorão", do que promove verdadeiramente um crescimento saudável. Permitir pulsar entre a frustração e o acolhimento é um "todo" que pode gerar um desenvolvimento saudável ao ser-no-mundo.

Podemos pensar que, quando oferecemos só benefícios a nossos filhos, clientes, alunos, amantes etc., estamos lhes dando possibilidades para o crescimento e desenvolvendo uma relação de amor/respeito/bondade. Na verdade, desse modo não oferecemos a estes a possibilidade de desenvolverem seus autossuportes, de desenvolverem suas próprias habilidades de lidar com as situações reais do mundo, de amadurecerem.

As capacidades humanas de elaborar e de simbolizar geram um homem em contínua construção. Em sua existência construindo sua essência, em contínua transformação. Um ser do futuro que, na existência presente, transmuta, por meio de suas atitudes, o não sentido em sentido. Cria-se, criando sua essência. Neste criar-se, transcende a todo instante a si mesmo. "A liberdade é escolha de mim-mesmo-no-mundo e ao mesmo tempo descoberta do mundo" (Sartre, in Chatelet, 1974, p. 207).

O que facilita o apoio ambiental é um ambiente onde se favorece a crença de que todos os tipos de experiência geram melhor percepção e orientação. A exclusão, típica da nossa cultura comparativa e classificatória, organiza as coisas em categorias, e assim descarta uma parte, não é suportiva. É importante que não excluamos tudo aquilo com o qual não conseguimos lidar no momento para, após o contato, assimilar de forma satisfatória.

Deixo aqui, para ajudar nesta reflexão de auto e heterossuporte, um trecho da obra de Armand e Nicholi (2005) sobre C. S. Lewis, escritor, crítico literário e autor das *Crônicas de Nárnia* e de *Shadowlands*:

O amor é algo mais austero e esplêndido do que a bondade... Há bondade no amor; mas amor e bondade não são coincidentes e, quando a bondade "é separada dos outros elementos do amor, ela acaba envolvendo certa indiferença fundamental em relação ao seu objeto, e até certo descaso em relação a ele". Lewis destaca que o amor, por sua própria natureza, demanda o aperfeiçoamento do ser amado; que a mera bondade, que tolera qualquer coisa, exceto sofrimento em seu objeto, está, a esse respeito, no polo oposto do amor.

Flávio Abreu

REFERÊNCIAS BIBLIOGRÁFICAS

ARMAND, M.; NICHOLI, J. R. *C. S. Lewis e Freud debatem Deus, amor, sexo e sentido da vida.* Viçosa: Ultimato, 2005.

PERLS, F. S. *A abordagem gestáltica e testemunha ocular da terapia.* Rio de Janeiro: Zahar, 1981.

_____ . *Gestalt-terapia explicada.* São Paulo: Summus, 1977.

SARTRE, J.-P. In: CHATELET, F. *História da filosofia, ideias, doutrinas.* Rio de Janeiro: Zahar, 1974.

VERBETES RELACIONADOS

Configuração, Contato, Corpo, corporeidade, Crescimento, Criatividade, Experiência, Frustração, Intercorporeidade, Luto, Ser-no-mundo, Suporte

AUTORREGULAÇÃO ORGANÍSMICA[1]

O conceito de autorregulação organísmica surge com Kurt Goldstein, seguramente um pouco antes da apresentação de seu livro, *The organism: a holistic approach to biology derived from pathological data in man*, em 1934. Em 1927, Fritz Perls trabalhou um tempo como médico assistente de Goldstein, na época em que ele pesquisava os distúrbios perceptivos em pessoas com problemas cerebrais. Partindo de seus questionamentos sobre a metodologia atomística adotada pelas ciências biológicas, propôs a adoção do pensamento organísmico.

Goldstein demonstrou não haver apenas uma mera função nas áreas cerebrais. Ainda que se possam localizar no cérebro áreas e centros de funcionalidade distintos entre si, todas essas áreas e centros estão regulados globalmente, o que permite que sejam dadas respostas globais a lesões cerebrais específicas. Segundo Goldstein, o cérebro e, em geral, os organismos são sistemas que possuem funções inter-relacionadas. Assim, o ponto de vista holístico de Goldstein se baseava em um ponto de vista sistêmico. Ele observara como, diante de determinadas lesões no cérebro, este reagia ativando ou substituindo funções para completar a função global.

O que a Gestalt-terapia trouxe de Goldstein foi a visão do ser humano como um todo, como um organismo vivo no qual ocorrem processos de inter-relação entre suas partes e que está em permanente relação com o meio, tomando deste o que necessita e deixando o que não necessita, a serviço da autorregulação. Pela autorregulação, a necessidade predominante é a que, de alguma forma, organiza nossa percepção e faz algo se transformar em figura, abrindo assim um novo ciclo de experiência. A figura emerge de um fundo, contrasta com ele e clama pela satisfação de uma necessidade. Assim, a formação de Gestalten, a aparição de necessidades, tem que ver com um fenômeno biológico primário.

Os organismos vivem em estado permanente de tensão entre ordem e desordem, entre equilíbrio e desequilíbrio. Segundo Goldstein (2000), até a busca do equilíbrio seria o que nos move para encontrar maior desenvolvimento e autorrealização.

Nesse sentido, é bom revisitar a visão de Maslow que distingue dois tipos de necessidades humanas. As necessidades de deficiência são tanto as necessidades de obter ar, água, comida, casa, vestimenta, que são necessidades fisiológicas, quanto as de segurança, amor, pertencimento, que são psicológicas. Por outro lado, o segundo tipo de necessidade é o de desenvolvimento, podendo ser citada a busca por autenticidade, justiça, autorrealização etc., e ainda podemos agregar a necessidade de transcendência. De acordo com essa perspectiva, seja o indivíduo um grupo ou uma nação, primeiro é preciso satisfazer as necessidades por deficiência, para poder chegar às de desenvolvimento.

Segundo Goldstein, a autorrealização é um processo, é uma tendência do organismo. Já para Maslow, é poder chegar a realizar

---

1. Verbete escrito originalmente em espanhol e traduzido para o português pelas organizadoras.

uma etapa de maior possibilidade e hierarquia nas necessidades. Conforme a terapia gestáltica, a autorregulação é a base para a confiança na fonte da vida, e por meio dela nos dirigimos à realização como a melhor expressão de nós mesmos. É uma forma de reconhecermos o que somos e confiar que, soltando o controle, chegaremos a ser quem somos, em relação.

Pelo expresso até agora, identificamos uma visão relacional ou sistêmica ao conceito da autorregulação. Isso estimulou e desenvolveu o paradigma holístico, em contrapartida ao paradigma reducionista newtoniano-cartesiano, também chamado mecanicista, dominante na época em que o conceito foi formulado por Goldstein. Há de se ter em conta que o paradigma emergente não exclui o paradigma dominante, e sim o inclui e o complementa. O conceito da autorregulação chega à obra da Gestalt-terapia, nos primeiros livros, como idêntico ao conceito de homeostase. No livro *Gestalt-terapia*, de PHG, eles se utilizam dessa palavra para se referir à autorregulação. Neste dicionário, adiante, encontra-se o verbete Homeostase, que explicita o modo como esse conceito foi inicialmente utilizado nessa abordagem.

Fernando De Lucca

REFERÊNCIA BIBLIOGRÁFICA

GOLDSTEIN, K. (1934). *The organism: a holistic approach to biology derived from pathological data in man*. Nova York: Zone Books, 2000.

VERBETES RELACIONADOS

Criatividade, Essência, Experiência, Figura e fundo, Homeostase, Necessidades, Organismo, Sintoma

AWARENESS

A primeira referência ao termo "*awareness*" surgiu quando Frederick Perls vivia na África do Sul. Refletindo sobre a prática da psicanálise, propõe a terapia da concentração em contraposição ao método da associação livre utilizado por esta abordagem. Segundo ele, a associação livre poderia levar à evitação do tema ou conflito, enquanto a sua proposta propõe a técnica da concentração no contato. Dedica a Parte III do livro *EFA*, de 1947, a discutir a evolução da técnica da concentração, com base na psicanálise, definindo como meta a recuperação da *awareness* (Perls, 2002).

Nessa obra, trata da concentração no hábito de comer; na percepção visual, em devaneios, imagens, fantasias. Enfatiza o "estar plenamente presente" e analisa a linguagem, a intuição e a escuta interior. Fala da concentração corporal e propõe exercícios para vários sintomas e distúrbios somáticos. Traz a noção de *awareness*, a identificação e a assimilação como antídotos da projeção nas neuroses e nos sonhos. Para ele, o "ganho final" dos exercícios propostos é "o resgate do fluxo natural da formação figura-fundo" (Bóris, 2002, p. 26-7).

Mais tarde, em 1951, quando lançaram a Gestalt-terapia como abordagem psicológica propriamente dita, PHG (1997, p. 33) definem: "*Awareness* caracteriza-se pelo contato, pelo sentir (sensação/percepção), pelo excitamento e pela formação de Gestalten". A seguir descrevem:

O contato como tal é possível sem awareness, *mas para a* awareness *o contato é indispensável.* [...] *O sentir determina a natureza da* awareness, *quer ela*

seja distante (p. ex., acústica), próxima (p. ex., táctil) ou dentro da pele (proprioceptiva). Na última expressão está incluída a percepção de nossos sonhos e pensamentos. [...] Excitamento [...] abrange a excitação fisiológica assim como emoções diferenciadas. Inclui a noção freudiana de catexis, o elã vital de Bérgson, as manifestações psicológicas do metabolismo, do mongolismo a Basedow, e nos dá a base para uma teoria simples da ansiedade. [...] A formação de Gestalten sempre acompanha a awareness. *Não enxergamos três pontos isolados; fazemos um triângulo com eles. A formação de Gestalten completas e abrangentes é a condição da saúde mental e do crescimento. Só a Gestalt completada pode ser organizada como uma unidade (reflexo) de funcionamento automático no organismo total [...]. (PHG, 1997, p. 33)*

Para Yontef (1998, p. 215), "*awareness* é uma forma de experienciar; é o processo de estar em contato vigilante com o evento mais importante do campo indivíduo/ambiente, com total apoio sensório motor, emocional, cognitivo e energético". Afirma que:

Um continuum *e sem interrupção de* awareness *leva a um Ah! A uma percepção imediata da unidade óbvia de elementos díspares no campo. A* awareness *é sempre acompanhada de formação de Gestalt. Totalidades significativas novas são criadas por contato de* aware. *A* awareness *é, em si, a integração de um problema.* (Yontef, 1998, p. 215)

Define que a *awareness* pode ser parcial, isto é, um conhecimento que não é acompanhado da presentificação do sentimento, ou vice-versa: emoções que são expressas fisicamente sem conhecimento cognitivo.

Aponta os corolários da *awareness*: 1) "*Awareness* é eficaz apenas quando fundamentada e energizada pela necessidade atual dominante do organismo"; 2) "A *awareness* não está completa sem conhecer diretamente a realidade da situação, e como se está na situação"; 3) "A *awareness* é sempre aqui e agora e está sempre mudando, evoluindo e se transcendendo" (Yontef, 1998, p. 215-7).

As recentes contribuições dos Ginger (1995, p. 254) apontam: "*Awareness*: tomada de consciência global no momento presente, atenção ao conjunto de percepção pessoal, corporal e emocional, interior e ambiental, consciência de si e consciência perceptiva".

No Brasil, Thérèse Tellegen fala em fluxo associativo focalizado, julgando ser a mais adequada das opções possíveis. Diz que "nela fica implícito o caráter dinâmico e de processo no termo fluxo; a finalidade do método de facilitar a discriminação e de promover a maior precisão no contato com a figura emergente, através do termo focalizado; e associativo, na medida em que a focalização poderá levar à produção de novas cadeias de relações de significado" (in Lofredo, 1994, p. 128).

Para Paulo Barros (1994, p. 90),

Awareness, *esta palavra estrangeira, que talvez devêssemos traduzir como contato com o mistério, talvez nada mais seja do que uma relação adequada com os limites.* Awareness, *a relação adequada com a forma. A forma.*

A deusa forma de todos os artistas. A paixão, a veneração, a finalidade última, a dedicação exclusiva de toda criação. O segredo de toda realização. A relação entre forma e conteúdo. A finalização, a adequação, a identidade entre forma e conteúdo. A finalização, o fechamento de toda Gestalt.

Neuza Arruda e Myrian Bove Fernandes

REFERÊNCIAS BIBLIOGRÁFICAS

BARROS, P. *Narciso, a bruxa, o terapeuta e outras histórias*. São Paulo: Summus, 1994.

BÓRIS, G. D. J. B. In: PERLS, F. S. *Ego, fome e agressão*. São Paulo: Summus, 2002.

GINGER, S.; GINGER, A. *Gestalt: uma terapia do contato*. São Paulo: Summus, 1995.

LOFFREDO, A. M. *A cara e o rosto*. São Paulo: Escuta, 1994.

PERLS, F. S. (1947). *Ego, fome e agressão*. São Paulo: Summus, 2002.

PERLS, F. S.; HEFFERLINE, R.; GOODMAN, P. (1951). *Gestalt-terapia*. São Paulo: Summus, 1997.

YONTEF, G. M. *Processo, diálogo e awareness*. São Paulo: Summus, 1998.

VERBETES RELACIONADOS

Assimilação, Contato, Corpo, corporeidade, Criatividade, Emoções, Figura e fundo, Intercorporeidade, Luto, Projeção, Sintoma, Sonhos, Teoria e técnica de concentração

C

CADEIRA QUENTE (VER *HOT SEAT*)

CADEIRA VAZIA

A cadeira vazia foi uma técnica amplamente utilizada por Fritz Perls em seus anos de Esalen e se tornou muito famosa. Foi e é muito empregada por tantos outros terapeutas, entendida e confundida como método e com a própria Gestalt-terapia. Segundo Sinay (1997, p. 164):

> *A cadeira vazia é a técnica preferida de Frederick Perls, que a usou especialmente a partir de 1964. Ela consiste em pedir ao paciente para se instalar em frente a uma cadeira vazia e imaginar um personagem (por exemplo, o pai) com quem ele precisa falar. A "cadeira vazia" pode ser uma almofada que pode ser colocada numa variedade de lugares de acordo com a posição do cliente.*

A prática da Gestalt-terapia se dá num encontro relacional, e seu método é fenomenológico e experiencial. A cadeira vazia é uma estratégia técnica totalmente embasada na filosofia, nas concepções teóricas e metodológicas da abordagem. Mal compreendida e aplicada, é apenas uma técnica. Com adequado manejo, é um potente instrumento terapêutico experiencial e pode se transformar num experimento que ajude o cliente a finalizar situações inacabadas antigas ou atuais, acabar com evitações, fazer contato com partes de si mesmo dissociadas, conflitos, discrepâncias corporais e verbais, acesso a pessoas inacessíveis, encontro com uma parte não desenvolvida e assim por diante.

A cadeira vazia funciona por meio do diálogo entre uma parte da pessoa e "outro" da vida dela, com outra parte de si mesmo ou uma situação. O terapeuta percebe o tom de voz, as atitudes, os trejeitos, as mensagens corporais, faciais, as hesitações, e interage compartilhando aquilo que percebe ou "dirigindo" a cena para o cliente experimentar-se mais integralmente.

Em geral, a técnica da cadeira vazia está associada à ideia de cadeira quente – o *hot seat*. Como o próprio Perls (1977, p. 105) explica na Introdução da seção "Seminários com sonhos", no livro *Gestalt-terapia explicada*: "Basicamente, o que estou fazendo é uma terapia individual no contexto de grupo, mas não se limita a isso". Sua posição é de que nem toda interação grupal é terapêutica, e as válidas são aquelas nas quais há um compartilhamento das experiências pessoais. O *hot seat* seria a escolha das pessoas do grupo em trabalharem alguma questão ou sonho, e a cadeira vazia, o instrumento por intermédio do qual Fritz Perls trabalhava fenomenologicamente, propiciando a conexão, o contato ou a *awareness* das partes dissociadas, pouco desenvolvidas ou conflitadas. Fritz desenvolveu assim um instrumento técnico de integração:

> *F: Ah! Coloque o Sam na cadeira vazia e fale com ele: "Sam, esta é a sua única oportunidade. Tire o máximo proveito que puder" [...] S: É [...] Você está aí sentado todo tenso [...] Para que foi que você subiu? F: Troque de lugar. Agora, [...] "escreva um roteiro". Invente um roteiro ou diálogo entre dois opostos. Isto é parte da integração dos fragmentos da sua personalidade, e, em geral, elas aparecem como opostos – por exemplo, o dominador e o dominado. Então, responda a ele. Quem está sentado aí é ele ou ela?* (Perls, 1977, p. 230)

Como Serge e Anne Ginger (1995, p. 21) afirmam:

> [...] *objetiva favorecer uma nova experiência pessoal, uma reelaboração do sistema individual de percepção e representação mental.*
> *Nós, na École Parisiense de Gestalt, geralmente trabalhamos mais com grandes almofadas do que com uma*

cadeira vazia: o grupo fica sentado no chão, num carpete ou em colchões cercados de almofadas de vários formatos, textura variável e cores diversas. [...] Utilizamos as almofadas [...] como "objetos transicionais", podendo simbolizar, sucessivamente, personagens, partes do corpo, até entidades abstratas. Deixamos o cliente escolher por si mesmo o objeto que lhe convém.

Na concepção de Joseph Zinker (1979, p. 124), a cadeira vazia é um experimento que serve para trabalhar com os "temas recorrentes, que se relacionam com vozes em conflitos internos ou com nossos choques com as pressões ambientais [...]. Possibilita a apropriação de forças que se opõem, integrando-as criativamente, e a clareza das ambiguidades e polaridades de cada pessoa".

A cadeira vazia, na verdade, como afirmam Perls e os demais autores, resgata a possibilidade de diálogo interno e contato com as histórias, sentimentos e emoções, as vivências infantis e adultas. Principalmente, é uma possibilidade de dar voz às cristalizações e a tudo que, fazendo parte do fundo experiencial das pessoas, de sua própria vida emocional e inter-relacional, permanece paralisado. Zinker (1979, p. 124) justifica por que a cadeira vazia é utilizada: "[...] por ser um eficaz dispositivo para reclamar algo do qual a pessoa se desapropriou sem se dar conta e aprende a nutrir-se de algo que a princípio parecia difícil, doloroso, repugnante".

Para fazer um contraponto a considerações tão positivas com relação a essa técnica, citamos Richard Hycner (1997, p. 47-8):

"Cadeira vazia" é diálogo. A maior parte dos Gestalt-terapeutas se refere ao trabalho da cadeira vazia como a construção de um diálogo entre duas polaridades de uma pessoa. Em sentido mais restrito, a denominação parece errônea, considerando-se um aspecto sempre enfatizado por Buber: ser surpreendido pela "alteridade" da outra pessoa, que é sempre diferente de mim. Devido a essa alteridade, nunca posso prever com certeza o que a outra pessoa fará. Esse sentido de não saber e de ser surpreendido é fundamental no diálogo genuíno. Parece suspeito se referir à interação entre duas polaridades da pessoa como um verdadeiro diálogo... O trabalho da cadeira vazia parece ser um autodiálogo em que ficamos conscientes de que estamos divididos ou de que há ao menos dois pensamentos ou sentimentos polares dentro de nós que estão em conflito; estamos tentando ouvir ambos os lados. Em sentido mais restrito, isto não é um diálogo, e sim uma espécie de dialética intrapsíquica. Entretanto, com frequência, é necessário passar pelos impedimentos intrapsíquicos antes que um diálogo genuíno possa ocorrer.

Em minha experiência de trabalho com a cadeira vazia, considero a técnica muito eficiente, principalmente para trabalhos com situações inacabadas, com situações de confusão interna e conflitos interpessoais. No entanto, o Gestalt-terapeuta precisa prestar muita atenção para perceber se o que está acontecendo é uma mera troca de lugares, uma tarefa que o cliente cumpre porque o terapeuta pediu, ou se está ocorrendo um envolvimento de sentimentos e pensamentos. Isso aparece na expressão facial dos clientes, em suas lágrimas, olhares, movimentos corporais e no desenvolvimento do trabalho, pois, durante a troca de lugares, ocorre com frequência um impasse.

Em geral, terapeutas pouco experientes não conseguem trabalhar bem com essa técnica. Há sempre o risco de se perder na relação com o cliente e não perceber quando uma Gestalt fixa, rígida, ocupa o primeiro plano. Algumas mudanças emocionais não podem prescindir de uma destruição de Gestalt, porém nem todo cliente possui a possibilidade de reorganizar suas fronteiras. Nesses casos, o trabalho com a cadeira vazia pode confrontá-lo com dilemas com os quais o cliente não quer, não pode ou não consegue lidar. E isso o terapeuta precisa perceber.

Outro aspecto fundamental diz respeito à gravidade da disfunção do cliente com quem trabalhamos. O trabalho com a cadeira vazia não deve ser realizado com pessoas com distúrbios mais graves tais como a personalidade *borderline*, estruturas psicóticas em geral, ou com pessoas nas quais se identifique um estado de ansiedade e angústia grande. Em resumo, não deve ser utilizado com pessoas cuja organização da identidade esteja sendo mantida com muito esforço.

Sandra Salomão

REFERÊNCIAS BIBLIOGRÁFICAS

GINGER, S.; GINGER, A. *Gestalt: uma terapia do contato.* São Paulo: Summus, 1995.

HYCNER, R.; JACOBS, L. *Relação e cura em Gestalt-terapia.* São Paulo: Summus, 1997.

PERLS, F. S. *Gestalt-terapia explicada*. São Paulo: Summus, 1977.

SINAY, S. *Gestalt for beginners*. Nova York: Writers and Readers, 1997.

ZINKER, J. *El proceso creativo en la terapia guestáltica*. Buenos Aires: Paidós, 1979.

VERBETES RELACIONADOS

Ansiedade, *Awareness*, Conflito, Contato, Experimento, Gestalt, *Hot seat*, Método fenomenológico, Situação inacabada

CAMADAS DA NEUROSE

Na literatura da Gestalt-terapia, essa expressão aparece nas transcrições de seminários, *workshops* e palestras dadas por Perls na década de 1960. Encontramos desde o primeiro livro de Perls, *EFA*, a conceituação de neurose como um processo de "[...] desvitalização e enfraquecimento das funções de grandes partes da personalidade" (2002, p. 106).

A visão de neurose, quer coletiva ou individual, levou Perls a estabelecer, didaticamente, a estrutura da neurose em cinco camadas: postiça, fóbica, impasse, implosiva, explosiva. Essa divisão corresponde a uma aproximação com o processo real do comportamento neurótico.

A camada postiça, também chamada da dos clichês, é aquela na qual acontecem os jogos sociais, normas de cumprimentos, felicitações etc.: "[...] Se você se encontra com alguém, você se envolve numa troca de clichês: 'Bom-dia', aperto de mão, todos estes símbolos sem significados usados num encontro" (Perls, 1977a, p. 83). Dá-se, então, o desempenho de papéis, um viver de acordo com conceitos que correspondem a uma fantasia criada pelo próprio indivíduo para satisfazer um ideal pessoal ou social: "São atitudes 'como se' que exigem que vivamos de acordo com um conceito, que correspondamos a uma fantasia que nós ou outros criamos, quer resulte em uma maldição ou em um ideal" (Perls, 1980, p. 36). É um afastamento da autenticidade, do que realmente se é. O reconhecimento da falsidade desse jogo leva ao encontro do desprazer, da dor, do desespero, da angústia, e é justamente a relutância em aceitar essas sensações e sentimentos desagradáveis que serve de passagem à camada seguinte.

Na camada fóbica aparecem as objeções a ser o que se é.

> [...] *Nós somos fóbicos, evitamos o sofrimento, especialmente o sofrimento de frustração. Somos mimados e não queremos passar pelo inferno do sofrimento: conservamo-nos imaturos, continuamos a manipular o mundo, em vez de sofrer a dor do crescimento.* (Perls, 1977a, p. 84)

Nessa camada estão localizados os "não devo", os "não posso". O medo e a evitação de ser aquilo que se quer encaminham a continuação do processo à terceira camada.

Na camada do impasse se dá o reconhecimento do que não se é. Isso gera um sentimento de coisificação, de não se estar vivo, de que nada se é: "[...] O impasse é o estar encalhado, paralisado, nem exteriorizando, nem não exteriorizando" (Perls, 1977a, p. 46). O próximo passo é implodir.

A camada implosiva ou da morte "[...] é onde as energias necessárias à vida se encontram bloqueadas e investidas sem uso algum" (Perls, 1980, p. 41). Nessa camada vivemos "[...] uma espécie de paralisia catatônica: nós nos agregamos, nos contraímos e, comprimidos, nos implodimos" (Perls, 1977a, p. 85). Neste ponto, não há prontidão para o acesso aos recursos genuínos. A implosão ocorre pelo receio da explosão; no entanto, o contato com esse medo pode ser o início da explosão: "[...] a mínima exteriorização, um leve tremor já é o começo da dissolução da camada implosiva" (Perls, 1977b, p. 46).

Na quarta camada, a implosão torna-se explosão. A compreensão torna-se expressão. A explosão:

> [...] *é o elo com a pessoa autêntica capaz de experienciar e expressar suas emoções. Existem quatro tipos básicos de explosões da camada da morte. Existe a explosão em pesar genuíno se trabalharmos com uma perda ou morte que não tenha sido assimilada. Existe a explosão em orgasmo, em pessoas sexualmente bloqueadas. Existe a explosão em raiva, e também a explosão em alegria, riso, alegria de viver. Estas explosões se ligam à personalidade autêntica, ao verdadeiro* self. (Perls, 1977a, p. 85)

É passível de observação nas fontes consultadas que, em todas as vezes que Perls falou sobre as camadas da neurose, ele usou exemplos vivenciais. Isso possibilita o entendimento de que essa divisão é um recurso teórico facilitador da compreensão de um processo que ocorre com cada pessoa, devendo ser resguardadas as características individuais de cada caso.

Magda Campos Dudenhoeffer

REFERÊNCIAS BIBLIOGRÁFICAS

CARDELLA, B. H. P. *O amor na relação terapêutica*. São Paulo: Summus, 1994.

PERLS, F. S. (1942). *Ego, fome e agressão*. São Paulo: Summus, 2002.

_____. *Escarafunchando Fritz: dentro e fora da lata de lixo*. São Paulo: Summus, 1979.

_____. *Gestalt-terapia explicada*. São Paulo: Summus, 1977a.

_____. In: FAGAN, J.; SHEPHERD, I. L. (orgs.). *Gestal-terapia: teoria, técnica e aplicações*. Rio de Janeiro: Zahar, 1980.

_____. In: STEVENS, J. O. (org.). *Isto é Gestalt*. São Paulo: Summus, 1977b.

VERBETES RELACIONADOS

Criatividade, Fantasia, Neurose, Psicoterapia de grupo e *workshop*

CAMPO (VER TEORIA DE CAMPO)

CARÁTER

Fritz Perls iniciou seu treinamento em psicanálise no ano de 1927, na cidade de Viena. Na época, foi analisando de Wilhelm Reich, de quem, sem dúvida, recebeu grande influência, principalmente no tocante ao corpo, ao gestual, ao olhar, à entonação de voz, à estrutura e à forma da fala, destacando-se a influência do conceito de couraça muscular do caráter. No livro *EFA* (1947), Perls faz referências aos caracteres oral, anal, genital e paranoide, mas sem definir o conceito de caráter. No prefácio do livro de PHG (1997), Perls traça algumas referências à contribuição de Reich para as psicoterapias e às suas divergências conceituais com esse autor. Ele diz:

> *A ideia da couraça muscular de Reich é, sem dúvida, a contribuição mais*

importante para a medicina psicossomática desde Freud. Discordamos dele (e de Anna Freud) em um ponto: consideramos a função defensiva da couraça um engano ideológico. Uma vez que uma necessidade organísmica é condenada, o self dirige sua atividade criativa, sob forma de agressão, contra o impulso, repudiado, subjugando-o e controlando-o. [...] Contudo, seguimos Reich de todo o coração quando este muda a ênfase da recuperação daquilo que foi "reprimido" para a reorganização das forças "repressoras", embora achemos que na recuperação do self haja muito mais coisas envolvidas do que a mera dissolução da couraça muscular do caráter. (PHG, 1997, p. 34-5)

Em artigo contido no livro Isto é Gestalt, Perls (1977b, p. 21-2) começa a definir o que é caráter:

Quanto mais o caráter repousa sobre conceitos prontos, formas fixas de comportamento e "computação", menos é capaz de usar seus sentidos e intuição. Quando o indivíduo tenta viver de acordo com ideias preconcebidas de como o mundo "deveria" ser, ele se afasta de seus próprios sentimentos e necessidades. O resultado desta alienação dos sentidos e necessidades é o bloqueio de seu potencial e a distorção de sua perspectiva. [...] Pelo menos mais dois fenômenos interferem com o desenvolvimento do potencial genuíno do homem. Um deles é a formação

de caráter. O indivíduo então só pode agir com um conjunto limitado e fixo de respostas.

Em outra passagem do mesmo capítulo diz:

Tal pessoa terá a possibilidade de ver uma situação total (uma Gestalt) sem perder os detalhes. Com esta orientação desenvolvida, está em condições de lidar com a realidade, mobilizando seus próprios recursos. Não mais reagirá com respostas fixas (caráter) e com ideias preconcebidas. (Perls, 1977b, p. 26)

No livro Gestalt-terapia explicada (1977a, p. 55), Perls também fala sobre a noção de caráter:

À medida que a criança começa a desenvolver meios de manipulação, ela adquire o que é chamado de caráter. Quanto mais caráter uma pessoa tem, menor é seu potencial. Isto parece um paradoxo, mas a pessoa com caráter é aquela que é previsível, que tem apenas um número determinado de respostas fixas.

Na teoria de Perls, a noção de organismo como um todo é central, tanto em relação ao funcionamento organísmico quanto à participação do organismo em seu meio para criar um campo único de atividades. Para melhor compreensão, imaginemos círculos concêntricos representando as camadas do ciclo homeostático em que o self é o núcleo a partir do qual o organismo tem awareness de sensações, sentimentos e necessidades; em volta dele, a camada fóbica, que o envolve, representando seus medos; e, em torno desta, a camada postiça, na qual o organismo se protege do contato com o mundo externo, com suas representações de papéis – as respostas fixas, ou seja, o caráter.

No contexto do funcionamento intraorgânico, Perls insistia que os seres humanos são organismos unificados e que não há nenhuma diferença entre atividade física e mental. Definia atividade mental como atividade da pessoa toda que se desenvolve num nível mais baixo de energia que a atividade física.

Além do holismo em nível organísmico (Ciclo Homeostático do Organismo), Perls acentuou a importância do fato de considerar o indivíduo como parte perene de um campo mais amplo, incluindo o organismo e seu meio. Assim como Perls protestava contra a noção de divisão corpo-mente, protestava também contra a divisão interno–externo. Considerava que a questão de as pessoas serem dirigidas por forças internas ou externas não tinha nenhum sentido em si, uma vez que os efeitos causais de um eram inseparáveis dos efeitos causais do outro.

Na teoria e prática gestáltica, há um limite de contato entre o indivíduo e seu meio, e é esse limite que define a relação entre eles (fronteira de contato). Num indivíduo saudável, esse limite é fluido, permitindo contato e depois afastamento do meio. Contatar constitui a formação de uma Gestalt e afastar-se representa seu fechamento. Num indivíduo neurótico, as funções de contato e afastamento estão perturbadas, e ele se encontra diante de um aglomerado de Gestalten que estão,

de alguma forma, inacabadas, ou nem plenamente formadas nem plenamente fechadas.

Na teoria e prática reichiana, o conceito energético está inserto na funcionalidade organísmica pela "fórmula": tensão – carga – descarga energética – repouso, muito semelhante ao que Perls se refere no Ciclo Homeostático. Para Reich, havia um *quantum* energético no cérebro reptiliano, responsável pelas sensações e sobrevivência; um *quantum* energético no cérebro límbico, responsável pelos sentimentos; e um *quantum* energético na porção do cérebro, chamado neocórtex, responsável pelos pensamentos, pela solução de problemas. Esses *quantuns* energéticos se distribuem e circulam desde a concepção, gestação, parto até os primeiros dez dias de nascimento, e a isso Reich chamou de "temperamento", que, segundo ele, é imutável. Imutável porque precisaria ser novamente concebido, gestado, parido para contatar o mundo em seus dez primeiros dias de vida em outro campo energético de concepção, gestação, parto e primeiros cuidados. De acordo com Reich, núcleo psicótico, núcleo depressivo, *borderline* etc. são formas de temperamento, a estase energética é chamada de couraça muscular e o modo como o ser humano lida com essa estase nos seus contatos é chamado de caráter.

Quando Perls considera "a função defensiva da couraça um engano ideológico" (PHG, 1997, p. 35), como em citação anterior, ele se engana porque, segundo a vegetoterapia carátero-analítica, um recém-nascido pode desenvolver couraças auditivas, oculares, pela contração energética dessas áreas nos dez primeiros dias de vida, que são anteriores à mobilidade (uso da musculatura para o movimento em torno dos 6 meses de idade). Nessa fase, não há, como diz Perls, ideias preconcebidas, já que no recém-nascido o cognitivo não está completamente formado.

Reich discorda de Perls quando este afirma: "Ela [a criança] necessita de apoio direcional" (Perls, 1977a, p. 55). Na verdade, segundo Reich, antes de ser criança existe um bebê que necessita de contato-referência na relação com quem cuida diretamente dele para que desenvolva: foco, sensação de acolhimento, de atendimento de suas necessidades, sua autoestima, além de sentir-se existindo e amado no campo energético mãe–bebê.

No texto citado anteriormente, Perls (1977a, p. 55) diz: "Ela sabe como torturar sua mãe. Ou a criança lisonjeia a autoestima do outro, de modo que o outro se sente bem e dá alguma coisa em troca". Mas, para Reich, a criança repete o comportamento aprendido de quando se sentiu torturada, isto é, desde os primeiros dias de nascida em que seus choros deixaram de ser atendidos como expressão de sensações, sentimentos ou necessidades.

Perls afirma que a Gestalt-terapia "descasca a cebola" referindo-se a um trabalho de fora para dentro, em direção ao *self*, e deste para o todo novamente, sem considerar as couraças musculares citadas por Reich. A terapia neo-reichiana trabalha de dentro para fora, incluindo as couraças musculares, indo em direção ao interior novamente, já com outra perspectiva da realidade do todo circundante.

Perls e Reich usam metodologias diferentes, entretanto concordam quanto à definição de caráter: um conjunto de respostas fixas. Não há uma metodologia melhor que a outra, já que com ambas podemos trabalhar com *awareness*, contato, aqui e agora, figura e fundo, fronteiras de contato, ajustamentos criativos etc. Como gestalt-terapeuta e orgonoterapeuta, trabalho no entrelaçamento das duas abordagens, que podem ser compreendidas como primas-irmãs: considerando as couraças, mas sem fazer análise do caráter.

Jane Rodrigues

REFERÊNCIAS BIBLIOGRÁFICAS

PERLS, F. S. (1947). *Ego, fome e agressão*. São Paulo: Summus, 2002.

_____. In: STEVENS, J. O. (org). *Gestalt-terapia explicada*. São Paulo: Summus, 1977a.

_____. In: STEVENS, J. O. (org). *Isto é Gestalt*. São Paulo: Summus, 1977b.

PERLS, F. S.; HEFFERLINE, R.; GOODMAN, P. *Gestalt-terapia*. São Paulo: Summus, 1997.

VERBETES RELACIONADOS

Agressão, Ajustamento criativo, Aqui e agora, *Awareness*, Camadas de neurose, Campo, Contato, Figura e fundo, Função e disfunção de contato, Fronteira de contato, Gestalt, Gestalt-terapia, Holismo, Necessidades, Organismo, *Self*

CICLO DO CONTATO

Gestalt-terapia tem sido definida como "terapia de contato". Contato que é, ao mesmo tempo, um processo, um modelo e um instrumento de trabalho. A noção de contato é ampla e não é nova; por isso, se torna difícil de ser operacionalizada. Uma existência em ação, cuja essência é de difícil definição, torna o conceito extremamente relativo e subjetivo. Ao longo dos tempos, surgiram novos posicionamentos tentando mostrar o construto "contato" em funcionamento. Todos os autores apresentam o "ciclo" ou "círculo" do contato de maneira diferente. Uns apresentam apenas os passos do contato, outros apresentam os passos e seus bloqueios ou interrupções correspondentes, e ambos os modelos variam tanto em número de mecanismos de bloqueio quanto no que se poderia chamar de processo de consciência ou de saúde. Eis algumas das principais denominações históricas do ciclo do contato: Petruska Clarkson (1989) fala de "Ciclo de formação e destruição de Gestalt", e, às vezes, de "Ciclo da Saúde". Zinker (1979) fala de "Ciclo consciência–excitação–contato". Gilles Deslile (1999) fala de "Ciclo de Experiência", Serge e Anne Ginger (1995) falam de "Ciclo do Contato". Ribeiro (1995) fala de "Ciclo dos Fatores de Cura e Bloqueios do Contato" e Ribeiro (1997) fala de "Ciclo do Contato e Fatores de Cura".

Não existe, portanto, uma única definição para "ciclo", uma vez que os autores têm visões diferentes sobre ele. Entre muitas definições, apresento a seguinte:

> *O Ciclo é, portanto, concebido como um sistema* self–eu–mundo. *Permite-nos ler a realidade por intermédio dele, bem como entender o processo pelo qual este sistema foi se estruturando ao longo do tempo. Revela um processo de relacionamento entre o* self, *o eu e o mundo, partindo de um processo mais primitivo, fixação/fluidez, para uma forma mais complexa de estar no mundo, confluência/retirada.* (Ribeiro, 1997, p. 30)

O ciclo do contato é um modelo teórico que tem no construto "contato" seu princípio operacional. Visa discutir, teoricamente, a noção de contato, de ciclo, os mecanismos de bloqueio do contato e sua relação com os "mecanismos de cura", sob a perspectiva do construto *self*. O ciclo do contato, na forma atual, é uma organização de Ribeiro (1997), que contém nove mecanismos de bloqueio e nove mecanismos de cura, respectivamente. Hoje, o autor está concebendo o ciclo do contato como uma teoria do contato, como algo que se expressa por meio de ciclos, superando a limitação das definições de fronteira ou contornos do contato, para ser uma dimensão da pessoa que evoca, a todo instante, uma dimensão transcendental humana. A edição revisada de *O Ciclo do Contato* traz oito modelos de ciclos de contato, que funcionam, fenomenologicamente, por uma descrição que pode ser vista, indutiva ou dedutivamente, com base na noção de *self*.

Como um dado, aqui e agora, Gestalt pode ser definida como terapia de contato e, como uma proposta, pode ser definida como terapia de totalidade, enquanto contato é o instrumento por meio do qual transcendemos partes, na direção de uma totalidade possível. Contato é o instrumento que nos transporta das partes para a totalidade, da quantidade para a qualidade, do imanente para o transcendente, da matéria para o imaterial. Mas de que contato estamos falando? Estamos falando de um contato sem fronteiras, estamos falando de um processo de imersão total no próprio ser, numa busca ilimitada de nossas possibilidades. De uma maneira macro, o contato se dá no campo, onde existe uma totalidade potencial, e, de uma maneira micro, ele se intensifica na fronteira, nas partes, onde encontramos o outro, o diferente.

Creio que devemos falar de níveis de contato. Estamos indo além do conceito de contato como olhar, prestar atenção, tocar, e outras formas de relacionamento. Falamos de um contato que muda, que transforma, que cura, um processo de ecologia interna, profunda, como uma totalidade viva, um processo de transcendência. Contato como um dar-se conta (*awareness*) cognitivo, emocional, motor, contínuo que se expressa no corpo, que faz todo nosso ser mergulhar no ser do outro à procura de um encontro pleno, de uma forma que totaliza a presença de uma complexa intersubjetividade.

Contato, assim concebido, é um processo de se encontrar com o outro e no outro. Nada fica de fora. Tudo ocorre nos dois lados, não só na pessoa ou só no mundo, mas na pessoa-mundo, uma relação de total inter, intra e transdependência, na qual tudo está incluído amorosamente. É a descoberta plena do TU que mora em nós e nele nos fundimos numa inclusão plena. Isso só acontece quando o tu do homem se encontra com o TU eterno que mora em cada um de nós. O corpo-pessoa é o lugar onde tudo acontece. O corpo é o espaço-tempo por intermédio do qual recapitulamos nosso ser como uma história viva, vivente e vivificante. E, nele, nosso *self*, propriedade estruturante de nossa personalidade, é o lugar do encontro marcado do tempo com o espaço e do espaço com o tempo, do igual com o diferente, é o lugar do hoje que se abre continuamente para o horizonte do amanhã. Diferentemente da ipseidade, que finaliza em nós um processo evolutivo cósmico, nosso *self* é temporal, nasceu conosco, como uma entidade, como um *proprium*, que vai registrando, dia a dia, nossa caminhada do hoje de cada dia. Nosso jeito de pensar, de sentir, de fazer, de falar, nossa síntese contativo-existencial, é nosso *self* visível, uma estrutura processual que se atualiza cotidianamente, como um retrato eternamente retocado.

É nesse contexto de impermanência que os mecanismos de bloqueio e de saúde fazem do contato pessoa–meio nosso principal instrumento de mudança, na eterna caminhada entre fluidez e retirada, permeado, aqui e ali, pelos bloqueios transgressores que nos despistam o horizonte. Somos fluidez e retirada, somos fixação e confluência, e é neste caminhar entre um e outro que todo nosso ser se revela como id, como eu, como personalidade, funções que dão visibilidade ao nosso *self*, que é nossa função operacional de contato. Ele é como uma matriz que recebe e distribui toda forma de contato por mecanismos de bloqueio e de saúde. Ele não é processo puro nem estrutura pura. É ambos, ao mesmo tempo. Como sexualidade, vontade, memória são propriedades várias e variantes com funções específicas de nossa personalidade, assim é nosso *self*. Ele não é um aspecto, ele é uma entidade.

Transcendemos porque somos impermanência. Passamos pelos mesmos lugares, mais de uma vez, embora não do mesmo modo. O que nos é próprio não muda; mudam os acidentes que nos permitem nos identificarmos conosco mesmos, sendo sempre diferentes do dia anterior. O eterno retorno, nossa eterna impermanência e nossa sempre progressiva transcendência são nossos ciclos de mudança. Retornamos ao ponto de partida, mas agora carregados de toda a experiência anterior. Fluímos, sentimos, somos conscientes, nos movimentamos, agimos, fazemos contato, nos satisfazemos e nos retiramos para um novo ciclo. Fixamo-nos, dessensibilizamo-nos, defletimos, introjetamos, projetamos, profletimos, retrofletimos, egotizamos, confluímos. Cada ponto marca, às vezes, um novo ciclo.

Esse é o jogo da vida; os ciclos de contato registram nosso caminhar e por meio deles nos tornamos presença para nós mesmos. O ciclo do contato registra os ciclos do contato que, pela intercomunicabilidade de nossos processos, permitem a nosso *self* ser um ponto de mudança que registra nossa crença de que não somos uma ilha, e sim uma imensa península onde o contato se transforma no princípio essencial de nossa existência.

Jorge Ponciano Ribeiro

REFERÊNCIAS BIBLIOGRÁFICAS

CLARKSON, P. *Gestalt couseling in action*. Londres: Sage, 1989.

DELISLE, Gilles. *Personality disorders: A gestalt-therapy perspective*. Otawa: Sig Press, 1999.

GINGER, S.; GINGER, A. (1987). *Gestalt: uma terapia do contato*. São Paulo: Summus, 1995.

RIBEIRO, J. P. *O ciclo do contato*. Brasília: Ser, 1995.

_____. *O ciclo do contato: temas básicos na abordagem gestáltica*. São Paulo: Summus, 1997.

ZINKER, J. *El proceso creativo en la terapia guestáltica*. Buenos Aires: Paidós, 1979.

VERBETES RELACIONADOS

Awareness, Campo, Confluência, Contato, Corpo, corporeidade, Egotismo, Existência, Fluidez, Função id, função ego, função personalidade, Gestalt, Gestalt-terapia, Introjeção, Mecanismos neuróticos, Mudança, Projeção, Retroflexão, Saúde, *Self*, Totalidade

COMPORTAMENTO DELIBERADO E ESPONTÂNEO

O ponto inicial para entendermos tal expressão em Gestalt-terapia é encontrado na obra inaugural da abordagem, de autoria de PHG (1951), quando destacam na apresentação do "plano da obra" (capítulo II, item 5) que um de seus objetivos é questionar as inúmeras dicotomias "neuróticas" presentes na história da psicoterapia, das quais nos interessa particularmente a que existe comumente entre espontâneo e deliberado. Tal dicotomia considera o que é espontâneo como algo especial, que só acontece com algumas pessoas em particular, e o que é deliberado como o que necessariamente objetiva algo que não queremos e não nos será satisfatório. O mérito da Gestalt-terapia nesse aspecto é apontar, de acordo com seus conceitos de *self*, autorregulação organísmica e ajustamento criativo, que a espontaneidade é uma qualidade da experiência do ser-no-mundo de modo geral e que a deliberação é fundamental para a organização e síntese criativa da experiência vivida. Conclui-se dessa forma que a espontaneidade não é algo especial, só para alguns, e aquilo que é deliberado não significa sempre contenção, entrave à consecução de objetivos ou insatisfação.

PHG (1997) colocam a teoria do *self*, cujo funcionamento baseia-se na diferenciação em três aspectos – id, ego e personalidade – responsáveis por momentos distintos na busca do ajustamento criativo.

Para a compreensão da noção de comportamento deliberado, interessa-nos particularmente o funcionamento do *self*, conforme proposto por PHG, em seu aspecto funcional denominado ego. O *self* no modo de funcionamento do ego é o responsável pelas escolhas e decisões deliberadas – motoras ou de linguagem – que estabelecem limites para a identificação e alienação das possibilidades surgidas na fronteira organismo/ambiente, tomando decisões e agindo, com fins de orientação, encaminhamento e resolução da figura que se forma.

No funcionamento saudável, a deliberação "é a restrição consciente de determinados interesses, percepções e movimentos para concentrar atenção em outra parte" (PHG, 1997, p. 185), permitindo, assim, que o equilíbrio na fronteira organismo/ambiente seja restabelecido com a satisfação da necessidade emergente. Com a satisfação, a deliberação é relaxada, permitindo a possibilidade de surgimento de outra figura de interesse.

Porém, se em vez de um desequilíbrio momentâneo na fronteira de contato enfrentamos um desequilíbrio crônico, uma sensação contínua de perigo e frustração, tal deliberação jamais se apresentará completamente relaxada, impedindo a finalização da situação; o próprio comportamento deliberado torna-se o arranjo possível na fronteira organismo/ambiente (Pimentel, 2003). Outras figuras emergem enquanto aquela situação anterior permanece inacabada e suprimida, apesar de continuar a existir como parte do fundo. Embora o *self* se ocupe da nova figura, não pode dispor da energia que está sendo utilizada para reprimir a excitação que foi suprimida, ou seja, o processo de contato de novas figuras é dificultado pela existência da situação inacabada, pois as faculdades perceptivas e musculares não estão completamente livres – estão a serviço da supressão deliberada. Esse é o funcionamento típico na neurose: "[...] a estrutura do contato neurótico caracteriza-se por um excesso de deliberação, fixação da atenção e músculos preparados para uma resposta específica" (Pimentel, 2003, p. 85).

Um estado de vigilância deliberada contra o perigo, por exemplo, com o tempo torna-se uma contração muscular crônica que não é mais percebida, uma vez que, embora a excitação suprimida permaneça, na medida em que tal supressão se expressa como um padrão motor, com o tempo ela é aprendida e esquecida, tornando-se habitual.

Com isso, todo o processo de ajustamento criativo estará comprometido, pois a pessoa já não sabe como está se impedindo e não pode mais administrar de forma satisfatória suas identificações e alienações. Conforme exemplificado por PHG (1997, p. 78):

> [...] *nosso homem não percebe que está controlando deliberadamente seu corpo. Trata-se do seu corpo, com o qual tem certos contatos externos, mas não se trata dele; ele não sente a si mesmo. Suponha agora que ele tenha muitos motivos para chorar. Todas as vezes que se emociona até ficar à beira das lágrimas, ele, não obstante, não "se sente com vontade de chorar", e não chora; isto é porque se habituou, há muito tempo, a não perceber como está inibindo muscularmente essa função e cortando o sentimento.*

A inibição tornou-se rotina, um comportamento deliberado, padronizado e não percebido. Em sua obra autobiográfica, Perls (1979) traz novamente a temática, contrapondo o que ele denomina de autoexpressão a uma expressão deliberada, com o objetivo de destacar o conflito entre a atenção às necessidades do organismo e às do que ele denominou de autoimagem: "Frequentemente temos de interpretar papéis – por exemplo, estar deliberadamente se comportando da melhor maneira –, mas quem quer crescer pode e deve superar a interpretação compulsiva de papéis manipulativos que substitui a autoexpressão honesta" (p. 163).

Luciana Aguiar

REFERÊNCIAS BIBLIOGRÁFICAS

PERLS, F. S. *Escarafunchando Fritz*: dentro e fora da lata de lixo. São Paulo: Summus, 1979.

PERLS, F. S.; HEFFERLINER, R.; GOODMAN, P. (1951). *Gestalt--terapia*. São Paulo: Summus, 1997.

PIMENTEL, A. *Psicodiagnóstico em Gestalt-terapia*. São Paulo: Summus, 2003.

VERBETES RELACIONADOS

Ajustamento criativo, Autorregulação organísmica, Conflito, Energia, Espontaneidade, Excitação/excitamento, Experiência, Figura e fundo, Função id, função ego, função personalidade, Fronteira de contato, Gestalt-terapia, Neurose, *Self*, Ser-no-mundo, Situação inacabada

COMPULSÃO À REPETIÇÃO

O fenômeno da compulsão à repetição foi descrito por Freud, mas, pela forma como o pai da psicanálise o compreendia, foi criticado por Perls, em seu livro *EFA* (2002, p. 158):

> *Ele* [Freud] *viu na monotonia das repetições uma tendência à ossificação mental* [...]. *Em minha opinião, a construção de Freud contém vários erros. Não partilho de sua opinião quanto à Gestalt da "compulsão à repetição" ter o caráter de rigidez, embora exista uma nítida tendência à ossificação nos hábitos.*[2]

Nesta época, Perls já pensava nas repetições sob a influência do "holismo criativo" de Smuts, em contraposição à visão de Freud que as associava ao instinto de morte. Uma vez que uma ação nova requer a repetição para haver um completo aprendizado, ela será considerada a essência do desenvolvimento

(Perls, 2002). Neste sentido, as repetições compulsivas não são automáticas e mecânicas "ao contrário, são tentativas vigorosas de resolver problemas de vida relevantes" (*ibidem*, p. 160). Entretanto, uma repetição será considerada mecânica quando fugir ao seu propósito de busca de perfeição, de domínio para o fechamento da gestalt.

Na obra de PHG, os autores diferenciam a repetição neurótica da saudável. Na primeira, a compulsão "é sinal de que uma situação inacabada no passado ainda está inacabada no presente. Todas as vezes que uma tensão suficiente se acumula no organismo para tornar a tarefa dominante, tenta-se novamente encontrar uma solução" (PHG, 1997, p. 101). A questão é que essa tensão que não se completou assume um posto de dominância e necessita ser completada. Dessa maneira, como não há o fechamento desse processo, que seria o crescimento pela assimilação do novo, o organismo repete a atitude fixada. Dito de outra forma, a compulsão à repetição "é o empenho do organismo em completar com meios arcaicos sua situação inacabada atual, toda vez que se acumula uma tensão suficiente para realizar essa tentativa difícil" (PHG, 1997, p.156).

Cada vez que o organismo repete essa atitude fixada, mais difícil fica o fechamento da situação. A excitação é apenas afastada da atenção e qualquer outro acontecimento é experienciado como confronto, "[...] só que o processo agora é dificultado pelo fundo perturbado da situação inacabada. A perturbação persistente impede o contato final no novo ajustamento porque não se concede todo o interesse à figura" (PHG, 1997, p. 233). A respeito dessa circularidade, PHG (1997, p. 101) comentam: "[...] é somente por meio da assimilação, do acabamento,

---

2. Recomendo a leitura do verbete Hábito.

CONFIGURAÇÃO

que aprendemos algo e estamos preparados para uma nova situação; mas o que não conseguiu se completar é ignorante e não está a par das coisas, e, portanto, torna-se cada vez mais incompleto".

É importante destacar que são as atitudes fixadas que incluem as imagens desatualizadas e as concepções abstratas que parecem infantis e inadequadas – não o desejo ou instinto.

Na repetição saudável, "[...] a tarefa é completada, o equilíbrio é restaurado e o organismo se conservou ou cresceu pela assimilação de algo novo" (PHG, 1997, p. 101), como no caso da fome, da pulsação sexual. Nessa perspectiva, as repetições devem ser vistas como investimentos para fechar uma Gestalt por meio da liberação da energia para o crescimento. No entanto, a impossibilidade de desimpedir o primeiro plano favorece a constância de atenção e tensão por parte do organismo, enquanto não houver o fechamento da Gestalt, e "esse esforço é repetidamente inibido por um ato deliberado presente" (PHG, 1997, p. 103).

Em palestra proferida intitulada "O corpo como expressão" (2006), esta autora aponta para uma perspectiva da psicoterapia diante das queixas dos clientes: "desapontados com suas impossibilidades; frustrados em suas ações e com grandes expectativas, assim eles chegam até nós. Cabe a nós ajudá-los a transformar suas compulsões em escolhas através de uma releitura de suas queixas".

Gladys D'Acri

REFERÊNCIAS BIBLIOGRÁFICAS

D'ACRI, G. "O corpo como expressão". Palestra proferida no III Encontro Carioca. Rio de Janeiro, 2006. (Manuscrito não publicado.)

PERLS, F. S. (1942). *Ego, fome e agressão*. São Paulo: Summus, 2002.

_____. *Escarafunchando Fritz: dentro e fora da lata de lixo*. São Paulo: Summus, 1979.

PERLS, F. S.; HEFFERLINE, R.; GOODMAN, P. *Gestalt-terapia*. São Paulo: Summus, 1997.

VERBETES RELACIONADOS

Assimilação, Contato, Crescimento, Energia, Excitação/excitamento, Figura e fundo, Gestalt, Holismo, Organismo, Sintoma, Situação inacabada

COMO (VER SEMÂNTICA, PORQUÊ E COMO)

CONCENTRAÇÃO (VER TEORIA E TÉCNICA DE CONCENTRAÇÃO)

CONFIGURAÇÃO

O termo "configuração" significa, para a Gestalt-terapia, uma das possíveis formas de tradução do substantivo alemão "Gestalt". Conforme PHG (1997, p. 33-4), "configuração, estrutura, tema, relação estrutural (Korzybski) ou todo organizado e significativo são termos que se assemelham mais de perto à palavra alemã, para a qual não há uma tradução equivalente em inglês [tampouco em português]". Ou, então, segundo Perls (1981, p. 19): "Uma Gestalt é uma forma, uma configuração, o modo particular de organização das partes individuais que entram em sua composição".

O termo "configuração", tal como é empregado na língua portuguesa, favorece a descrição dos aspectos dinâmicos envolvidos na formação de uma Gestalt. Trata-se de um modo de nominar o processo de formação

DICIONÁRIO DE GESTALT-TERAPIA

de uma totalidade, a qual não é resultante do somatório das partes envolvidas, tampouco é algo apartado dessas partes, como se delas independesse. Ao contrário, quando falamos em configuração, temos em vista uma totalidade tal como nosso organismo: este não é o resultado da soma dos órgãos de que somos formados, nem é um desses órgãos. Trata-se de uma unidade que se exprime entre nossos órgãos, que não existe sem eles, mas não é um deles. Nosso organismo é a própria relação dos órgãos entre si, a prévia disponibilidade de um para o outro, o sistema espontâneo de equivalência que estabelecem entre si. Ou, ainda, o organismo é a fronteira viva entre esses órgãos, aquilo que os faz trocar informações físicas e vitais. O que nos permite entender a configuração como uma espécie de fronteira viva.

Ora entendida como fronteira viva, a configuração não se limita a designar nosso organismo. A configuração – como fronteira viva – também existe entre os organismos, entre eles e as coisas inanimadas, entre eles e as instituições culturais. O que nos permite falar das configurações como totalidades impessoais e genéricas, das quais participamos em diversos níveis: físico, biológico, vital, social... Nesse sentido, dizem PHG (1997, p. 41):

> *A experiência se dá na fronteira entre o organismo e seu ambiente, primordialmente a superfície da pele e os outros órgãos de resposta sensorial e motora. A experiência é função dessa fronteira, e psicologicamente o que é real são as configurações "inteiras" (whole) desse funcionar, com a obtenção de algum significado e a conclusão de alguma ação.*

Essa forma de empregar a noção de configuração lembra a teoria fenomenológica do todo autêntico, a qual foi apresentada por Husserl, na terceira das *Investigaciones lógicas* (1900-1901), e retomada na obra *Ideas relativas a una fenomenologia pura e una filosofia fenomenológica I* (1913), a qual serviu de modelo para Goodman estabelecer a redação da teoria do *self*, na terceira parte do segundo volume da obra de PHG (1997), conforme declaração do próprio Goodman (1994). Segundo Husserl, um todo autêntico é aquele cujas partes ou conteúdos estão relacionados de modo dependente, o que significa dizer: a modificação de uma parte acarreta a modificação das outras. No caso de uma totalidade acústica, por exemplo, se mudo a qualidade do som, simultaneamente altero sua intensidade, e assim sucessivamente, de modo que passo a dispor de uma nova unidade sonora. Para Husserl, as Gestalten ou configurações são totalidades autênticas, em que se pode observar, nos termos de uma relação de dependência entre as partes envolvidas, a vigência de uma intencionalidade comunitária, sem porta-voz específico, mas partilhada por todos os envolvidos, tal qual uma fronteira viva.

Os psicólogos da forma tomaram para si a teoria fenomenológica do todo autêntico e com ela tentaram pensar fenômenos naturais, como a percepção. Segundo eles, as discussões fenomenológicas permitem compreender que é a organização dos fatos, percepções e comportamentos, e não os aspectos individuais de que são compostos, que dá aos todos sua definição ou significação específica e particular (Perls, 1973, p. 18). Também chamaram a essa organização espontânea de Gestalt ou configuração.

Diferentemente da fenomenologia, entretanto, os psicólogos da forma tomaram as Gestalten como se elas pudessem ser traduzidas em termos objetivos, como se elas pudessem ser reduzidas a leis ou regularidades fenomênicas, desprezando o que nelas pudesse haver de intencional. É como se cada Gestalt, ou configuração, exprimisse uma combinatória de partes que valesse como lei universal – e não como se houvesse entre as partes envolvidas uma intencionalidade comum. Os fundadores da Gestalt-terapia criticaram essa tentativa de objetivação estabelecida pelos psicólogos da forma. De acordo com estes, PHG tentaram estabelecer um retorno ao emprego fenomenológico do termo "configuração" (Gestalt); o que significa restituir o caráter intencional que define a maneira como as partes de uma Gestalt estão ligadas entre si. O que talvez explique por que razão, na prática clínica da Gestalt-terapia, por exemplo, importa salientar que as sessões terapêuticas, os trabalhos de acompanhamento terapêutico e os *workshops* – entre outras modalidades de intervenção – são menos repetições estruturadas com base no passado e mais ajustamentos "criados" no aqui e agora da sessão. A criação é o ingrediente intencional de acordo com o qual as partes envolvidas, venham elas ou não do passado, assumem uma configuração única, formando uma totalidade autêntica – *whole*, na terminologia de PHG (1997, p. 41).

Marcos José e Rosane Lorena Müller-Granzotto

REFERÊNCIAS BIBLIOGRÁFICAS

Goodman, P. In: Stoehr, T. *(1994). Here now next*: Paul Goodman and the origins of Gestalt therapy. São Francisco: Jossey-Bass, 1994.

Husserl, E. (1900-1901). *Investigaciones lógicas*. V. II. Trad. José Gaos. 2. ed. Madri: Alianza, [s.d.].

Perls, F. S. (1973). *A abordagem gestáltica e testemunha ocular da terapia*. Rio de Janeiro: Zahar, 1981.

_____. (1913). *Ideas relativas a una fenomenologia pura e una filosofía fenomenológica I*. Trad. José Gaos. 3. ed. México: Fondo de Cultura Económica, 1986.

Perls, F. S.; Hefferline, R.; Goodman, P. (1951). *Gestalt-terapia*. São Paulo: Summus, 1997.

VERBETES RELACIONADOS

Gestalt, Gestalt-terapia, Organismo, Parte e todo, Psicoterapia de grupo e *workshop*, *Self*, Totalidade

CONFLITO

O termo "conflito" surge pela primeira vez na bibliografia relacionada à Gestalt-terapia em *EFA* (2002), na qual Perls afirma que o que determina uma personalidade integrada ou neurótica é o conflito entre as necessidades biológicas e as necessidades sociais. A cisão da personalidade acontece quando o indivíduo, ao tentar evitar os conflitos com o meio, identifica-se com a parte do conflito em oposição às necessidades organísmicas, alienando ou suprimindo o desejo.

Para evitar conflitos – para permanecer dentro dos limites da sociedade ou de outras unidades –, o indivíduo aliena aquelas partes de sua personalidade que levariam a conflitos com o meio ambiente. [...] Se há uma cisão na personalidade (por exemplo, entre consciência e instintos), o ego pode ser hostil em relação ao instinto e amigável em relação à consciência (inibição), ou vice-versa (desafio). (Perls, 2002, p. 220)

O processo terapêutico, nesse caso, constitui-se na identificação do indivíduo com suas necessidades reais, o que se dá ao assumir a responsabilidade pelo uso de seu sistema sensoriomotor para evitar o contato com as emoções indesejáveis.

Outra referência ao conceito de conflito aparece no livro de PHG (1997). Neste, os autores referem-se aos conflitos internos de uma pessoa podendo ser introjetos de conflitos do meio. Dada à impossibilidade de isolar partes do campo indivíduo/meio, a distinção entre conflitos internos e externos não é exata.

Por exemplo, na medida em que uma criança ainda não fica em pé por conta própria, separada do campo criança/ pais – ela ainda está mamando, aprendendo a falar, ainda é economicamente dependente etc. [...] –, não tem sentido falar de distúrbios neuróticos (inanição inconsciente, hostilidade, privação de contato) como estando dentro da pele ou da psique de qualquer indivíduo. Os distúrbios estão no campo; é verdade que eles derivam dos "conflitos internos" dos pais, e resultarão, posteriormente, em conflitos introjetados no filho ou filha à medida que estes se tornem independentes. Porém sua essência na relação sentida e perturbada é irredutível às partes. Desse modo, a criança e os pais têm de ser considerados juntamente. (PHG, 1997, p. 161)

Uma vez que o conflito tem uma função de autorregulação, prestando-se atenção ao conflito, permite-se que o ajustamento criativo e a autorregulação organísmica promovam, espontaneamente, uma nova configuração, integrando tais experiências ao *self*, ampliando-o.

O conflito é uma perturbação da homogeneidade do fundo e impede a emergência de uma figura seguinte nítida e vívida. Os excitamentos conflitantes sempre tornam dominantes figuras alternativas. A tentativa de unificar uma única figura quando o fundo está movimentado, para prosseguir e chegar a uma solução fácil [...] – semelhante tentativa deverá resultar numa Gestalt débil, à qual faltará energia. Ao contrário, se o escolhido for o próprio conflito, então a figura será excitante e cheia de energia, mas estará cheia de destruição e sofrimento. Todo conflito é fundamentalmente um conflito nas premissas da ação, um conflito entre necessidades, desejos, fascínios, imagens de si próprio, objetivos alucinados; e a função do self *é atravessar esse conflito, sofrer perdas, mudar e alterar o que está dado.* (PHG, 1997, p. 216)

A neurose é conceituada como a pacificação prematura dos conflitos, constituindo-se na tentativa de evitá-los, impedindo a solução criativa e a utilização da função de autorregulação organísmica e crescimento do *self*.

No momento de conflito e desespero extremos, o organismo responde com o mecanismo de supressão, de maneira impressionante, com o desmaio, e mais comumente com o sentimento embotado, a paralisia ou algum outro método de repressão temporária. (PHG, 1997, p. 167)

Todavia, como o mecanismo de supressão implica algum modo de imobilização do organismo, o conflito retorna, e o sofrimento emocional impele o indivíduo para a busca de uma solução.

Podemos encontrar outras referências sobre o conceito de "conflito" no livro *El proceso creativo en la terapia guestáltica* bem como, indiretamente, nos mais diversos textos de Gestalt-terapia associados ao conceito de polaridades.

Uma boa teoria do conflito inclui tanto o conflito intrapessoal como o interpessoal. Parte da noção de que o indivíduo é um conglomerado de forças polares, todas as quais se interceptam, porém não necessariamente no centro. Podemos dar como exemplo supersimplificado o de uma pessoa que contém a qualidade de bondade e também sua polaridade, ou seja, a crueldade, e a característica de dureza e sua polaridade, isto é, a ternura. (Zinker, 1977, p. 158; tradução nossa)

Eliane de Oliveira Farah

REFERÊNCIAS BIBLIOGRÁFICAS

PERLS, F. S. (1947). *Ego, fome e agressão*. São Paulo: Summus, 2002.

PERLS, F. S.; HEFFERLINE, R.; GOODMAN, P. (1951). *Gestalt-terapia*. São Paulo: Summus, 1997.

ZINKER, J. *El proceso creativo en la terapia guestáltica*. Buenos Aires: Paidós, 1977.

VERBETES RELACIONADOS

Ajustamento criativo, Autorregulação organísmica, Configuração, Contato, Emoções, Figura e fundo, Luto, Necessidades, Neurose, Organismo, Sistema sensoriomotor, *Self*

CONFLUÊNCIA

Termo utilizado por Wertheimer, teórico da psicologia da Gestalt, para explicar o fenômeno phi e, posteriormente, incorporado à Gestalt-terapia por seu fundador, Frederick Perls. Inicialmente, em seu livro *EFA* (Perls, 2002), ele se refere à confluência para designar, baseado em sua teoria do metabolismo mental, a "fusão" do leite na boca do lactente, denotando a ausência de limites do Eu. "Tenho usado o termo confluência desde 1940. Não creio que éle tenha entrado na psiquiatria. Como palavra, é fácil entender; como termo não é nem um pouco fácil. É uma das categorias do nada" (Perls, 1979, p. 140).

"Confluência significa a não-existência ou a não consciência de fronteiras" (Perls, 1977, p. 93). "A confluência é a condição de não contato" (Perls, 1997, p. 252) – trata-se de um vazio estéril, experienciado como nada, diferente do vazio fértil que é experienciado como algo emergindo. "A distinção entre confluências saudáveis e as neuróticas é que as primeiras são potencialmente contatáveis [...] e as últimas não podem ser contatadas devido à repressão" (Perls, 1977, p. 252). Por repressão, PHG (1997, p. 235) entendem o "processo de esquecimento da inibição deliberada que se tornou habitual"; na verdade, aprende-se e se esquece como se aprende.

Fronteira pressupõe contato. E contato requer consciência. A consciência é o oposto da confluência, na medida em que a primeira requer uma figura de contato que propicia a diferenciação. A confluência se inicia mediante a dissolução dessa fronteira de relação figura/ fundo que, por sua vez, possibilita as aquisições, os hábitos, isto é, a constituição do fundo. Portanto, para Perls (1997, p. 252), "todos os hábitos e aprendizados são confluentes". Na sequência de formação figura e fundo do processo de estabelecimento de contato, mais precisamente entre as fases do pós-contato e pré-contato subsequente, há um vazio, identificado por Perls como o "vazio fértil", análogo à "indiferença criativa" de Friedländer, e é exatamente onde a confluência alcança sua maior intensidade. "Neste momento, opera-se uma confluência saudável, um momento de dissolução da fronteira de contato organismo/ambiente, já que o movimento impulsivo do contato encontra aqui sua plena realização ao encontrar o objeto escolhido. É um momento de unidade da figura e do fundo" (Robine, 2006, p. 65) e de onde poderá emergir uma nova experiência.

> *O pós-contato é a consequência do contato, isto é, o crescimento. Essa assimilação, que pressupõe distanciamento e retração, pode ser interrompida, de novo, pela confluência que busca evitar a separação, que busca manter o orgasmo do contato pleno como se não houvesse um refluxo, uma reconstrução da fronteira depois de ter sido temporariamente abolida, e recusa a retração, isto é, a temporalidade do contato. [...] É essa confluência que encontramos desde a origem da construção da Gestalt seguinte: a recusa em destruir a Gestalt precedente. (Ibidem, p. 66)*

Na obra de PHG (1997, p. 252), os autores ressaltam que "áreas imensas de confluência relativamente permanente são indispensáveis como fundo subjacente e inconsciente dos fundos conscientes da experiência". São os fundos de segurança básica que dificilmente se tornam conscientes, no entanto funcionam como fundos para os planos de fundo. A confluência, dessa forma, "surge para garantir a continuidade da experiência, prolongando o apego, a pertinência ou o vínculo. O que era novo [...] foi assimilado e retomado para constituir o plano de fundo de um contato posterior" (Robine, 2006, p. 102).

> *Goodman distingue assim a confluência sadia, na qual o plano de fundo pode novamente ser mobilizado e se transformar em primeiro plano, da confluência patológica, na qual o fundo permanece como fundo por meio de fixação. (Goodman, 2006, p. 103)*

Com uma compreensão mais relacional do termo, Miriam e Erving Polster, em *Gestalt-terapia integrada* (1979, p. 95), referem-se à confluência como um "fantasma perseguido pelas pessoas que desejam reduzir as diferenças para moderar a experiência perturbadora da novidade e da alteridade". Segundo eles, as relações tipicamente regidas por esse mecanismo são estabelecidas "entre duas pessoas que concordam em não discordar", embora, frequentemente, uma das partes ignore as bases que regem o contrato dessa relação. Muitas vezes, concorrem para os relacionamentos confluentes marido e mulher, pai e filho, chefe e subordinado. Os autores acrescentam que "a culpa é um dos principais sinais de que a confluência foi perturbada" (Polster; Polster, 1979, p. 106), e a outra pessoa "que sente que houve uma transgressão contra si experiencia uma justa indignação e um ressentimento" (Polster; Polster, 1979, p. 107). Recomendam, como antídoto à confluência, o contato, a diferenciação e a articulação. É importante ressaltar que é a dissolução da relação figura/fundo, e não da relação sujeito/objeto, que principia o fenômeno da confluência.

No livro *Gestalt: uma terapia do contato* (1995), os autores dão uma contribuição à prática do Gestalt-terapeuta, dizendo:

> *A atitude terapêutica consistirá especialmente em trabalhar nas fronteiras do self, no "território" de cada um, com sua especificidade, com os limites temporais, com a fluidez das relações (alternância de contatos e rompimentos). Isso implicará um clima de confiança e de segurança suficiente, autorizando o "confluente" a se emancipar sem o temor de se sentir abandonado ou dissolvido.* (Ginger; Ginger, 1995, p. 133)

Em outras palavras, onde não há nenhuma necessidade ou possibilidade de mudança é que estamos em confluência, e, para denunciar sua existência, Perls compôs a célebre oração da Gestalt, fato que lhe rendeu inúmeras críticas:

> *Eu faço minhas coisas, você faz as suas.*
> *Não estou neste mundo para viver de acordo com suas expectativas.*
> *Você não está neste mundo para viver de acordo com as minhas.*
> *Você é você, e eu sou eu.*
> *Se por acaso nos encontramos, é lindo.*
> *Se não, nada há a fazer.* (1977, p. 17)

Gladys D'Acri

REFERÊNCIAS BIBLIOGRÁFICAS

GINGER, S.; GINGER, A. *Gestalt: uma terapia do contato*. São Paulo: Summus, 1995.

GOODMAN, P. In: ROBINE, J.-M. *O self desdobrado*. São Paulo: Summus, 2006.

PERLS, F. S. (1947). *Ego, fome e agressão*. São Paulo: Summus, 2002.

_____. *Escarafunchando Fritz: dentro e fora da lata de lixo*. São Paulo: Summus, 1979.

_____. *Gestalt-terapia explicada*. São Paulo: Summus, 1977.

PERLS, F. S.; HEFFERLINE, R.; GOODMAN, P. *Gestalt-terapia*. São Paulo: Summus, 1997.

POLSTER, E.; POLSTER, M. *Gestalt-terapia integrada*. Belo Horizonte: Interlivros, 1979.

ROBINE, J.-M. *O self desdobrado*. São Paulo: Summus, 2006.

VERBETES RELACIONADOS

Consciência, Contato, Experiência, Figura e fundo, Gestalt-terapia, Hábito, Indiferença criativa, Mudança, Vazio fértil, Vergonha

CONSCIÊNCIA

No livro de PHG (1951), os autores concebem a fenomenologia, fundamentação filosófica da Gestalt-terapia, como método de investigação do mundo externo, apontando-a como a única forma de conhecer como este mundo se apresenta à consciência. Também nos dizem: "a perspectiva gestáltica é a abordagem original, não deturpada e natural da vida; isto é, do pensar, agir e sentir do homem" (PHG, 1997, p. 32).

> *Encontramos uma inconsistência espantosa quando tentamos fazer com que o paciente se torne consciente dos meios pelos quais ele suprime. Descobrimos que está consciente e orgulhoso quando usa muitas das suas energias contra si próprio, mas percebemos também que ele é, em geral, incapaz de renunciar ao seu autocontrole. Ele*

esqueceu a maneira como se inibe, a inibição tornou-se rotina, um comportamento padronizado, não tem mais consciência de como reprimiu. (PHG, 1997, p. 35)

"A rotina precisa se tornar uma necessidade consciente, nova e excitante para que recobre a habilidade de lidar com situações inacabadas" (PHG, 1997, p. 36). "Todo contato é ajustamento criativo do organismo e ambiente. Resposta consciente no campo (como orientação e como manipulação)" (PHG, 1997, p. 45). "A consciência não tem de encontrar o problema; mais exatamente, ela é igual ao problema. A consciência espontânea da necessidade dominante e sua organização das funções de contato é a forma psicológica da autorregulação organísmica" (PHG, 1997, p. 84).

De acordo com Perls (1997), só há uma consciência: o presente. A consciência por sua vez é a experiência do que neste momento está à nossa frente. No enfoque gestáltico, evita-se a dicotomia entre consciente e inconsciente, o especular sobre o que não está presente. O que emerge neste momento é realmente o que sucede na interação entre passado e futuro. É necessário refletir sobre o cotidiano, para que se revele a existência de uma consciência. O mundo e o sujeito revelam-se reciprocamente. O mundo é criado de acordo com as necessidades da pessoa, é organizado à medida que vive. Quando está interessada, a pessoa se torna consciente do que está ocorrendo, já que isso é parte do processo de descoberta e invenção que consiste na adaptação criativa do organismo com o meio.

Para Perls (1977, p. 100): "Nós somos a tomada de consciência e não a possuímos. De nossa experiência consciente podemos olhar para o resto da existência e supor que há vários graus de tomada de consciência em todas as coisas. Tornar-se presente, consciência ou excitamento são experiências similares". Ainda Perls nos diz: "Nada jamais morre ou desaparece nos domínios da consciência, o que não é vivido aqui, como consciência, é vivido lá como tensão muscular, emoções incompreensíveis, percepção dos outros e assim por diante. Nada desaparece, mas é deslocado e desarranjado" (Perls, 1977, p. 101). "Na unidade da consciência a divisão dentro de si desaparece, assim como desaparece a divisão entre o eu e os outros, entre o eu e o resto do mundo" (Perls, 1977, p. 105).

Para Latner (1994, p. 69-70), citando Perls, "estar consciente é ser responsável, seria captar nossa existência tal como se apresenta [...] A consciência é a experiência do que no momento está à nossa frente, só há uma consciência, o presente". Em citação sobre Perls neste mesmo livro, lê-se: "Estou seguro de que algum dia descobriremos que a consciência é uma propriedade do universo: extensão, duração, consciência" (1994, p. 26).

De acordo com Fagan (1980), o que nos permite compreender o agora é a sequência de conscientização, isto é, a descoberta e a tomada plena de consciência de cada experiência real e concreta. A conscientização é o eu todo, cônscio daquilo a que o organismo se aplica; é concentração espontânea naquilo que é excitante e de interesse. A conscientização refere-se à experiência imediata e desenvolve-se pela transação organismo/ambiente, que inclui pensamento e sentimento e baseia-se na percepção atual da situação corrente.

Para Baumgardner (1982), a realidade é a tomada de consciência da experiência que se processa, o tocar, o mover, o fazer real. O ponto de partida fundamental da consciência é que só um fenômeno pode ocupar o primeiro plano de cada vez.

Merleau-Ponty (1996, p. 296) tratou do tema da consciência e pontuou: "Quando se trata da consciência, só posso formar uma noção reportando-me primeiramente a esta consciência que eu sou, e particularmente não devo em primeiro lugar definir os sentimentos, mas retomar contato com a sensorialidade que vivo no interior". Complementando essa noção, ele (1996, p. 445) também disse: "A razão me torna presente aqui e agora e presente alhures e sempre, ausente daqui e de agora e ausente de qualquer lugar e de qualquer tempo. Essa ambiguidade não é uma imperfeição da consciência ou da existência, é sua definição".

Na atualidade, diversos autores refletiram sobre o papel da consciência, como Wolf (2001), Damásio (2000) etc. Entre estes, podemos destacar Morin (1996, p. 178), para quem a consciência é

o produto e a produtora de uma reflexão; o termo reflexão pode ser considerado em um sentido análogo ao do espelho ou da lente, mas, ao nível do espírito, a reflexão é muito diferente de um jogo ótico; é o retorno do espírito sobre si mesmo através da linguagem; este retorno do espírito permite um pensamento do pensamento capaz de retroagir sobre o pensamento, e permite correlativamente um pensamento de si capaz de retroagir sobre si.

A consciência é subjetiva, mas o desdobramento da consciência, sobre si mesma, permite ao sujeito tratar-se objetivamente. A consciência em sua complexidade paradoxal é ao mesmo tempo "sempre subjetiva e objetivante, distante e interior, estranha e íntima, periférica e central, epifenomenal e essencial". "A consciência pode imediatamente desdobrar-se em consciência da consciência, e pode, portanto, considerar-se também um metaponto de vista permanecendo embora ela mesma" (Morin, 1996, p. 178).

Segundo Goswami (2006, p. 84), "numa visão de mundo baseada no primado da consciência (*consciousness*), o inconsciente é um equívoco terminológico, porque a consciência está sempre presente. A percepção (*awareness*) surge de um colapso quântico". Ainda segundo Goswami (2000, p. 318): "Consciência é fundamento do ser que se manifesta como o sujeito que escolhe, e experimenta o que escolhe, ao produzir o colapso autorreferencial da função de onda quântica em presença da percepção do cérebro-mente".

Para Heidegger (1997), quando se fala em consciência é preciso acrescentar: quem é interpelado por ela? Manifestamente seria o próprio Dasein (significa "ser o aí", refere-se ao ser humano, aberto a si mesmo, e aos demais seres humanos). Essa chamada alcança o Dasein nessa compreensão cotidiana de si mesmo; ele já tem de sempre ocupar-se (das coisas do mundo). Ele mesmo está ocupado com os outros. A consciência é uma intimação a si mesmo, ao seu poder-ser-si-mesmo e, por isso, um chamar ao Dasein para suas possibilidades. A consciência chama ao si-mesmo do Dasein para sair de sua perda no mundo.

Segundo Heidegger (1997, p. 298): "Uma chamada no vazio de que nada se queira é uma ficção existencialmente incompreensível".

Loeci Maria Pagano Galli

REFERÊNCIAS BIBLIOGRÁFICAS

Baumgardner, P. *Terapia Gestalt.* México: Concepto, 1982.

Damásio, A. *O mistério da consciência.* São Paulo: Companhia das Letras, 2000.

Fagan, J.; Shepherd, I. L. (orgs.). *Gestalt-terapia: teoria, técnica e aplicações.* Rio de Janeiro: Zahar, 1980.

Goswami, A. *O médico quântico.* São Paulo: Cultrix, 2006.

_____. *O universo autoconsciente.* Rio de Janeiro: Rosa dos Ventos, 2000.

Heidegger, M. *Ser y tiempo.* Chile: Universitária, 1997.

Latner, J. *Fundamentos de la Gestalt.* Santiago do Chile: Quatro Vientos, 1994.

Merleau-Ponty, M. *Fenomenologia da percepção.* São Paulo: Martins Fontes, 1996.

Morin, E. *Método III. O conhecimento do conhecimento / 1.* Lisboa: Europa-América, 1996.

Perls, F. S.; Hefferline, R.; Goodman, P. (1951). *Gestalt-terapia.* São Paulo: Summus, 1997.

Perls, F. S. In: Stevens, J. O. (org.). *Isto é Gestalt.* São Paulo: Summus, 1977.

Wolf, F. A. *A conexão entre mente e matéria. Uma nova alquimia da Ciência do Espírito.* São Paulo: Cultrix, 2001.

VERBETES RELACIONADOS

Ajustamento criativo, Autorregulação organísmica, Contato, Excitação/excitamento, Experiência, Fenomenologia, Função e disfunção de contato, Gestalt-terapia, Intercorporeidade, Necessidades, Presente, Teoria de campo

CONSCIENTIZAÇÃO, DAR-SE CONTA, TOMADA DE CONSCIÊNCIA

O termo "conscientização" gera algumas confusões em função da dubiedade de seus sentidos. Alguns autores se utilizam dessa palavra como uma forma de tradução de *awareness*, um dos conceitos mais importantes para a Gestalt-terapia. Outros se referem ao termo como sinônimo da expressão "dar-se conta", ou então ao processo de "tomada de consciência". No sentido literal do dicionário, conscientização é um processo de conscientizar-se como "[...] tomar consciência de, ter noção ou ideia de [...]" (Hollanda, 1975, p. 367).

No livro de PHG, de 1951, encontramos: "[...] o que se denomina 'consciência' parece ser um tipo especial de *awareness*, uma função-contato e, que há dificuldades e demoras de ajustamento. [...] Todo contato é ajustamento criativo do organismo e ambiente. Resposta consciente no campo (como orientação e como manipulação) é o instrumento de crescimento no campo" (1997, p. 44-5). Portanto, há nessa perspectiva uma distinção entre estar consciente de algo e a própria *awareness*.

Perls, na obra *A abordagem gestáltica e testemunha ocular da terapia* (1981, p. 77), faz uma ressalva fundamental para a compreensão do conceito de conscientização: "O conscientizar-se fornece algo mais ao consciente. [...] Não se trata de consciente – que é puramente mental – como se a experiência fosse investigada somente através da mente e das palavras". Esse sentido atribuído ao termo por Perls é próximo do entendimento do que é a própria *awareness*, ou seja, há distinção entre o processo de conscientização e o sentido de estar consciente de algo apenas mentalmente. Em sua autobiografia, Perls (1979, p. 88) descreve a proposta da Gestalt-terapia:

Eu fiz da tomada da consciência o ponto central da minha abordagem, reconhecendo que a fenomenologia é o passo básico no sentido de sabermos tudo que é possível saber. Sem consciência nada há.
Sem consciência há vazio.

Em *A abordagem gestáltica e testemunha ocular da terapia* (1981, p. 77), Perls dá destaque à importância de uma percepção mais ampla da situação por parte do terapeuta, de modo que este "[...] possa servir de meio que habilite o paciente a criar sua própria conscientização". O incremento da conscientização, por meio do processo terapêutico, é destacado pois "[...] fornece ao paciente a compreensão de suas próprias capacidades e habilidades, de seu equipamento sensorial, motor e intelectual" (Perls, 1981, p. 77). Ao descrever um trabalho feito com o uso da técnica de *hot seat*, diz que trabalhar fenomenologicamente "[...] significa trabalhar na conscientização do processo que ocorre" (Perls, 1981, p. 138).

Segundo as palavras de Perls em *Gestalt-terapia explicada* (1977): "Estas são as duas bases sobre as quais a Gestalt-terapia caminha: aqui e como. [...] Tudo está baseado na tomada de consciência. A tomada de consciência é a única base do conhecimento, comunicação, e assim por diante". Continuando, ele fala sobre a "tomada de consciência real": "Enfatizem o como – como vocês se comportam agora, como estão sentados, como conversam, todos os detalhes do que ocorre agora" (Perls, 1977, p. 69-70).

Podemos compreender a conscientização como um estado *aware* do ser no qual as emoções, os pensamentos e as sensações que ocorrem no contato deste com o meio são plenamente identificados de forma uníssona, possibilitando uma vivência de integração. Spangenberg (2004, p. 99), referindo-se ao sentido da palavra *awareness*, diz: "Significa algo assim como estado de alerta, despertar, consciência [...]. Foi traduzida como o 'dar-se conta', o 'estar presente', querendo recuperar sua qualidade ativa e focalizadora [...]". Ele afirma: "Não podemos atuar sobre o que não nos damos conta; e o mero fato de fazê-lo (de dar-nos conta), já é transformador" (Spangenberg, 2004, p. 102). Ainda segundo este autor:

O dar-se conta, mudando a forma da organização e focalizando no "como", organiza a experiência, permite o primeiro "insight" do paciente, libertando-o de sua condenação à repetição do abandono, mas deixa ainda intacta a experiência de "fechamento" de sua Gestalt Aberta. (Spangenberg, 2004, p. 49)

É importante compreender a conscientização como uma forma de "consciência em ação", ou seja, dar-se conta de algo nunca é um processo dissociado de uma ação. Consciência[3] e ação formam um binômio inseparável. A tomada de consciência só acontece quando há o contato com o como eu me experimento no aqui e agora.

Patricia Lima (Ticha)

---

3. Recomendo a leitura dos verbetes *Awareness* e Consciência para mais informações sobre o processo de tomada de consciência e o papel da conscientização para o crescimento do ser humano.

REFERÊNCIAS BIBLIOGRÁFICAS

HOLLANDA, A. B. *Novo dicionário Aurélio*. 1. ed. Rio de Janeiro: Nova Fronteira, 1975.

PERLS, F. *A abordagem gestáltica e testemunha ocular da terapia*. Rio de Janeiro: Zahar, 1981.

_____. *Escarafunchando Fritz*. São Paulo: Summus, 1979.

_____. *Gestalt-terapia explicada*. São Paulo: Summus, 1977.

PERLS, F. S.; HEFFERLINE, R.; GOODMAN, P. (1951). *Gestalt-terapia*. São Paulo: Summus, 1997.

SPANGENBERG, A. *Terapia gestáltica e a inversão da queda*. Campinas: Livro Pleno, 2004.

VERBETES RELACIONADOS

Ajustamento criativo, Aqui e agora, *Awareness*, Teoria organísmica, Consciência, Contato, Gestalt-terapia, *Hot seat*

CONTATO

O uso corriqueiro da palavra "contato", em diferentes contextos, incorre no risco da supersimplificação de seu significado. O emprego irrefletido do termo tem sido objeto de polêmicas e controvérsias entre terapeutas gestaltistas. Para a Gestalt-terapia, ele é muito importante e apresenta dimensões particulares coerentes com o escopo teórico da abordagem.

A palavra "contato" tem sido utilizada para definir o intercâmbio entre o indivíduo e o ambiente que o circunda dentro de uma visão de totalidade, visto que organismo e meio são um todo indivisível. Contato, desse modo, refere-se aos ciclos de encontros e retiradas no campo organismo/meio.

No livro de PHG (1951), marco inicial da abordagem gestáltica como uma vertente psicológica e psicoterapêutica, os autores explicam que: "Primordialmente o contato é *awareness* da novidade assimilável e comportamento com relação a esta; e rejeição da novidade inassimilável" (PHG, 1997, p. 44). Por essa afirmação pode-se ver que o contato é algo dinâmico, ativo, e dependerá sempre de um acordo entre as partes envolvidas. Ademais, observa-se que o contato é seletivo: ele "escolhe" o que deve ser assimilado. Percebe-se ainda que o que é assimilado é algo novo para o organismo. Outro trecho do livro corrobora o que foi dito anteriormente: "[...] o contato não pode aceitar a novidade de forma passiva ou meramente se ajustar a ela, porque a novidade tem de ser assimilada. Todo contato é ajustamento criativo do organismo e ambiente" (PHG, 1997, p. 44-5).

O ato de contatar envolve sempre a percepção clara da situação. "O que é difuso, sempre o mesmo, ou indiferente, não é objeto de contato" (PHG, 1997, p. 44). O contato se faz na diferença. Trata-se da negociação entre duas partes diferentes que se fundem para posteriormente se transformar. Assim é que "contato, o trabalho que resulta em assimilação e crescimento, é a formação de uma figura de interesse contra um fundo ou contexto do campo organismo/ambiente" (PHG, 1997, p. 45). Essa definição evidencia mais uma vez a emergência da novidade, da criação.

O contato sempre ocorre num limite denominado fronteira de contato. A fronteira une e separa tornando-se mais ou menos permeável, e, dessa forma, favorece, dificulta ou impede o contato.

O contato é um todo processual. PHG apontam para quatro fases principais no processo de contato: pré-contato (fase na qual a sensação corporal torna-se figura); contato (na qual se destaca a ação do organismo no ambiente); contato final (momento em que a troca ocorre pela flexibilização ou perda temporária das fronteiras); e pós-contato (fase da assimilação do novo, a qual favorece o crescimento).

O casal Polster (1973), da segunda geração de Gestalt-terapeutas, traz uma contribuição significativa para conceituar contato, bem como para compreender o homem em relação com o mundo. Para eles, o contato como um todo, com a sua polaridade (isolamento), é a função que faz a síntese da necessidade de união e separação.

Ele só pode acontecer entre seres separados, que precisam ser independentes e sempre se arriscam a ser capturados na união. No momento da união, o senso mais pleno que um indivíduo tem de si mesmo é movido rapidamente para uma nova criação. (Polster; Polster, 2001, p. 112)

Segundo eles, o contato é o meio para a pessoa mudar e para mudar a experiência que tem do mundo. A mudança é o resultado inevitável do contato, na medida em que ocorrem a assimilação do que é nutritivo e a rejeição do que é nocivo.

Zinker (1994), discípulo de Perls, contribui para a compreensão do significado do verbete em questão quando diz:

O contato é a consciência da diferença (o "novo" ou o "diferente") na fronteira entre organismo e ambiente; é marcado pela energia (excitação), maior presença ou atenção e "intencionalidade" que medeia aquilo que cruza a fronteira e rejeita aquilo que não é assimilável. (Zinker, 2001, p. 97)

Em obra recente, Ribeiro (2006, p. 93) reafirma a relevância e a força transformadora do contato expressando-se assim: "O contato inclui a experiência consciente do aqui-agora, envolve uma sensação clara de estar em, de estar com, de estar para e cria algo diferente do sujeito e do objeto (pessoa ou coisa) com a qual está em relação".

Teresinha Mello da Silveira

REFERÊNCIAS BIBLIOGRÁFICAS

PERLS, F. S.; HEFFERLINE, R.; GOODMAN, P. (1951). *Gestalt-terapia.* São Paulo: Summus, 1997.

POLSTER, E.; POLSTER, M. (1973). *Gestalt-terapia integrada.* São Paulo: Summus, 2001.

RIBEIRO, J. P. *Vade-mécum de Gestalt-terapia: conceitos básicos.* São Paulo: Summus, 2006.

ZINKER, J. C. (1994). *A busca da elegância em psicoterapia: uma abordagem com casais e sistemas íntimos.* São Paulo: Summus, 2001.

VERBETES RELACIONADOS

Ajustamento criativo, Assimilação, Contato, Corpo, corporeidade, Crescimento, Criatividade, Figura e fundo, Fronteira de contato, Gestalt-terapia, Mudança, Organismo, Polaridades, Totalidade

CORPO, CORPOREIDADE

A Gestalt-terapia propõe como tema central da psicologia a interação organismo/ambiente, que denomina campo organismo-ambiente. Em sua perspectiva, o corpo, bem como a mente e a alma, são considerados "abstrações" da situação de interação organismo e ambiente (PHG, 1997, p. 36). Fundada em um paradigma organísmico, a unidade escolhida pela Gestalt-terapia para representar o ser humano é o "organismo", indicando com isso o foco na totalidade mente-corpo e frisando que este organismo deve ser sempre considerado na situação, ou seja, na interação com o ambiente.

> *O homem é um organismo vivo e alguns de seus aspectos são chamados de corpo, mente e alma. Se definirmos o corpo como a soma de células, a mente como a soma de percepções e pensamentos e a alma como a soma de emoções, e mesmo se acrescentarmos uma integração estrutural a cada um dos três termos, ainda compreenderemos quão artificiais e fora de conformidade com a realidade tais definições e divisões são.* (EFA, 2002, p. 67).

A Gestalt-terapia de PHG afirma de modo mais radical essa interação ao propor que mesmo as ideias de organismo e ambiente são abstrações e que "o contato é que é a realidade mais simples e primeira" (PHG, 1997, p. 41). Nos termos de Perls, a experiência na fronteira de contato se dá em "estruturas unificadas" (*EFA*, 2002, p. 42).

> *Como uma fronteira de interação, sua sensitividade, resposta motora e sentimento estão voltados tanto para a parte-ambiente como para a parte-organismo. Neurologicamente, tem receptores e proprioceptores. Contudo, em ato, no contato, há um único todo.* (PHG, 1997, p. 70)

Tal concepção da experiência humana no mundo como uma estrutura unificada, Gestalt ou forma aproxima-se das compreensões fenomenológicas de Merleau-Ponty. O filósofo não está interessado na realidade corpórea em si, mas no corpo como experiência, modo de ser-no-mundo, corporeidade. A dimensão da corporeidade que ele denomina corpo objetivo é coisa entre as coisas, habita o mundo em uma co-presença com elas e, assim como os objetos, é visível, tangível e pode ser sentida. O corpo fenomenal é sentiente, vidente e movente. Corpo objetivo e corpo fenomenal compõem uma totalidade permitindo, ao mesmo tempo, a experiência do "eu" e "meu"; "eu corpo" como interioridade de uma exterioridade e "meu corpo" como exterioridade de uma interioridade. Para Merleau-Ponty (2000, p. 242), o corpo habita o mundo, está no meio das coisas:

> *Meu corpo está rodeado pelo visível. Isso não se passa num plano do que ele seria um embutido, mas ele está verdadeiramente rodeado, circundado. Quer dizer: vê-se, é um visível, mas vê-se vendo, meu olhar que lá o encontra sabe que está aqui, do lado dele – Assim o corpo é posto de pé diante do mundo e o mundo de pé diante dele, e há entre ambos uma relação de abraço. E entre estes dois seres verticais não há fronteira, mas superfície de contato.*

O corpo está ligado intencionalmente ao mundo e é parte fundamental para a "aparição" do mundo. "Ser corpo é estar atado a um certo mundo, e nosso corpo não está primeiramente no espaço: ele é no espaço" (Merleau-Ponty, 1994, p. 205). A experiência do corpo como uma totalidade imbricada no mundo define a corporeidade. A experiência da corporeidade é ação no mundo, ou seja, o corpo é um campo perceptivo-prático, um corpo-sujeito.

> *O que marca o humano são as relações dialéticas entre esse corpo, essa alma e o mundo no qual se manifestam, relações que transformam o corpo humano numa corporeidade, ou seja, numa unidade expressiva da existência.* (Freitas, 1999, p. 52)

Logo, o poder expressivo e criador não está no corpo físico ou na subjetividade, e sim na corporeidade, nessa experiência no mundo. Ainda para Merleau-Ponty, o corpo próprio habita o mundo em vizinhança com as coisas e é de acordo com uma situação que os significados se fazem; quanto mais amplamente eu apreendo o mundo, mais alargo meu horizonte existencial.

Na perspectiva da Gestalt-terapia, o processo de contato é um processo de ajustamento criativo que se dá com uma interação na fronteira. De acordo com PHG (1997), todo ato de contato é uma totalidade que envolve *awareness*, atividade motora e sentimento, segundo a interação pessoa-mundo. Em situações ótimas, a *awareness* é um *continuum*, "um livre fluir em direção à formação de Gestalt que só pode prosseguir enquanto o excitamento e o interesse puderem ser mantidos" (Perls, 1992, p. 153). É por esses motivos que entendemos que a concepção da Gestalt-terapia de contato como interação organismo-ambiente é análoga à noção de corporeidade, podendo o contato ser compreendido como "a capacidade de alguém, partindo de uma corporeidade intencional (alguém que é um corpo dirigido para

e comprometido com a situação presente), reconhecer suas necessidades (engajado na situação) e manipular essa situação para satisfazê-las e retornar ao estado de equilíbrio." (Alvim, 2007, p. 5)

Tanto no livro *EFA* quanto em PHG, referências e alusões ao "corpo" são feitas ao se discutir o dualismo e as situações de neurose. Desse modo, o corpo "aparece" como coisa isolada quando deixa de estar envolvido de modo fluido nessa totalidade mente-corpo-organismo-ambiente, isto é, quando há prejuízo na "relação funcional entre os órgãos e a consciência" e/ou na "unidade funcional de organismo e ambiente" (PHG, 1997, p. 75), gerando "percepção de um mundo de Mente, Corpo e Mundo Externo compartimentalizados" (PHG, 1997, p. 197).

Na doença, "esses reveses lhe chegam de um mundo absolutamente estranho: seu corpo" (PHG, 1997, p. 78). Ao discutir e caracterizar tais situações disfuncionais, são feitas, em *EFA* e na obra de PHG, diversas alusões ao pensamento de Reich e à noção de couraça muscular, rigidez do corpo. No primeiro, Perls propõe acrescentar à proposta psicanalítica de análise psíquica dois opostos, respectivamente, síntese e corpo, complementando a regra básica da psicanálise de "dizer tudo o que vem à sua mente" com a seguinte proposta: "Comunique tudo o que sente em seu corpo" (*EFA*, 2002, p. 122). Em sua obra *EFA*, a terapia é associada à proposta de concentração corporal, que é título de um capítulo inteiro dedicado à técnica (Perls, 2002, p. 318-29). No livro de PHG, a proposta de psicoterapia apresentada está voltada para restabelecer o *continuum* de *awareness*, ou seja, o fluxo temporal da consciência. Na neurose, esse fluxo está perdido, há fixação e a função ego é substituída por uma fisiologia secundária, estado que envolve hipertonia crônica inconsciente da muscularidade.

O continuum de awareness se desenvolve quando você remove ou dissolve as barricadas, as tensões musculares, as interferências, as gestalten fixadas. Você se concentra nas gestalten fixadas e em como você as fixa. (Perls, 1992, p. 13)

Nesse sentido, a terapia trata de tornar presentes as fixações e tensões que impedem o fluxo do excitamento, o *continuum* de *awareness*.

Na realidade, o que tentamos fazer na Gestalt-terapia é trazer para a figura novamente as fixações que se tornaram de certo modo petrificadas e apenas estados de existência onde então elas possam ser experienciadas como atividade atual, que ainda é realizada agora, porque todos os músculos envolvidos são voluntários. (Perls, 1992, p. 10)

Entendo que ao escolher o termo *organismo*, e não *sujeito* ou *pessoa*, a Gestalt-terapia marca o lugar do corpo na experiência no mundo. O trabalho não é, entretanto, um trabalho com o corpo, mas com a corporeidade, com a experiência de ser um corpo.

Actually the point is to be a body [...] when you are a body, when you experience yourself totally as a body, then you are somebody. Language knows what it is talking about. And when

you don't have that, you very easily experience yourself as nobody.[4]

Laura Perls (1992), nesta frase, faz um jogo de palavras. Tanto a palavra *somebody* (alguém) quanto a palavra *nobody* (ninguém) têm em sua composição a palavra *body* (corpo) precedida por dois distintos prefixos: *some* (algum, um) e *no* (nenhum). Etimologicamente, portanto, a palavra "alguém" significa "um corpo" e a palavra "ninguém", "nenhum corpo". Trabalhar o corpo não significa trabalhar com exercícios, movimentos, respiração ou qualquer tipo de técnica ou trabalho voltado para a realidade corpórea, para o corpo objetivo. O trabalho da Gestalt-terapia acentua a corporeidade dirigindo a psicoterapia para a ampliação da *awareness* sensorial a partir da forma (corporal) que se apresenta. Lembramos, aqui, que, tal como propõe Merleau-Ponty, a fala também é um gesto corporal. Nesse sentido, consideramos que pode ser objeto central em uma sessão inteira, ou em várias sessões durante o processo psicoterápico (Alvim, 2011).

Mônica Botelho Alvim

REFERÊNCIAS BIBLIOGRÁFICAS

ALVIM, M. B. Experiência estética e corporeidade: fragmentos de um diálogo entre Gestalt-terapia, Arte e Fenomenologia. *Estudos e pesquisas em psicologia*, Rio de Janeiro, UERJ, v. 7, n. 1, p. 138-46, abr. 2007. Disponível em: <http://www.revispsi.uerj.br/v7n1/artigos/pdf/v7n1a12.pdf>. Acesso em: maio 2012.

ALVIM, M. B. O lugar do corpo em Gestalt-Terapia: dialogando com Merleau-Ponty. *Revista IGT na Rede*,

---

4. "Na verdade, o ponto é ser um corpo [...] quando você é um corpo, quando você se experiencia totalmente como corpo, então você é alguém. A linguagem sabe sobre o que se está falando. E quando você não tem isso, você facilmente se experimenta como ninguém. (Alvim, 2011, Epígrafe, tradução livre.)

v. 8, n. 15, p. 228-38, 2011. Disponível em: <http://www.igt.psc.br/ojs/>. Acesso em: maio 2012.

FREITAS, G. G. *O esquema corporal, a imagem corporal, a consciência corporal e a corporeidade*. Porto Alegre: Unijuí, 1999.

MERLEAU-PONTY, M. *Fenomenologia da percepção*. São Paulo: Martins Fontes, 1994.

_____. *O visível e o invisível*. São Paulo: Editora Perspectiva, 2000.

PERLS, F. *Ego, fome e agressão*. São Paulo: Summus, 2002.

PERLS, F.; HEFFERLINE, R.; GOODMAN, P. (1951). *Gestalt-terapia*. São Paulo: Summus, 1997.

PERLS, L. Living at the boundary. *The Gestalt Journal Press*, Highland, NY, 1992.

VERBETES RELACIONADOS

Ajustamento criativo, *Awareness*, Contato, Fenomenologia, Fronteira de contato, Luto, Método fenomenológico, Teoria organísmica, organismo, campo organismo/ambiente

CRESCIMENTO

No capítulo "Conflito e autoconquista" da obra de PHG (1997), os autores denominaram de "desprendimento criativo" (p. 161) a possibilidade de a pessoa entregar-se à vivência da perda daquilo que não lhe serve mais e preencher-se com o que já está se tornando. Somente com base na despedida advém a experiência paradoxal da ampliação de recursos pessoais, a que podemos chamar de vivência de plenitude do crescimento.

O contrário da necessidade de vitória é o "desprendimento criativo". Tentaremos descrever posteriormente essa atitude peculiar do *self* espontâneo (Capítulo X da obra de PHG). Aceitando seu interesse e objeto e exercendo a agressão, o homem criativamente imparcial excita-se com o conflito e cresce por meio deste; ganhe ou perca, ele não está apegado ao que poderia perder, pois sabe que está mudando e já se identifica com o que se tornará (PHG, 1997, p. 161).

No Capítulo X, os autores retomam o termo "crescimento", focalizando-o no contexto do campo em que se situa o organismo, ou seja, a ênfase para a compreensão do conceito de crescer pela ótica do âmbito relacional. Observemos que os autores frisam a excitação e o conflito como sinal da energia indispensável ao processo de crescimento, enovelando-o com os conceitos de *self* e de contato.

> *O campo como um todo tende a se completar, a atingir o equilíbrio mais simples possível para aquele nível de campo. Contudo, já que as condições estão sempre mudando, o equilíbrio parcial obtido é sempre inusitado; é preciso crescer para chegar a ele. Um organismo preserva-se somente pelo crescimento. A autopreservação e o crescimento são polos, porque é somente o que se preserva que pode crescer pela assimilação, e é somente o que continuamente assimila a novidade que pode se preservar e não degenerar. Desse modo, os materiais e a energia do crescimento são: o esforço conservativo do organismo de permanecer como é; o ambiente novo; a destruição de equilíbrios parciais anteriores e a assimilação de algo novo.* (PHG, 1997, p. 179)

Perls descreveu crescimento como a experiência da ampliação de possibilidades existenciais. Em vários escritos, utiliza o termo sempre relacionando-o à fronteira de contato e ao investimento agressivo do indivíduo no meio externo, fazendo isso de modo que obtenha realização do novo ao ousar arriscar-se àquilo que não está aí.

Contatar é, em geral, o crescimento do organismo. Pelo contato queremos dizer a obtenção de comida e sua ingestão, amar e fazer amor, agredir, entrar em conflito, comunicar, perceber, aprender, locomover-se, a técnica e em geral toda função que tenha de ser considerada primordialmente como acontecendo na fronteira, no campo organismo/ambiente. (PHG, 1997, p. 179)

Desapegando-se de respostas obsoletas, o ser pode alcançar a integração, a qual vem acompanhada da sensação de completude. Partes antes alienadas, quando reencontradas, passam a formar uma nova configuração, fechando uma Gestalt, trazendo um novo sentido à existência, abrindo, portanto, uma nova Gestalt. Segundo Stevens (1977, p. 24): "O potencial humano é diminuído tanto pelas ordens apropriadas da sociedade, como pelo conflito interno". Essa diminuição decorre da sensação de cisão, de fragmentação de partes da personalidade. Essa mesma experiência propicia ao indivíduo a redução de recursos para lidar com suas demandas e com as condições para satisfazê-las, redundando no aprisionamento aos chamados "deveria-ismos".

Podemos afirmar, então, que crescer é estar cada vez mais do seu próprio tamanho. Assim, "integrando os opostos, tornamo-nos a pessoa completa de novo" (Stevens, 1977, p. 26). Segundo a perspectiva relacional, o conceito de crescimento passa pela noção de ampliação de possibilidades existenciais e, paradoxalmente, o ser humano só cresce conservando-se de acordo com sua inserção no contexto de mundo e por meio das relações das quais faz parte. Ficamos então com um legado de um conceito que é fluido, contínuo, e depende da ativação da criatividade nas escolhas que fazemos.

Luciana Loyola Madeira Soares

REFERÊNCIAS BIBLIOGRÁFICAS

Perls, F. S.; Hefferline, R.; Goodman, P. *Gestalt-terapia.* São Paulo: Summus, 1997.Stevens, J. O. (org.). *Isto é Gestalt.* São Paulo: Summus, 1977.

VERBETES RELACIONADOS

Configuração, Conflito, Contato, Criatividade, Excitação/excitamento, Fronteira de contato, Gestalt, Organismo, *Self*

CRIATIVIDADE[5]

O conceito de criatividade, obviamente, não nasce com a Gestalt. Segundo o Diccionario de la Real Academia Española (2001):

Crear: (Del lat. creāre). [6]
1. tr. Producir algo de la nada. Ej.: Dios creó cielos y tierra.
2. tr. Establecer, fundar, introducir por vez primera algo; hacerlo nacer o darle vida, en sentido figurado. Ej.: Crear una industria, un género literario, un sistema filosófico, un orden político, necesidades, derechos, abusos.

---

5. Verbete escrito originalmente em espanhol e traduzido para o português por Lizandra M. Almeida.
6. Em português: Criar: (Del lat. *creāre*). 1. tr. Produzir alguma coisa do nada. Ex.: Deus criou o céu e a terra. 2. tr. Estabelecer, fundar, introduzir algo pela primeira vez; fazer nascer ou dar vida, em sentido figurado. Ex.: Criar uma indústria, um gênero literário, um sistema filosófico, uma ordem política, necessidades, direitos, abusos. [tradução nossa]

Por mais que o conceito de *criatividade* seja intrínseco à Gestalt, e surja muitas vezes ao longo da obra de Perls, o termo não foi definido, mas aparece por meio de breves alusões a algumas de suas características. É por isso que proponho ao leitor elaborar tal definição reunindo essas descrições parciais e partindo das relações que PHG (1997) estabelecem com outros conceitos.

Em PHG, o conceito de criatividade aparece mais de 100 vezes, associado a diversos elementos, como, por exemplo, em "*ajustamento criativo*", um conceito axial na Gestalt. Também inclui conceitos como "contato criativo", "integração criativa", "poder criativo do paciente para reintegrar as partes dissociadas", "excitação criativa", "ato criativo", "*awareness* (dar-se conta) criativo", "unificação criativa", "crescimento criativo" e outros.

PHG vinculam com frequência a criatividade com o novo, a vida, o saudável, o produtivo, a espontaneidade, a coragem, a afirmação, a liberdade, o descobrir, a capacidade de transformação e também com a infância (não no sentido regressivo).

> *Criatividade é inventar uma nova solução; inventá-la tanto no sentido de descobri-la quanto no de elaborá-la* [...]. (PHG, 1997, p. 173)

Uma pedra angular da Gestalt é o *contato*: sem contato não há vida. E o contato saudável é condição para a saúde da pessoa. A criatividade aparece associada ao processo de contato mediante o *ajustamento criativo*: fenômeno presente no contato saudável (livre, criativo, pleno e que não representa um esvaziamento, mas um crescimento nutritivo).

A criatividade, por sua vez, se situa em lugar antagônico ou polar em relação ao repetitivo, ao obsoleto (PHG, 1997, p. 36), conservador, estereotipado (PHG, 1997, p. 45), limitado, velho, conhecido, automático, rígido.

Ainda no entendimento de PHG (1997, p. 44), cada situação é nova e única, o que confirmam ao dizer:

> *Todo contato é criativo e dinâmico. Ele não pode ser rotineiro, estereotipado ou simplesmente conservador porque tem de enfrentar o novo, uma vez que só este é nutritivo.*

E vão ainda mais longe ao definir a própria psicologia (PHG, 1997, p. 45):

> *Podemos portanto definir: a psicologia é o estudo dos ajustamentos criativos. Seu tema é a transição sempre renovada entre a novidade e a rotina que resulta em assimilação e crescimento.*

Para os autores, o ser humano é naturalmente criativo, necessita da novidade para crescer. À medida que se neurotiza, vai perdendo a sua criatividade e começa a transitar por caminhos já conhecidos; vai perdendo sua busca natural pela novidade. Para continuar sendo criativo deve romper com muitas coisas, inclusive algumas que lhe dão uma *pseudossegurança* do "conhecido".

A partir de um modelo topográfico denominado "as camadas da neurose", Perls descreve, na Conferência IV do livro *Gestalt-terapia explicada* (1977), como os automatismos e os papéis (os *como se*) desempenhados por nós são um obstáculo para o contato genuíno e, consequentemente, para o ajustamento criativo.

Perante uma situação nova, a primeira reação é usar as ferramentas conhecidas, porém isso limita, não permite explorar novas alternativas talvez mais adequadas a essa nova situação. A primeira tentativa é um *ajustamento conservador* tal como acontece no âmbito organísmico, que reage dentro dos limites de sua estrutura biológica em função da autorregulação. Entretanto, se o problema é realmente novo, então as velhas chaves não abrirão essas novas portas e será necessário permitir que a criatividade guie a experiência de contato.

Não é tão simples, contudo, "deixar" o velho. Será necessário destruir as formas estereotipadas para então se ver livre dessas "armações" que colocam um corpete na visão de mundo. Não se cria sobre o já criado, a inovação seria uma forma de criatividade, mas nela há um ajustamento a algo anterior. Para criar é preciso destruir antes.

> *Podemos considerar a criatividade do self e o ajustamento organismo/ ambiente como polos: um não pode existir sem o outro. Dada a novidade e a variedade indefinida do ambiente, nenhum ajustamento seria possível somente por meio da autor-regulação herdada e conservativa; o contato tem de ser uma transformação criativa. Por outro lado, a criatividade que não está continuamente destruindo e assimilando um ambiente dado na percepção, e resistindo à manipulação, é inútil para o organismo e permanece superficial [...]. (PHG, 1997, p. 211)*

Para concluir, gostaria de citar algumas palavras de um gestalt-terapeuta eminente, Joseph Zinker (1997, p. 15-6), em relação à criatividade:

> *A criatividade é a celebração da grandeza de uma pessoa, a sensação de que ela pode tornar qualquer coisa possível. A criatividade é a celebração da vida [...]. A criatividade representa a ruptura dos limites, a afirmação da vida além da vida – a vida se encaminhando para algo além de si própria. Em sua própria integridade, a vida pede para confirmarmos nossa natureza intrínseca, nossa essência como seres humanos. [...] Por fim, a criatividade é um ato de coragem que diz: estou disposto a me arriscar ao ridículo e ao fracasso para experienciar este dia como uma novidade, como algo inédito. A pessoa que ousa criar, romper limites, não apenas participa de um milagre como também percebe que, em seu processo de ser, ela é um milagre.*

Seguindo essa linha, me permito continuar pensando que a criatividade é mais do que uma qualidade humana, é uma qualidade da existência desdobrando-se a cada momento; construindo-se e reconstruindo-se, ensaiando a si mesma sem temor, sem culpa, sem qualquer inibição; e o faz em diversos cenários, um dos quais é o ser humano.

Guillermo Leone

REFERÊNCIAS BIBLIOGRÁFICAS

REAL ACADEMIA ESPAÑOLA. *Diccionario de la Lengua española*. 22. ed. España: Real Academia Española, 2001.

PERLS., F. S. "Conferência IV". In: _____. *Gestalt-terapia explicada*. São Paulo: Summus, 1977.

CRIATIVIDADE

PERLS, F. S.; Hefferline, R.; Goodman P. (1951). *Gestalt-
-terapia*. São Paulo: Summus, 1997.

ZINKER, J. *Processo criativo em Gestalt-terapia*. São Paulo:
Summus, 2007.

VERBETES RELACIONADOS
Ajustamento criativo, *Awareness*, Neurose, Camadas da
neurose, Contato, Luto

CURA (VER DOENÇA, SAÚDE E CURA)

d

DAR-SE CONTA (VER CONSCIENTIZAÇÃO, DAR-SE CONTA, TOMADA DE CONSCIÊNCIA)

DEFLEXÃO (VER MECANISMOS NEURÓTICOS)

DESSENSIBILIZAÇÃO (VER MECANISMOS NEURÓTICOS)

DIAGNÓSTICO

O termo "diagnóstico" não é explicitamente definido nas primeiras publicações da Gestalt-terapia; na maioria delas, não é sequer mencionado. Apesar disso, seu sentido pode ser depreendido de noções desenvolvidas por Perls e seus contemporâneos ao longo de praticamente todos os capítulos de suas obras, por exemplo "padrões de comportamento" e "neuroses", noções direta ou indiretamente associadas a definições tradicionais de "diagnóstico" em psicoterapia, ou "equilíbrio organismo/meio" e "fluido processo de formação e destruição de Gestalten", noções renovado-

ras não apenas desse, mas de todos os termos da teorização e prática em psicoterapia.

Nesse contexto, com o auxílio da *Grande enciclopédia Larousse Cultural*, resta seguir delineando uma definição de diagnóstico no campo cultural mais amplo da abordagem gestáltica:

Diagnóstico s.m. (Do gr. diagnostikos, hábil em discriminar.) 1. A arte de conhecer as doenças pelos seus sinais e sintomas. (Sin. DIAGNOSE.) [encicl.] – 2. Identificação da natureza de um problema, de uma dificuldade, de um mal etc., pela interpretação de seus indícios exteriores. – 3. Conjunto de medidas e controles realizado para determinar ou verificar as características técnicas de um sistema, a fim de garantir a manutenção ou a melhoria das instalações [...].
adj. Relativo ao diagnóstico.
ENCICL. Med. O diagnóstico é o tempo do ato médico que permite determinar a natureza da doença observada e classificá-la num quadro nosológico. Distinguem-se o diagnós-

tico clínico, estabelecido pela conversa com o doente, seguida de exame físico completo; o diagnóstico biológico, baseado nos resultados de análises laboratoriais, exames radiográficos etc.; o diagnóstico diferencial, que compara os sintomas e sinais da moléstia em estudo com os de outras afecções semelhantes, eliminadas por um processo de dedução; e o diagnóstico etiológico, que determina a causa da doença.

É com esse sentido que o termo "diagnóstico" atravessa a área da psicoterapia ocidental em geral, reproduzindo o ponto de vista da medicina alopática, que separa a "doença" de quem a vive, bem como "exterior" de "interior". Tal ponto de vista é norteado pelo modelo de pensamento simplificado, paradigma da modernidade, que perpassa os quatro últimos séculos da história das produções ocidentais, na qual se inscrevem, até hoje, todos os tipos de fragmentação e isolamento. Daí, talvez, a incomum aplicação do termo "diagnóstico" na literatura básica de Gestalt-terapia, abordagem que propõe, desde seus primórdios, redefinições radicalmente críticas dessas formulações. Tal suposição é textualmente confirmada na década de 1970, no livro *Gestalt-terapia: teoria, técnicas e aplicações* (Fagan; Shepherd, 1980, p. 124):

O terapeuta é, sobretudo, um observador e construtor de padrões. Logo que é informado de um sintoma ou de um pedido de mudança e começa escutando e observando um paciente, e respondendo-lhe, inicia-se um processo a que me referirei como pa-

dronização. Se bem que diagnóstico seja um termo mais comum, tem a desvantagem de provocar a analogia com o modelo médico e de sugerir que a finalidade do processo é chegar a um rótulo específico.

A Gestalt-terapia se adapta ao modelo do pensamento complexo, paradigma da pós-modernidade, que enfatiza a relação dinâmica entre os fenômenos universais substituindo simples definições isoladas pelo delineamento de campos de sentido e de significação que seguem se transformando, local e globalmente, à medida que novos pontos lhes são acrescentados. É essa a perspectiva da seguinte referência a diagnóstico publicada na *Revista de Gestalt*, n. 2, do Instituto Sedes Sapientiae:

Saber, "gnosis"; através de, "dia". Assim compreendo o diagnóstico em psicoterapia. Um saber através da historicidade, do tempo e espaço onde individualidades se entrecruzam e prosseguem se dando a conhecer. Ainda hoje me surpreendo a mais saber de meu cliente de dois, três anos, "através" da história que ele segue me contando, segue vivendo; através da história que segue se dando entre nós. Diagnosticar um ser humano no contexto da psicoterapia implica, pois, para mim, seguir acompanhando-o, renovando constantemente o dele saber. Significa prosseguir (re)conhecendo-o ao longo de sua existência, através das relações que ele estabelece com e em seu mundo. Através de sua relação comigo, através das relações que ele mantém com seus sujeitos e objetos, com os objetos-sujeitos e sujeitos-objetos de seu dia a dia, com os eus, os tus, e os issos com os quais interage nos tempos e espaços que segue percorrendo. (Barroso, 1992, p. 55-6)

Cabe acrescentar à definição anterior a distinção de pelo menos dois níveis de diagnóstico:

[...] diagnóstico no sentido amplo, processo contínuo de construção conjunta de conhecimento em campo, que não se atém a categorias preestabelecidas e acompanha a singularidade do sujeito em relação, e diagnóstico no sentido restrito, processo específico que, frente a significativas evidências de perda de vitalidade, estreitamento da existência, ou adoecimento conforme concebido no âmbito da Gestalt-terapia, pode incluir a correlação com hipóteses clínicas descritas pela psiquiatria. (Barroso, 1995)

Gestalt-terapeutas de diferentes procedências e áreas de interesse vêm atualizando suas próprias reflexões sobre diagnóstico por meio de teses de mestrado, de doutorado, de estudos e publicações de natureza diversa, quer concebendo-o como aspecto de um processo mais amplo de contato, compreensão e reorganização de Gestalten, "diagnóstico processual" (Frazão, 1991, p. 43), quer aplicando-o como descrição e acompanhamento das Gestalten produzidas no processo terapêutico (Yontef, 1979), quer correlacionando categorias clínicas da psicopatologia tradicional

com as diversas fases do processo de formação e destruição de Gestalten (Burley, 1987)

Aqui e agora, em concordância com a abordagem gestáltica, pode-se fechar o verbete "diagnóstico", abrindo-o: recriando, sempre, sentidos.

Fátima Barroso

REFERÊNCIAS BIBLIOGRÁFICAS

BARROSO, F. "Diagnóstico em Gestalt-terapia". Comunicação proferida em Ciclo de Debates do GT-Rio, Rio de Janeiro, 1995. (Manuscrito não publicado.)

_____. "Dos bastidores de uma Gestalt-terapeuta: revendo a questão do diagnóstico em psicoterapia". *Revista de Gestalt*, São Paulo, n. 2, 1992.

BURLEY, T. A *Phenomenological theory of personality*. Pomona Valey Mental Health Center. Trad. livre de Fátima Barroso, 1987. (Manuscrito não publicado.)

FAGAN, J.; SHEPHERD, I. L. *Gestalt-terapia: teoria, técnicas e aplicações*. Rio de Janeiro: Zahar, 1980.

FRAZÃO, L. "O pensamento diagnóstico em Gestalt-terapia". *Revista de Gestalt*, São Paulo, n. 1, 1991.

YONTEF, G. "Gestalt therapy: clinical phenomenology". *The Gestalt Journal*, Nova York, v. II, n. 1, 1979.

VERBETES RELACIONADOS

Contato, Doença, saúde e cura, Gestalt-terapia

DIALÉTICA

Perls (1969) entende a vinculação do pensamento diferencial de Friedländer à perspectiva da dialética. Cuida, entretanto, de distinguir essa sua concepção de dialética de concepções meramente especulativas e idealistas, remetendo-se especificamente às concepções da dialética de Marx e Engels:

Minha intenção é traçar uma distinção clara entre a dialética como um conceito filosófico e a utilidade de certas regras como as encontradas e aplicadas na filosofia de Hegel e Marx. Estas regras coincidem aproximadamente com o que nós poderíamos chamar "pensamento diferencial". Pessoalmente, sou da opinião de que em muitos casos este método é um meio apropriado para atingir uma nova compreensão científica, levando a resultados em que outros métodos intelectuais, por exemplo o pensamento em termos de causa e efeito, fracassaram. (Perls, 2002, p. 45)

A dialética é uma perspectiva, e metodologia epistemológica e práxica, da filosofia e da ciência. Remonta a Sócrates (470–399 a.C.) e a Platão (428–348 a.C.). Na filosofia clássica dos gregos antigos, a dialética significou o intercâmbio de ideias – de proposições (teses) e contraproposições (antíteses), que gerariam sínteses das proposições contraditórias –, em busca do convencimento lógico, por meio do diálogo. Ao lado da gramática e da retórica, a dialética figurou nesse contexto como uma das três artes liberais originais. No método socrático, a dialética se configura na proposta de uma hipótese, que, dadas outras possibilidades, leva a uma contradição e ao abandono da hipótese em questão, no sentido de uma perspectiva mais verdadeira. Tradicionalmente, o método dialético sempre esteve ligado à discussão racional, visando à superação de desentendimentos. Na Idade Média (500–1500), a dialética e a retórica estavam estreitamente ligadas às artes da persuasão.

A dialética foi reinterpretada por Hegel (1770–1831), que constituiu uma versão idealista de uma dialética da natureza e de uma dialética da História, constituintes ambas de uma dialética da realidade, ligadas à totalidade da razão, como espírito universal. A versão hegeliana da dialética foi, por seu turno, reinterpretada por Karl Marx (1818–1883), que manteve o método, mas se afastou do idealismo da fundamentação hegeliana. E definiu as bases históricas (materialistas) de sua dialética, as bases de seu materialismo histórico, fundadas essas na realidade histórica, da estrutura e da dinâmica históricas da sociedade, e das sociedades particulares. Em específico, das relações e "conflitos de classes". Marx desenvolve, de acordo com a dialética de seu materialismo histórico, uma análise crítica do modo de produção do capital e da sociedade capitalista.

Caracteristicamente, a perspectiva dialética entende a realidade com base na perspectiva da totalidade do real, que envolve o empírico e o não empírico – que, ainda que não empírico, é concreto em suas possibilidades. E entende a realidade empírica como negativa das possibilidades de suas determinações não empíricas. A realidade factual e empírica é contraditoriamente negada, continuamente, por sua vez, numa negação da negação, por suas possibilidades e determinações não empíricas, das quais continuamente emerge, como negação, dinamicamente processual e contraditória. A totalidade, a processualidade, a contradição, a negação e a negação da negação são, assim, categorias fundamentais da perspectiva e do pensar dialéticos. A realidade factual e empírica se constitui e deriva das dinâmicas de uma totalidade mais ampla, abrangente e absoluta, de modo que, para a perspectiva dialética, o que existe empiricamente, de e como fato, pertence, e dinamicamente expressa, a totalidade mais ampla e dinâmica, que não é empiricamente factual.

O factual, como expressão da totalidade, não é estático, está em movimento e, em si, contém o germe de sua negação e superação. De modo que é, intrínseca e contraditoriamente, superado pela emergência do novo que assim enseja, oriundo este das dinâmicas emergentes das possibilidades ainda não factuais da totalidade, que a dialética visa considerar e dar conta, epistemológica e praxicamente. O novo é a verdade do velho na medida em que o que existe, factual e empiricamente, traz, intrinsecamente em si, os germes de sua própria negação e superação, como expressão das possibilidades não empíricas da totalidade de que se constitui. "Todo fato é mais que um mero fato; ele é a negação e a restrição de possibilidades reais" (Marcuse, 1978, p. 259).

Para a dialética, portanto, a realidade factual, os fatos são negativos. E, como tais, sofrem a negação da negação. Negam a totalidade concrescente do real, de onde emergem, e à qual umbilicalmente se ligam, ao mesmo tempo que são negados pelos processos de emergência factual das novas dinâmicas da totalidade, que se constituem como novos fatos, empiricamente reais. Igualmente negativos estes (da totalidade concrescente do real). E, por sua vez, como expressão da totalidade, portadores do germe e da dinâmica de sua própria negação, em um processo perenemente potente de negação da negação.

As categorias, assim, de totalidade, de processo, de contradição, de negação e de negação da negação, inerentes à perspectiva, ao pensar e ao método dialéticos, perfazem uma lógica dialética. Lógica esta que supera a perspectiva da metafísica e da lógica formal, uma vez que entende que a realidade não se limita ao factual e a suas relações superficiais e estáticas, e na medida em que se interessa pelo que está para além do factual, na totalidade crítica de seus processos de emergência e de mudança, admitindo e entendendo a contradição, a negação e o processo como princípios básicos do movimento da realidade – e não como anomalias, como os interpreta a lógica formal.

Karl Marx foi diligente estudante de Hegel. Contudo, ainda que mantivesse a metodologia dialética hegeliana, afastou-se de sua perspectiva idealista. Entendeu e constituiu, em seus estudos da sociedade capitalista, a própria sociedade histórica como a totalidade dialética. Para ele, não era a consciência dos homens que determinava sua existência, mas sua existência social que determinava sua consciência.

Para o homem que pensa dialeticamente, é imanente pensar-se a si próprio e pensar as integrações sociais a que pertence, em suas condições históricas e sociais particulares. Ou seja, pensar-se histórica e existencialmente.

Seu pensar é eminentemente crítico, na medida em que, potente, ativo e criativo, como pensar efetivo, efetiva atualização de possibilidades, em reflexão e teoria, é negativo da factualidade constituída. Histórica e existencialmente determinado em suas possibilidades, seu pensar é contraditório e negativo com relação à factualidade empírica de suas condições dadas. Pensa por contradição, porque expressa, nas possibilidades de sua existência e em sua reflexão, a contraditoriedade e a negatividade, históricas e existenciais, no que concerne à realidade fática de suas condições, negatividade determinada pelas possibilidades históricas e existenciais nela inerentemente contidas. Pensa assim, contraditória e negativamente, de acordo com sua situação e suas condições históricas particulares, inerentemente impregnadas por seus processos de negação e de superação.

O pensar dialeticamente negativo é fadado a se negar, a se superar, em uma práxis existencial e histórica. O critério de verdade do pensar, do conhecer e do conhecimento, da teoria, dialéticos, configura-se, especificamente, na negatividade – com relação ao mero pensar teorizante – de uma práxis histórica e existencial. Práxis existencial e histórica esta que, como tal, não se confunde com a prática empirista e pragmatista vulgares, uma vez que, necessariamente, inclui a crítica, a negação e a superação das limitações do factual, e a introdução na realidade, no processo de sua superação, da atualização crítica de possibilidades.

A dialética envolve, portanto, uma postura e uma concepção na realidade, um modo de pensar por contradição, que são em si expressões da própria contraditoriedade e negatividade da dinâmica do real. E uma práxis que define a possibilidade do verdadeiro deste pensar; e se supera, ela própria, na negatividade do pensamento e do processo de produção de conhecimento dialéticos, que contêm em si o germe práxico de sua negação e superação...

Em sua perspectiva alternativa, que transita pelo "pensamento diferencial" de Friedländer, Perls (1947) busca sair da mera perspectiva da metafísica e da perspectiva de uma ciência de causalidade unidirecional, ou positivista, filiando-se à perspectiva de uma epistemologia dialética, mencionando especificamente a dialética marxiana, como compatível com a concepção de Friedländer. Isso certamente ajuda a esclarecer certos movimentos da concepção da Gestalt-terapia nos Estados Unidos, já com o concurso de Paul Goodman, que enfatizam o vínculo indissociável entre a realidade existencial da pessoa e suas determinações histórico-sociais.

Esses opostos apresentam, em seu contexto específico, uma grande afinidade entre si. Permanecendo atentos no centro, podemos adquirir uma habilidade criativa para ver ambos os lados de uma ocorrência e completar uma metade incompleta. Evitando uma perspectiva unilateral, obtemos uma compreensão muito mais profunda da estrutura e da função do organismo. (Perls, 2002, p. 45-6)

Afonso Henrique Lisboa da Fonseca

REFERÊNCIAS BIBLIOGRÁFICAS

GOLDMANN, L. *Crítica e dogmatismo na sociedade moderna*. Rio de Janeiro: Paz e Terra, 1973.

MARCUSE, H. *Razão e revolução*. Rio de Janeiro: Paz e Terra, 1978.

MARX, K. *O capital*. Livro 1. São Paulo: Civilização Brasileira, 1989.

PERLS, F. S. (1969). *Ego, fome e agressão*. São Paulo: Summus, 2002.

VERBETES RELACIONADOS

Gestalt-terapia, Indiferença criativa, pensamento diferencial, ponto zero

DIALÓGICO

O termo "dialógico" refere-se à atitude relacional do ser humano e surgiu com Martin Buber, o filósofo do diálogo. Em 1923, publicou o livro *Eu e Tu* na intenção de pensar e compreender a natureza relacional da existência humana como um processo que acontece na esfera do entre e das atitudes Eu-Tu e Eu-Isso.

Desde seu início, a Gestalt-terapia enfatizou o tratamento usando a presença ativa do terapeuta como seu instrumento principal. [...] Embora a linguagem usada nos primórdios da literatura da Gestalt-terapia tenha sido diferente da deste trabalho, e imprecisa, ela era uma forma pioneira de terapia por diálogo. Às vezes isto era abordado sem referência direta à palavra "diálogo". [...] Existia uma falta de elaboração teórica, como ocorria com diversos conceitos da Gestalt-terapia. Na prática, a Gestalt-terapia mostrou a presença do terapeuta, que é o início do tratamento por diálogo. Com frequência, faltava a esta presença a diretriz de uma explicação teórica clara. (Buber, 1993, p. 235)

A filosofia dialógica de Buber propõe uma postura relacional no inter-humano, uma ontologia da relação, uma filosofia do encontro Eu-Tu: "Sua proposta de se compreender a realidade humana através do prisma do 'dialógico' é um exemplo do vínculo entre a experiência vivida e a reflexão, entre o pensamento e a ação" (Buber, 2003, p. 146).

Segundo Buber (1974, p. 88), o dialógico inclui a relação e a atitude de ir na direção do outro, em busca do encontro da totalidade da existência humana: "Quando, seguindo nosso caminho, encontramos um homem que, seguindo o seu caminho, vem ao nosso encontro, temos conhecimento somente de nossa parte do caminho, e não da sua, pois esta nós vivenciamos somente no encontro".

O pensamento de Buber norteia a dimensão dos problemas filosóficos das relações do século XX:

Ele tinha consciência de que a ênfase tecnocrática da sociedade moderna provoca um distanciamento maior entre as pessoas. [...] A ênfase excessiva no individual cria uma separação não somente entre as pessoas e em nosso relacionamento com a natureza, mas também dentro de nossa própria psique. A perspectiva dialógica é um esforço para sanar essas rupturas. (Buber, 1988, p. 23)

Foi o psicólogo americano Richard Hycner quem estruturou os princípios dialógicos desenvolvidos por Buber em uma forma de psicoterapia, a psicoterapia dialógica cuja proposta é desenvolver uma postura relacional das polaridades Eu-Tu e Eu-Isso no processo terapêutico. É a busca pela mutualidade de contato que possibilita o processo de cura: "O dialógico não se limita ao tráfego dos homens entre si; ele é – é assim que demonstrou para nós – um comportamento dos homens um-para-com-o-outro, que é apenas representado em seu tráfego" (Buber, 1974, p. 40).

Portanto, dialógica é uma forma de psicoterapia baseada no encontro do terapeuta e seu cliente. O ponto central dessa abordagem é colocar o encontro como tema central da psicoterapia. Uma abordagem dialógica estará sempre comprometida com o encontro verdadeiro do terapeuta com o cliente:

Antes de tudo, em uma abordagem dialógica genuína, o terapeuta é visto como "alguém que está a serviço do dialógico". Isso significa, no seu sentido mais profundo, que a individualidade do terapeuta rende-se (pelo me-

nos momentaneamente) ao serviço do "entre". (Buber, 1988, p. 55-6)

A existência humana é relacional, e, partindo desse princípio, é de fundamental importância que a postura do terapeuta seja também relacional. Não há possibilidade de encontro dialógico sem que haja uma postura dialógica por parte do terapeuta. Em Gestalt-terapia, o modelo dialógico traduz-se em uma postura relacional, sustentada na esperança de atingir, por meio do encontro terapêutico, a completude do Eu:

A relação dialógica também é um modelo para o tipo de relação terapêutica que é consistente com a teoria da mudança da Gestalt. Um terapeuta que atue a partir de uma orientação dialógica estabelecerá um diálogo centrado no presente, não crítico, que permita ao paciente tanto intensificar a awareness *como obter contato com outra pessoa. [...] Na Gestalt-terapia, a* awareness *é empregada para restaurar a* awareness, *e essa restauração pode ser facilitada pela criação de um contexto dialógico.* (Hycner; Jacobs, 1997, p. 93)

Teresa Cristina Gomes Waismarck Amorim

REFERÊNCIAS BIBLIOGRÁFICAS

Buber, M. *Do diálogo e do dialógico.* São Paulo: Perspectiva, 1982.

_____. *Eu e tu.* São Paulo: Centauro, 1974.

_____. In: Hycner, R. *De pessoa a pessoa.* São Paulo: Summus, 1988.

_____. In: Yontef, G. *Processo, diálogo e awareness.* São Paulo: Summus, 1993.

_____. In: Zuben, N. A. *Martin Buber – cumplicidade e diálogo.* São Paulo: Edusc, 2003.

Hycner, R.; Jacobs, L. *Relação e cura em Gestalt-terapia.* São Paulo: Summus, 1997.

VERBETES RELACIONADOS

Awareness, Contato, Cura, Eu-tu e Eu-isso, Gestalt-terapia, Teoria paradoxal da mudança/mudança

DOENÇA, SAÚDE E CURA

A Gestalt-terapia surge nos anos 1950 como parte do Movimento para o Desenvolvimento Humano (Human Growth Movement) e, como tal, mostra-se mais preocupada com as questões relativas ao crescimento e desenvolvimento da pessoa em sua totalidade do que em definir especificamente doença e saúde.

Já no subtítulo da primeira publicação da abordagem, escrita por PHG (1951), podemos identificar essa preocupação quanto a crescimento: "Gestalt therapy: excitement and Growth in the human personality" [Gestalt-terapia: estimulação e crescimento na personalidade humana] (PHG, 1997).

Neste livro, considerado o mais importante da abordagem, não encontramos, no índice remissivo[7], os verbetes Saúde, Doença e Cura, embora encontremos os verbetes Neurose, Conflito, Sintoma, Situação inacabada, Sofrimento, Psicologia e Psicologia anormal. No entanto, ao falarem de *self,* no Capítulo I, dizem que a questão de saúde e doenças psicológicas

É uma questão das identificações e alienações do self: *se um homem se identifica com seu* self *em formação, não inibe seu próprio excitamento criativo e sua*

---

7. Este índice não existe na edição em português.

busca da solução vindoura; e, inversamente, se ele aliena o que não é organicamente seu e portanto não pode ser vitalmente interessante, pois dilacera a figura/fundo, nesse caso ele é psicologicamente sadio, porque está exercendo sua capacidade superior, e fará o melhor que puder nas circunstâncias difíceis do mundo. Contudo, ao contrário, se ele se aliena e, devido a identificações falsas, tenta subjugar sua própria espontaneidade, torna sua vida insípida, confusa e dolorosa. (PHG, 1997, p. 49)

Essa ideia fica mais clara do que se encontra algumas páginas antes, no mesmo capítulo. Ao discutirem a "Estrutura do crescimento", PHG definem, dedutivamente, "psicologia" e "psicologia anormal".

Partem da ideia de que todo contato é criativo e dinâmico na medida em que, intrínseco ao processo de contato, ocorre assimilação do novo, que constitui o nutritivo. Não se trata de simples aceitação ou ajustamento, e sim de assimilação, que ocorre pelo ajustamento criativo organismo/meio, dando-se o ajustamento criativo por intermédio do *self*.

Os autores então concluem que "crescimento é a função da fronteira de contato no campo organismo/meio; é através de ajustamento criativo, mudança e crescimento que as unidades orgânicas complexas continuam a viver na unidade mais ampla do campo" (PHG, 1997, p. 45).

Feitas essas colocações, os autores definem psicologia como "o estudo dos ajustamentos criativos" (PHG, 1997, p. 45), acrescentando que resulta em assimilação e crescimento.

E definem psicologia anormal como "o estudo da interrupção, inibição ou outros acidentes no decorrer do ajustamento criativo" (PHG, 1997, p. 45).

A maneira de conceber normal e anormal foi influenciada pelas ideias de Kurt Goldstein, neuropsiquiatra, com quem Perls trabalhou tão logo se formou em medicina. Goldstein vê a doença como "um distúrbio no processo vital do homem (autorregulação organísmica) diante de uma situação que o coloca em risco" (Lima, 2005, p. 59). Distúrbios, inibições e interrupções do processo de crescimento podem ter ocorrido a serviço da sobrevivência psíquica e, nesse sentido, é possível pensá-los em termos de ajustamentos criativos. No entanto, se ao longo do tempo permanecerem deslocados do contexto original em que surgiram e da função que tiveram, há o risco de se tornarem *Gestalten* fixas ou cristalizadas, perdendo então sua função saudável (Frazão, 1997). Doença seria, então, uma perturbação nos processos vitais de uma pessoa diante de situações que representaram risco para ela. Por essa razão, os sintomas deveriam ser pensados como tentativas de adaptação, em busca de um equilíbrio diante das possibilidades apresentadas simultaneamente pelo organismo e pelo meio.

É também de Goldstein a concepção de organismo como uma totalidade, com base no que Perls esboça uma definição de saúde em seu livro *Gestalt-terapia explicada*: "Saúde é o equilíbrio apropriado da coordenação de tudo aquilo que somos [...]" (1977, p. 20), enfatizando que saúde não é algo que temos, e sim algo que somos e se manifesta em nossa totalidade existencial. Dessa forma, os assim chamados "distúrbios mentais" não envolvem apenas a dimensão mental, mas a pessoa em sua totalidade, na medida em que interferem com o processo de formação e destruição de Gestalten, o que resulta em distorções e desequilíbrios em nossa integração básica (Latner, 1973, p. 83). "São distúrbios de funcionamento e crescimento do *self*" (Latner, 1973, p. 83). Assim, saúde e doença em Gestalt-terapia são concebidos não como "estados", mas como "processos" que favorecem ou dificultam o desenvolvimento da pessoa, não se restringindo a noção de desenvolvimento em Gestalt-terapia a fases específicas, e sim a um processo de crescimento e transformação constante que ocorre ao longo de toda a vida da pessoa.

"Saúde" e "doença", ou "funcionamento saudável" e "não saudável", são pensados dialeticamente, uma vez que um mesmo comportamento pode ser saudável ou não, dependendo de "a serviço do que" ele está.

Latner (1973) menciona alguns aspectos indicadores de funcionamento saudável:

- comportamento integrado e holístico;
- possibilidade de criação e destruição satisfatória de Gestalten;
- autenticidade e espontaneidade (não se trata simplesmente de fazer o que queremos, e sim de estarmos centrados – em contato pleno conosco e com o meio);
- conhecimento de nossas necessidades que estão imersas em nossa existência no aqui e agora, para o que se fazem necessários o conhecimento e a aceitação do que somos;
- rendição ao processo;
- autossuporte;
- integração: que implica não apenas conhecimento e aceitação de nossos desejos, necessidades, comportamentos e habilidades, mas também nos sabermos parte do cam-

po. "Na saúde estamos em contato conosco e com a realidade" (Perls, 1969, p. 241, tradução livre);
- *awareness*: capacidade de apreender o mundo fenomênico, como ocorre no momento presente, com o escopo total de nossos sentidos;
- contato de boa qualidade: engajamento pleno no processo de forma que propicie absorção completa e satisfatória daquilo com que estamos em contato.

Saúde é a capacidade de lidar satisfatoriamente com qualquer situação com a qual deparemos, e satisfatória é a resolução que está de acordo com a dialética da formação e destruição de Gestalten (Latner, 1973, p. 43).

Lilian Meyer Frazão

REFERÊNCIAS BIBLIOGRÁFICAS

Frazão, L. M. "Funcionamento saudável e não saudável enquanto fenômenos interativos". *Revista do III Encontro Goiano de Gestalt-terapia*, Goiânia, v. 3, n. 3, p. 64-71, 1997.

Latner, J. *The Gestalt therapy book*. Nova York: Julian, 1973.

Lima, P. V. A. *Psicoterapia e mudança – uma reflexão*. 2005. Tese (Doutorado) – Instituto de Psicologia, Universidade Federal do Rio de Janeiro (UFRJ), Rio de Janeiro.

Perls, F. S. *Gestalt-terapia explicada*. São Paulo: Summus, 1977.

_____. *In and out the garbage pail*. Lafayette, CA: Real People Press, 1969.

Perls, F. S.; Hefferline, R.; Goodman, P. *Gestalt-terapia*. São Paulo: Summus, 1997.

_____. *Gestalt therapy: excitement and growth in the the human personality*. Nova York: Dell, 1951.

VERBETES RELACIONADOS

Ajustamento criativo, Aqui e agora, Assimilação, Autoapoio, Autorregulação organísmica, *Awareness*, Campo, Contato, Crescimento, Espontaneidade, Excitação/excitamento, Figura e fundo, Fronteira de contato, Funcionamento saudável, Gestalt-terapia, Mudança, Organismo, *Self*, Sintoma, Totalidade

DOMINADOR (*UNDERDOG*) *VERSUS* DOMINADO (*TOPDOG*)

Sendo a linguagem de Perls fenomenológica, ele busca a descrição dos fenômenos por imagens, metáforas, jogos de palavras, gírias, para se aproximar dos fenômenos e descrevê-los, fato que nos ajuda a não esperar dele análises ou definições rigorosas em suas falas.

No último capítulo de *EFA* (1947), intitulado "Dr. Jekyll e Mr. Hyde", há uma referência ao conceito de "dominador *versus* dominado":

> Os pais [...] cometem o erro fundamental de lutar pela perfeição em vez de lutar pelo desenvolvimento. Com sua atitude idealista, ambiciosa, conseguem o oposto às suas intenções; detêm o desenvolvimento...
> Há um livro famoso que mostra [...] os resultados catastróficos do idealismo, se você compreendê-lo corretamente; a história de Dr. Jekyll e de Mr. Hyde. O Dr. Jekyll representa um ideal, não um ser humano. [...] O ser humano foi diferenciado nos opostos "anjo" e "demônio", o primeiro louvado e bem-vindo, o outro detestado e repelido; mas o primeiro pode existir sem o outro tanto quanto a luz sem a sua sombra. (Perls, 2002, p. 375)

Em *Gestalt-terapia explicada*, Perls (1977a, p. 35-7) retoma o tema afirmando que:

> se quisermos ficar no centro do nosso mundo [...] realmente no nosso centro, seremos ambidestros – veremos os dois polos de todo evento. [...] O conflito in-

terno, a luta entre dominador e dominado nunca é completa, pois dominado e dominador lutam por suas vidas. [...] Poderemos levar esses dois palhaços brigões à reconciliação; então perceberemos que não podemos deliberadamente modificar a nós mesmos ou aos outros. Este é um ponto decisivo: muitas pessoas dedicam suas vidas a realizar sua concepção do que elas devem ser, em vez de realizarem a si mesmas.

Outras referências aparecem em *Isto é Gestalt*, no qual Perls (1977b, p. 24-6) coloca:

> Dominador e dominado são na verdade dois palhaços representando sua sina e papéis inúteis no palco do self tolerante e mudo. Integração e cura só podem ser conseguidas quando a necessidade de controle entre dominador e dominado cessa. [...] Externamente, dominador e dominado batalham também pelo controle. Marido e mulher, terapeuta e paciente, empregador e empregado desempenham papéis de mútua manipulação.
> A filosofia básica da Gestalt-terapia é a da natureza: diferenciação e integração. Só a diferenciação leva a polaridades. Como dualidades, estas polaridades facilmente lutarão e se paralisarão. Integrando os opostos, tornamos a pessoa completa de novo.

Em diversas falas, Perls insiste em colocar no centro da temática humana a dualidade, a luta de forças ditas opostas e tão bem representadas na expressão "dominador *versus* dominado", ligando-a à busca perfeccionista. "Que isto fique para o homem! – tentar ser algo que não o é – ter ideais que não são atingíveis, ter a praga do perfeccionismo para estar livre de críticas, é abrir a senda infinita da tortura mental" (Perls, 1979, p. 20).

Ao enfatizar o sentido amplo da dualidade humana para o conceito de "dominador *versus* dominado", pretendo reanimar o que acredito ser a expressão mais ingênua de Perls: uma metáfora facilitadora da compreensão das muitas dualidades experimentadas por nós, seres humanos. Os fortes e os fracos compreendidos em suas contradições e como expressão de um contínuo a ser resgatado e integrado.

Abel Guedes

REFERÊNCIAS BIBLIOGRÁFICAS

Perls, F. S. (1947). *Ego, fome e agressão*. São Paulo: Summus, 2002. _____. *Escarafunchando Fritz: dentro e fora da lata de lixo*. São Paulo: Summus, 1979.

_____. In: Stevens, J. O. (org). *Gestalt-terapia explicada*. São Paulo: Summus, 1977a.

_____. In: Stevens, J. O. (org.). *Isto é Gestalt*. São Paulo: Summus, 1977b.

VERBETES RELACIONADOS

Conflito, Doença, saúde e cura, Polaridades, opostos, forças opostas, *Self*

DOMINÂNCIAS (ESPONTÂNEA, NÃO ESPONTÂNEA E NEURÓTICA)

Apesar de o termo "dominância" remeter-nos à concepção de hierarquia de necessidades de Abraham Maslow (1954, 1968), o ponto de partida para a compreensão desse conceito na realidade é a teoria organísmica de Kurt Goldstein, neuropsiquiatra alemão que influenciou fortemente o pensamento de Perls e, após imi-

grar para os Estados Unidos, exerceu influência determinante também no pensamento de Maslow, com quem teve contato na Universidade de Brandeis, Massachusetts, no período em que Maslow exercia o cargo diretor do Departamento de Psicologia (1951–1960)[8].

Em *The organism* [O organismo] (de 1934, publicado em 1939 nos EUA), Goldstein amplia o campo de aplicação de conceitos da psicologia da Gestalt (como "diferenciação figura-fundo", "configuração", "emergência de figuras") para a compreensão do funcionamento do organismo como um todo. "O fundo é determinado pela tarefa que o organismo tem de realizar a cada momento, isto é, pela situação em que o organismo se encontra e pelas demandas com as quais tem de lidar" (Goldstein, 1939 *apud* Hall; Lindzey, 1978, p. 251).

Para ele, todo organismo tem um só objetivo: autoatualização.

> *O que parecem ser diferentes impulsos tais como fome, sexo, poder, realização, curiosidade são meras manifestações do propósito soberano da vida: autoatualização. Quando as pessoas estão famintas, elas se autoatualizam comendo; quando anseiam por poder, autoatualizam-se obtendo poder. A satisfação de uma necessidade particular torna-se figura quando é*

---

8. Sobre Maslow, todas as biografias consultadas citam claramente Goldstein como fonte original do conceito de "autoatualização" (ou "autorrealização") e também da perspectiva de hierarquia de necessidades, pois Goldstein postulava que, para entender o modo como a natureza e os organismos funcionam, há de se pensar em uma escala ascendente que vai do inferior (mais simples) ao superior (mais complexo). Maslow, no entanto, inova e se diferencia de Goldstein ao desdobrar essa perspectiva para o estudo de pessoas saudáveis, criativas e autorrealizadoras.

prerrequisito para a autoatualização do organismo como um todo. (Hall; Lindzey, 1978, p. 249-50)

Goldstein diferencia figuras naturais (necessidades que emergem como figuras, tendo como fundo do qual emergem o processo de autoatualização da totalidade do organismo) de figuras não naturais – produzidas por imposições externas, eventos traumáticos e repetições que se tornaram automatizadas. Para ele, uma figura é natural se o comportamento que elicia é ordenado, flexível e apropriado à situação; não natural se não é autêntica, se representa uma necessidade imposta e resulta em comportamento rígido e mecânico.

Podemos claramente reconhecer, nessas conceituações, a fundamentação do conceito de "dominância" na Gestalt-terapia. Aliás, no prefácio à edição de 1969 do livro *EFA* (2002), Perls cita os conceitos de "organismo-como-um-todo" e "dominância da necessidade mais emergente" como ideias que foram pilares às desenvolvidas nesse livro, que marca, segundo o próprio autor, sua transição da psicanálise ortodoxa à abordagem gestáltica.

De forma geral, na Gestalt-terapia,

a dinâmica das transações organismo/ meio é descrita como um processo contínuo de surgimento de "figuras" motivacionais que mobilizam o organismo como um todo em sua percepção, orientação e ação. O que surge como figura é aquilo que o organismo necessita em dado momento para satisfazer a necessidade mais premente, e, assim, restabelecer seu estado de equilíbrio. (Tellegen, 1984, p. 48)

Essas ideias desdobram-se de forma mais explícita no capítulo "Realidade, emergência e avaliação" da obra de PHG (1997, p. 83-4), no qual os autores definem o conceito de dominância da seguinte forma:

Chamemos a tendência de uma forte tensão a sobressair-se proeminentemente e a organizar a awareness *e o comportamento de dominância [...]. Cada situação inacabada mais premente assume a dominância e mobiliza todo o esforço disponível até que a tarefa seja completada.*

Assim, na teoria da Gestalt- terapia,

o indivíduo é visto como um sistema aberto, em constante relação de troca com seu ambiente. Desejos e necessidades da pessoa assumem dominâncias [...] que, quando não equilibradas pelas funções autônomas do organismo, tornam-se figuras de awareness, *i. e., gestalten que irão mobilizar a energia do organismo para sua completude. Quando estes processos requerem recursos do meio para sua realização, estas figuras despontam na consciência mobilizando as funções de contato do organismo, que são o instrumental que o indivíduo dispõe para ir ao encontro, sentir, avaliar e selecionar o que se encontra à sua volta.* (Ciornai, 1991, p. 30-9)

Dominâncias espontâneas são frutos da sabedoria intrínseca do organismo sobre suas necessidades e evidenciam uma hierarquia de necessidades. Nas palavras de Perls (1977, p. 34):

A situação mais urgente emerge, e [...] você percebe que ela prevalece sobre qualquer outra atividade. Se de repente este lugar pegasse fogo, o fogo seria mais importante que a nossa conversa. Se você corre e foge do fogo e de repente fica sem respiração, seu suprimento de oxigênio torna-se mais importante que o fogo. Você para e respira, porque isso agora é a coisa mais importante.

Inspirando-se no vocabulário e modelo da psicologia da Gestalt, PHG escrevem que o que surge como dominâncias espontâneas formará figuras pregnantes, isto é, vívidas, fortes e energizadas, com brilho e nitidez.

Dominâncias não espontâneas, em contrapartida, serão aquelas forçadas e impostas (ou pela própria pessoa ou pelo meio). Envolverão obviamente menor motivação e tenderão a ser figuras confusas, desenergizadas e sem brilho, pois implicarão "devotamento de certa quantidade de energia, e o desvio de certa quantidade de atenção, para a repressão do *self* espontâneo que está buscando expressão na autorregulação" (PHG, 1997, p. 84). Isso ocorre mesmo quando a dominância é inibida sensatamente, em prol dos interesses da pessoa (por exemplo, ao se impedir que uma criança corra à frente de automóveis quando o sinal está aberto). Porém, frequentemente essa inibição se dá por questões neuróticas.

Dominâncias neuróticas não apenas se caracterizam por um excesso de deliberação e repressão, como são comumente orienta-das por uma busca em atender a imposições e exigências externas em detrimento dos movimentos de autorregulação espontânea do organismo, e por frequentemente resultarem de avaliações arcaicas da situação, ou seja, experiências inacabadas do passado transportadas inconscientemente para a situação presente.

Defendendo a possibilidade de deixar o organismo "tomar conta de si mesmo" sem interferência externa e de confiar na sabedoria intrínseca do organismo, de confiar no efeito curativo que o trabalho de *awareness* pode ter no reconhecimento das dominâncias espontâneas e no processamento das dominâncias neuróticas, PHG não deixaram de reconhecer a necessidade de inibição eventual de dominâncias espontâneas no convívio social. Apontam que uma configuração ordenada de dominâncias é capital para a definição de uma ética e uma política social (PHG, 1997, p. 87) e sugerem também que das dominâncias que emergem no processo de autorregulação surgem hierarquias de valores, mencionando doenças, necessidade de amor, de autoestima, de independência, evitação do isolamento e da solidão etc. como exemplos de dominâncias que ocupam lugares importantes nessas hierarquias.

No entanto, relendo esses textos, podemos perceber como os autores ora tendem a uma compreensão do humano baseada no modelo mais biológico de Goldstein (no qual dominâncias emergem dos desejos e necessidades de um organismo individual), ora a uma compreensão sistêmica, em que dominâncias podem ser emergentes do campo, de um sistema mais amplo. Percebemos também como ora defendem o "homem natural", em uma proposta de retorno ao "ser selvagem" (Vinacour, 1995), ora falam de ética social, afirmando que é impossível alguém poder ser realmente feliz enquanto não sejamos felizes de maneira mais geral (PHG, 1997, p. 64).

Esses são dilemas com os quais ainda nos debatemos, pois se situam na passagem de um paradigma individualista a um paradigma de campo. A Gestalt-terapia, que postula desde seu início o trabalho com polaridades, provavelmente tem aí um de seus desafios.

Selma Ciornai

REFERÊNCIAS BIBLIOGRÁFICAS

CIORNAI, S. "Em que acreditamos?". Apresentado no II Encontro Nacional de Gestalt-terapia, Caxambu, 1989. Publicado no Gestalt-Terapia Jornal de Curitiba, v. 1, p. 30-9, 1991. Disponível em: <http://www.gestaltsp.com.br/>.

GOLDSTEIN, K. (1939) In: HALL, C. S.; LINDZEY, G. *Theories of personality*. Nova York: John Wiley & Sons, 1978.

MASLOW, A. (1954) *Motivation and personality*. Nova York: Harper, 1970.

_____. *Towards a psychology of being*. Princeton: Van Nostrand, 1968.

PERLS, F. S. *Ego, fome e agressão*. São Paulo: Summus, 2002.

_____. In: STEVENS, J. O. (org). *Gestalt-terapia explicada*. São Paulo: Summus, 1977.

PERLS, F. S.; HEFFERLINE, H.; GOODMAN, P. *Gestalt-terapia*. São Paulo: Summus, 1997.

TELLEGEN, T. A. *Gestalt e grupos: uma perspectiva sistêmica*. São Paulo: Summus, 1984.

VINACOUR, C. A. "Nuevos aportes al enfoque gestáltico: su inserción en el presente y su proyección futura". Apresentado no III Congreso Internacional de Gestalt-terapia, Buenos Aires, 1995. Disponível em: <http://www.gestaltsp.com.br/>.

VERBETES RELACIONADOS

Awareness, Configuração, Figura e fundo, Gestaltismo, Gestalt-terapia, Hierarquia de necessidades, Organismo, Polaridades, Situação inacabada, Teoria organísmica

e

EGO

O termo "ego" aparece em destaque nos primórdios da abordagem gestáltica em *EFA*, de 1942, mais precisamente no Capítulo 7, "O ego como uma função do organismo". Perls (2002, p. 205) adverte que "o analista deve lidar mais com o ego do que com o inconsciente" e que o "ego é uma função do organismo", e não uma parte concreta dele. O autor critica o caráter de substância dado ao termo pela psicanálise e afirma: "O ego é uma função, uma função de contato, uma formação figura/fundo" (2002, p. 207). Ele prossegue na enumeração de outras características: "O Ego... [é] fugaz, interferente; [funciona] na *awareness* do *self*; [é] exemplo de responsabilidade; [é] o próprio fenômeno de fronteira; [é] espontâneo; [é] servo e executivo do organismo; aparece na ectoderme; [funciona] na identificação e alienação [do organismo]" (2002, p. 207;). Perls já estabelece aqui aspectos básicos da futura definição de ego na Gestalt-terapia: a função do ego nos processos de identificação e alienação.

O conceito de ego é aprofundado e refeito na obra de PHG, que enfatizam desde o início seu papel preponderante no contato.

O ego é definido como um dos aspectos do *self*, junto com o id e a personalidade. Esses aspectos são as principais etapas de ajustamento criativo (PHG, 1997, p. 184-5):

> *O ego é a identificação progressiva com as possibilidades e a alienação destas, a limitação e a intensificação do contato em andamento, incluindo o comportamento motor, a agressão, a orientação e a manipulação.* (PHG, 1997, p. 297)

Depreende-se dessa afirmação a ação do ego na fronteira de contato, direcionada pelo interesse do indivíduo e responsável pelos ajustamentos criativos. Em sentido oposto, PHG (1997, p. 225) definem a neurose como "a perda das funções do ego para a fisiologia secundária sob a forma de hábitos inacessíveis".

Modernamente, o conceito de *self* tem sido ampliado e atualizado: ele é o sistema de contato na fronteira, englobando as funções necessárias à sua atividade. Há um menor número de referências diretas ao ego na literatura gestáltica atual. Essa relativa omissão da "função ego" é tratada por Erving Polster no artigo "Response to 'loss of ego functions, conflict and resistance'", publicado em *The Gestalt Journal* (1991). O texto é uma resposta às críticas de Douglas Davidove, em artigo da mesma revista, a posições expressas por Erving e Miriam Polster em *Gestalt-terapia integrada* (2001). Polster assim se expressa:

> *Por todo nosso livro* [...] *fica totalmente claro que, em nossa própria linguagem, enfatizamos a preocupação com o processo de escolha, com a integração de diversos aspectos da existência da pessoa, com a luta para conseguir o que é melhor para si mesmo e com as funções de contato.* [...] *Cabe perguntar, portanto, por que não usamos o termo "ego". Para nós, a palavra "Eu" é uma escolha mais pessoal e menos técnica. Também acreditávamos – e ainda acreditamos – que esse termo, ego, carregava uma bagagem pesada de sua anterior fixidez na classificação psicanalítica, incluindo as implicações topográficas da associação do ego com o id e o superego.* (Polster, 1991, p. 53-5; tradução nossa do original em inglês)

Por outro lado, temos exemplos de autores atuais conhecidos, como Jean-Paul Robine em *O self desdobrado* (2006) e Peter Philippson em *Self in relation* (2001), que partem da definição de PHG (1997) e estudam em profundidade o papel do ego no contato. Robine (2006, p. 69-71) estabelece uma forte relação entre a perda de funções-ego do *self* e a formação de mecanismos de defesa. Já Philippson (2001, p. 32) refere-se à importância dos processos de fronteira de identificação e alienação, em item intitulado "Ego e escolha". Parece claro que o conceito de ego continua a preocupar os estudiosos da Gestalt-terapia, ainda que de formas diferentes.

Enila Chagas

REFERÊNCIAS BIBLIOGRÁFICAS

PERLS, F. S. (1947). *Ego, fome e agressão*. São Paulo: Summus, 2002.

PERLS, F. S.; HEFFERLINE, R.; GOODMAN, P. *Gestalt-terapia*. São Paulo: Summus, 1997.

PHILIPPSON, P. *Self in relation*. Nova York: The Gestalt Journal, 2001.

POLSTER, E. "Response to 'Loss of Ego Functions, Conflict and Resistance'". *The Gestalt Journal*, Highland, v. XIV, n. 2, 1991.

POLSTER, E.; POLSTER, M. *Gestalt-terapia integrada*. São Paulo: Summus, 2001.

ROBINE, J.-M. *O self desdobrado*. São Paulo: Summus, 2006.

VERBETES RELACIONADOS

Agressão, Ajustamento criativo, *Awareness*, Contato, Espontaneidade, Figura e fundo, Fronteira de contato, Função e disfunção de contato, Função id, função ego, função personalidade, Neurose, Organismo, Responsabilidade, *Self*, Teoria organísmica, organismo, campo organismo/ambiente

EGO, FUNÇÃO (VER FUNÇÃO ID, FUNÇÃO EGO, FUNÇÃO PERSONALIDADE)

EGOTISMO

Termo cunhado por Goodman (PHG, 1951), pouco citado na bibliografia gestáltica, não chegando a ser bem-aceito pelos Gestalt-terapeutas. Segundo Robine (2006), só aparece em dois estudos: R. Burnham (1982) e D. Davidove (1990).

Refere-se a um controle de si mesmo e do ambiente para evitar as surpresas decorrentes deste. "Neuroticamente, o egotismo é um tipo de confluência com a *awareness* deliberada, é uma tentativa de aniquilação do incontrolável e do surpreendente" (PHG, 1997, p. 257).

Em seu livro *Gestalt: uma terapia do contato*, os Ginger (1995, p. 256) consideram o egotismo uma "hipertrofia artificial do ego, que visa encorajar o narcisismo e a responsabilização pessoal a fim de preparar para a autonomia".

É um voltar-se para si próprio exageradamente. No entanto, é de fundamental importância no processo terapêutico por ser considerada uma fase de recuperação narcísica necessária durante a terapia. "Ela [fase] é sem dúvida um elemento motor essencial para que o cliente se encarregue de si mesmo e conquiste a autossuficiência (*self-support*)" (Ginger; Ginger, 1995, p. 140).

O egotismo se desfaz com a passagem da independência exagerada para a interdependência madura, isto é, *awareness* de uma relação saudável com o meio social.

> *Em Gestalt, quando o egotismo se dissolve e o cliente não mais se compraz numa atitude de independência excessiva em relação ao terapeuta e seus próximos, e volta assim "de uma egologia a uma ecologia" (no sentido de Bateson), retomando a feliz formulação de Robine.[9] (Ginger; Ginger, 1995, p. 141)*

Robine considera o egotismo um tipo de retroflexão, pois corresponde à definição dada por PHG (1997, p. 256) à retroflexão: "Qualquer ato de autocontrole deliberado durante um envolvimento difícil é uma retroflexão". Em sua obra *O self desdobrado* (2006), aponta para um paradoxo quando Goodman refere-se ao egotismo como perdas das funções de ego e, no entanto, define-o como um "excesso" de ego.

Gladys D'Acri e Sheila Orgler

REFERÊNCIAS BIBLIOGRÁFICAS

BURNHAM, J. R. *Egotismo in Gestalt therapy: the next boundary*. V. 18, n. 2, Voices, 1982.

DAVIDOVE, D. *Pertedês fonctions ego, conflit et résistence*. Doc. Do IFGT, n. 29, 1990.

GINGER, S.; GINGER, A. *Gestalt: uma terapia do contato*. São Paulo: Summus, 1995.

PERLS, F. S.; HEFFERLINE, R.; GOODMAN, P. (1951). *Gestalt-terapia*. São Paulo: Summus, 1997.

ROBINE, J.-M. *O self desdobrado*. São Paulo: Summus, 2006.

VERBETES RELACIONADOS

Awareness, Confluência, Ego, Função id, função ego, função personalidade, Retroflexão, Suporte

EMERGÊNCIA DE NECESSIDADES (VER NECESSIDADES, HIERARQUIA DE NECESSIDADES E EMERGÊNCIA DE NECESSIDADES)

EMOÇÕES

Na filosofia, as emoções, os sentimentos, o espírito são representados pela Alma. Em seu primeiro livro, *EFA* (1942), Perls cita a palavra "alma" referindo-se também às emoções; no entanto, começa a delinear uma concepção de homem em que alguns de seus aspectos como corpo, mente e alma devem ser reconhecidos como totalidades integradas.

---

9. Jean-Marie Robine. "Quel avenir pour la Gestalt-thérapie?". In: _____. *La Gestalt et ses différents champs d'application*. Paris: SFG, 1986.

O homem é um organismo vivo e alguns de seus aspectos são chamados de corpo, mente e alma. Se definirmos o corpo como a soma de células, a mente como a soma de percepções e pensamentos, e a alma como a soma das emoções, e mesmo se acrescentarmos uma "integração estrutural" (ou a existência destas somas totais como totalidades) a cada um dos três termos, ainda compreenderemos quão artificiais e fora de conformidade com a realidade tais definições e divisões são. (Perls, 2002, p. 66-7)

Perls (2002, p. 69) enfatiza que "nenhuma emoção, seja raiva, tristeza, vergonha ou nojo, ocorre sem que seus componentes fisiológicos, bem como os psicológicos, entrem em jogo", e confirma a necessidade de pensarmos no funcionamento de um organismo em interação com seu ambiente.

Nessa época, já expressava mais ideias que a Gestalt-terapia desenvolveu posteriormente, como: "A *awareness* de emoções indesejáveis e a habilidade para suportá-las são a *conditio sine qua non* para uma cura bem-sucedida; estas emoções serão descarregadas ao se tornarem funções egoicas. Este processo, e não o processo de recordar, forma a via régia para a saúde" (Perls, 2002, p. 258).

Com a evolução da abordagem, Perls aponta para a necessidade de pensarmos no funcionamento de um organismo em interação com seu ambiente, por combinações integrativas, quando diz: "Uma emoção é a *awareness* integrativa de uma relação entre organismo e ambiente. (É a figura de primeiro plano de combinações diferentes de proprio-

cepções e percepções.) Como tal é uma função do campo" (PHG, 1997, p. 212).

As emoções podem ser descritas como a força motora mais importante para nosso comportamento sendo transformada em energia e expressa na mobilização dos músculos por meio do sistema motor: "Numa situação emocional, a emoção não é sentida até que aceitemos o comportamento corporal correspondente – é quando cerramos o punho que começamos a sentir raiva" (PHG, 1997, p. 212). A energia que provém das emoções é o excitamento, que, por sua vez, é fornecido pelo metabolismo do organismo. É por meio das alterações hormonais que é possível a diferenciação de um excitamento básico em específico. Por exemplo: a raiva e o medo são os excitamentos específicos, isto é, as emoções que estão ligadas às glândulas suprarrenais (adrenalina).

A Gestalt que do ponto de vista da sobrevivência tiver maior significância recebe mais excitamento e, assim, é capaz de emergir e usar seu excitamento para orientação e enfrentamento. Em muitos casos, o enfrentamento requer uma quantidade extraordinária de excitamento, e isto é experienciado como emoção [...]. O excitamento sofre uma transformação hormonal que transforma o excitamento generalizado indiferente em excitamentos específicos. [...] O excitamento é tanto uma experiência quanto a forma básica de energia organísmica (Perls, 1979, p. 200-1).

O reconhecimento do que nos acontece e nos excita, do que sentimos e percebemos no contato com o campo nos faz entender a realidade, e esta, por sua vez, não é neutra nem indiferente. PHG (1997, p. 47) enfatizam que "os diferentes gêneros de sentimento – o prazer e as distintas emoções –

indicam um envolvimento orgânico que se altera na situação real, e esse envolvimento parte da situação real".

> *Emoções são unificações, ou tendências unificadoras, de certas tensões fisiológicas com situações ambientais favoráveis ou desfavoráveis, e, como tal, fornecem o conhecimento último indispensável (embora não adequado) dos objetos apropriados às necessidades, assim como o sentimento estético nos fornece o conhecimento último (adequado) de nossas sensibilidades e seus objetos. Em geral, o interesse e o excitamento da formação figura/fundo são testemunhos imediatos do campo organismo/ambiente.* (PHG, 1997, p. 48)

A Gestalt-terapia propicia um importante "método unitário e combinado" de trabalho para a prática psicoterápica, quando possibilita "nos concentrar tanto no mundo dos 'objetos' [...] quanto na liberação da mobilidade corporal e do apetite, como também na estrutura do terceiro elemento, a emoção do *self*" (PHG, 1997, p. 214).

José Amâncio dos Santos Neto

REFERÊNCIAS BIBLIOGRÁFICAS

PERLS, F. S. (1942). *Ego, fome e agressão.* São Paulo: Summus, 2002.

_____. *Escarafunchando Fritz: dentro e fora da lata de lixo.* São Paulo: Summus, 1979.

PERLS, F. S.; HEFFERLINE, R.; GOODMAN, P. *Gestalt-terapia.* São Paulo: Summus, 1997.

VERBETES RELACIONADOS

Awareness, Campo, Doença, saúde e cura, Energia, Estética, Excitação/excitamento, Figura e fundo, Gestalt, Necessidades, Organismo, *Self,* Sistema sensoriomotor

ENERGIA

O termo "energia" permeia toda a obra da Gestalt-terapia. Encontramos a primeira referência em 1942, em *EFA*, quando Perls utiliza a palavra "energia" como um aspecto de uma função: "A concepção de função abarca as coincidências tanto de um evento como de sua força propulsora – sua dinâmica" (Perls, 2002, p. 54). Considera que a energia não pode ser vista como uma força inseparável do evento, contrapondo-se, assim, a qualquer concepção metafísica.

Em 1951, na obra de PHG, os autores descrevem a energia como uma excitação, julgando "excitamento" um termo linguisticamente adequado, na medida em que abrange tanto a excitação fisiológica quanto emoções indiferenciadas. Para esclarecer essa concepção, Perls (1980, p. 50) acrescenta que:

> [...] *nós temos que obter a nossa própria energia do alimento e ar que recebemos no nosso organismo. Não temos nome para esta energia que criamos. Bergson chamou-lhe de élan vital. Freud chamou-lhe de libido ou instinto de morte (ele tinha duas energias) e Reich deu-lhe o nome de orgone. Eu chamo-lhe de excitação porque a palavra coincide com o aspecto fisiológico de excitação. [...] A excitação frequentemente é sentida como ritmo, vibração, tremor, afeto. Essa excitação tampouco é criada em seu próprio interesse, mas em relação com o mundo.*

Perls busca a compreensão do indivíduo como um todo, unificando por meio do conceito de energia a visão de mente e corpo, conforme expõe em *A abordagem gestáltica e testemunha ocular da terapia* (1981, p. 30):

> *Só quero dizer que as atividades que denominamos mentais exigem menos dispêndio de substância corporal que as atividades denominadas físicas. [...] A energia que o homem economiza pensando nos problemas em lugar de atuar em toda a situação pode agora ser investida num enriquecimento de sua vida. Esta concepção da vida composta por níveis de atividade acaba de uma vez por todas com o paralelismo psicofísico [...].*

Em 1977, Joseph Zinker descreve, em seu livro *El proceso creativo en la terapia guestáltica,* o ciclo psicofisiológico, que se relaciona com a satisfação de necessidades, denominado ciclo de autorregulação do organismo. Mais tarde, em 1994, passa a fazer uma descrição fenomenológica do processo intrapsíquico, denominando-o ciclo gestáltico de experiência:

> *No plano intrapsíquico, enraizamo--nos na* awareness *do que é relevante no momento, do que chama nossa atenção e se destaca motora ou intelectualmente. Esse interesse é investido de energia, sem a qual seríamos incapazes de agir. Nossa* awareness *é clara e rica. Quando está suficientemente energizada, podemos nos mover de modo decisivo em direção àquilo que desejamos [...] a* awareness *plena leva a um contato claro na fronteira entre eu e o meio ambiente. [...] Interrup-*

> *ções em qualquer fase deste ciclo podem determinar patologias.* (Zinker, 2001, p. 89)

Podemos observar uma mudança na descrição do conceito de energia na Gestalt-terapia com base no desenvolvimento da ciência. Na era moderna, a forma de descrição da ciência mecanicista adequava-se aos sistemas simples, enquanto a ciência pós-moderna tem uma visão adequada aos sistemas mais complexos, como os seres vivos. Assim, na obra *Processo, diálogo e* awareness, Yontef (1998, p. 28) esclarece: "Em Gestalt-terapia, o metabolismo é usado como metáfora para o funcionamento psicológico", e acrescenta que a teoria de campo pode fornecer uma linguagem capaz de descrever os fenômenos simples e complexos. Sem um conhecimento da teoria de campo, observa que:

> *[...] muitos teóricos rejeitam todos os conceitos de uma energia física como mecanicista, reducionista e dualista, sem perceber que a energia física é um aspecto necessário de uma teoria holística, e pode muito bem ser contabilizado na teoria de campo, sem pensamentos mecanicistas, reducionistas ou dualistas. [...] Uma perspectiva de teoria de campo pode fornecer suporte teórico para a integração de uma teoria que abrange o corpo, a mente, as emoções, as interações sociais e os aspectos espirituais e transpessoais.* (Yontef, 1998, p. 177)

Em síntese, observamos que a Gestalt-terapia inicialmente descreve a energia como produto da função biológica do organismo, afastando qualquer concepção metafísica de uma energia independente do funcionamento do ser vivo. Perls preocupou-se em definir o que é energia e de onde ela vem. No entanto, como ele mesmo explica, o desenvolvimento da biofísica e da linguagem na época não era adequado para descrever o conceito. Atualmente, com os novos recursos da ciência contemporânea, temos muito mais possibilidades de descrição.

O conceito foi profundamente ampliado quando os físicos quânticos observaram que as partículas sólidas são intensas concentrações de energia, podendo ser ondas ou partículas, dependendo de como são observadas. Dessa forma, toda a estrutura funciona por meio das relações entre as concentrações de energia e tudo passa a ser abordado com base na teia de relações.

A Gestalt-terapia é considerada uma terapia de processo. Na definição de um processo, tudo é energia. Tudo é estruturado pelas forças dinâmicas de um campo, que se move pelo tempo e pelo espaço.

Na práxis, a Gestalt é uma abordagem em sintonia com o pensamento científico contemporâneo, já que o terapeuta se inclui na observação, utilizando-se como seu próprio instrumento de trabalho. Com base em seus sentidos, ele procura observar em seu cliente onde há mais energia, isto é, como e onde a emoção está sendo expressa, o que serve de orientação para o processo terapêutico.

Rosane Carneiro Porto

REFERÊNCIAS BIBLIOGRÁFICAS

FAGAN, J.; SHEPHERD, I. L. (orgs.). *A abordagem gestáltica e testemunha ocular da terapia.* 2. ed. Rio de Janeiro: Zahar, 1981.

PERLS, F. S. (1942). *Ego, fome e agressão.* São Paulo: Summus, 2002.

_____. *Escarafunchando Fritz: dentro e fora da lata de lixo.* São Paulo: Summus, 1979.

PERLS, F. S.; HEFFERLINE, R.; GOODMAN, P. (1951). *Gestalt-terapia.* São Paulo: Summus, 1997.

PERLS, F. S. In: FAGAN, J.; SHEPHERD, I, L. (orgs.). *Gestalt-terapia: teoria, técnica e aplicações.* Rio de Janeiro: Zahar, 1980.

YONTEF, G. *Processo, diálogo e awareness.* São Paulo: Summus, 1998.

ZINKER, J. (1977). *El proceso creativo en la terapia guestáltica.* Buenos Aires: Paidós, 1979.

_____. (1994). *A busca da elegância em psicoterapia.* São Paulo: Summus, 2001.

VERBETES RELACIONADOS

Autorregulação organísmica, *Awareness*, Ciclo do contato, Emoções, Excitação/excitamento, Fronteira de contato, Holismo, Necessidades, Sistema, Teoria de campo

ESCOTOMA (VER PONTO CEGO/ ESCOTOMA)

ESPONTANEIDADE[10]

Desde a obra de PHG, publicada originalmente em 1951, encontram-se referências ao conceito de espontaneidade, como a seguinte:

> *A espontaneidade é o sentimento de estar atuando no organismo/ambiente que está acontecendo, sendo não somente seu artesão ou seu artefato, mas crescendo dentro dele. A espontaneidade não é diretiva nem autodiretiva, e nem nada a está arrastando embora seja essencialmente descompromissa-*

_____
10. Verbete escrito originalmente em espanhol e traduzido para o português pelas organizadoras.

da, mas é um processo de descobrir-
-e-inventar à medida que prossegui-
mos, engajados e aceitando o que vem.
(PHG, 1997, p. 182)

O conceito de espontaneidade vem ganhando, por meio de seu desenvolvimento, a conotação de uma atitude subjetiva expressa por uma conduta caracterizada por naturalidade e neutralidade conceitual. Espontaneidade é um modo suave de olhar a nova realidade, uma força vital que não se pode conter e emerge para descrever o que a realidade produz nos sentidos. "Espontaneidade é apoderar-se, crescer e incandescer com o que é interessante e nutritivo no ambiente" (PHG, 1997, p. 45). É uma manifestação da totalidade interna relacionada de forma fluida com o mundo, uma atitude em que a unidade do ser se expressa alijando toda a fragmentação descritiva e experimentada, privilegiando a integração de todas as dimensões do indivíduo ante o que aparece como fenômeno exterior e interior num mesmo tempo e espaço vividos. É fluir, é respeito ao que surge como figura, é respeito em sua máxima expressão de naturalidade, criatividade, indiferença e liberdade.

Solomon Friedländer, em sua obra *Indiferença criativa*, promove uma visão dos eventos opostos como complementares, a qual contribui para a noção de espontaneidade, de forma integrada com o pensamento de Paul Goodman, por quem é considerada uma expressão ou atitude intermediária entre o ativo e o passivo.

O espontâneo é tanto ativo quanto
passivo, tanto desejoso de fazer algo
quanto disposto a que lhe façam algo;

ou melhor, está numa posição equidistante dos extremos (nem passivo, nem ativo), uma imparcialidade criativa; um desinteresse não no sentido de não estar excitado ou não ser criativo – porque a espontaneidade é iminentemente isso –, mas no sentido de uma unidade anterior (e posterior) à criatividade e à passividade, contendo ambas. [...] os extremos de espontaneidade são por um lado a deliberação e por outro o relaxamento. (PHG, 1997, p. 182)

É importante destacar a influência que teve o teatro para Perls desde sua juventude. No livro *Escarafunchando Fritz* (1979), ele faz menção à metodologia do diretor de teatro e seu professor Max Reinhardt, "primeiro gênio criativo que conheceu" (Perls, 1979, p. 322), que o influenciou na especial ênfase dada ao espontâneo na Gestalt-terapia.

A espontaneidade é apontada como uma maneira de funcionar na qual vitalidade, frescor, naturalidade e autossuporte se conjugam harmonicamente. O papel "confrontativo", na forma peculiar que lhe confere a Gestalt, é também uma das manifestações da espontaneidade.

Cláudio Naranjo (1990, p. 10) considera que a Gestalt-terapia e o processo terapêutico "[...] descansam, por parte do paciente, nos dois fatores transpessoais de tomada de consciência e espontaneidade, enquanto o terapeuta contribui com o estímulo e apoio da expressão genuína e reforço negativo do patológico [...]". O sistema terapeuta–cliente é afetado por aquilo que, como necessidade, lhe é figura no presente, manifestando-se a espontaneidade no momento do encontro. O espontâneo é, então, uma figura geral. Uma manifestação que permite canalizar ao terapeuta aquilo que surge no aqui e agora da relação dialógica.

A espontaneidade, como atitude, pode contagiar-se de si mesma e a si mesma. Seu fluir intrínseco é uma expressão de saúde, que permite viver em fluida autorregulação organísmica. Assim, o terapeuta gestáltico treina, em sua atividade profissional e em sua vida pessoal, a espontaneidade desenvolvendo seu autossuporte – uma atitude que engloba uma confiança básica e intrínseca em seus recursos – e favorecendo uma atitude espontânea com aqueles com quem trabalha: seus pacientes, seja na terapia individual ou grupal, e os grupos de formação nessa abordagem. A Gestalt-terapia tem sua força, sua forma, seu selo, nessa atitude espontânea; portanto, a espontaneidade é uma das conquistas fundamentais a serem alcançadas.

Fernando De Lucca

REFERÊNCIAS BIBLIOGRÁFICAS

Naranjo, C. *La vieja y la novísima Gestalt*. Santiago do Chile: Cuatro Vientos, 1990.

Perls, F. S. *Escarafunchando Fritz: dentro e fora da lata de lixo*. São Paulo: Summus, 1979.

Perls, F. S.; Hefferline, R.; Goodman, P. (1951). *Gestalt-terapia*. São Paulo: Summus, 1997.

VERBETES RELACIONADOS

Autorregulação organísmica, Consciência, Criatividade, Doença, saúde e cura, Fluidez, Indiferença criativa, Luto, Organismo, Suporte, Totalidade

ESSÊNCIA[11]

Não há referência direta ao termo "essência" na literatura original da Gestalt-terapia, provavelmente porque Perls estava ligado aos conceitos da filosofia existencial, que se opunha com veemência ao essencialismo proposto pela filosofia tradicional.

A palavra "essência" vem do latim *essentia*, que por sua vez vem do infinitivo do verbo latino *esse*, ser = existir, cujo particípio *ens* é o ente como ser que existe. Na filosofia tradicional, a essência foi considerada a identidade própria e indissolúvel das coisas diante da aparência fenomênica da experiência, o que situava a essência em uma realidade metafísica. O existencialismo reagiu diante das ideias essencialistas da filosofia tradicional por considerar inevitável a realização da condição humana, já que esta é "essencial" ao homem.

A decepção diante do horror das duas guerras mundiais, em uma Europa que se considerava no topo da civilização humana, levou os existencialistas a enfatizar a intencionalidade, a escolha e, portanto, a responsabilidade de cada um na construção de sua vida e, definitivamente, na realização ou não da condição humana. Nesse sentido, autores como Heidegger, Sartre e Kierkegaard definem que a existência precede a essência, pois é na existência, nas decisões concretas do cotidiano, no mundo da experiência, que se realiza a condição humana. Ou seja, o ser humano é uma opção, não uma condição essencial inevitável dada pelo mero fato de existir.

Entretanto, ainda que não se faça alusão direta à essência na Gestalt-terapia, pelo conceito de autorrealização ou de autoatualização, introduzido pelo gestaltista Kurt Goldstein (1878-1965), que tanto influenciou na formação de Perls, assim como na de Abraham Maslow – considerado um dos fundadores da psicologia humanista – se poderia inferir que o que é inato ao homem deve se realizar para que ele

---

11. Verbete escrito originalmente em espanhol e traduzido para o português por Lizandra M. Almeida.

seja saudável e feliz – pressuposto básico do "Movimento do Potencial Humano", do qual a Gestalt faz parte – isto é, deve ser sua essência. Nessa direção, entende-se que a existência é o veículo para a expressão, ou seja, a realização da essência de cada um. Em outras palavras, essência e potencialidade seriam sinônimas.

Poderíamos, então, rastrear essa compreensão ou assimilação do conceito de essência na Gestalt ao do potencial a ser realizado na psicologia humanista (PH).

A PH é uma corrente da psicologia que nasce dentro de um movimento cultural mais amplo nos Estados Unidos durante a década de 1960. Também foi chamada de "Terceira Força" e às vezes foi identificada com o chamado "Movimento do Potencial Humano".

Seus pressupostos fundamentais são:

a) O ser humano é considerado único e singular, com a tarefa fundamental de realizar no mundo aquilo que lhe é *especial e intrínseco*.

b) O ser humano tem a **natureza intrinsecamente boa, com a tendência inata à autorrealização**.

c) Com a transcendência do ego e o direcionamento no sentido da totalidade que somos, a tendência no curso de nossa **autorrealização é ir alcançando níveis de consciência cada vez mais evoluídos** que se caracterizam por ser mais integradores, conosco mesmos e com os outros.

d) Reequilíbrio das polaridades e valorização do emocional.

e) Superação da cisão mente-corpo.

f) Valorização da comunicação com o outro como tal e não como objeto de satisfação de nossas necessidades.

Tanto Fritz Perls como a Gestalt-terapia foram plenamente identificados como parte dessa "Terceira Força" ou do "Movimento de Potencial Humano" (George Leonard e Michael Murphy, fundadores do Instituto Esalen e autores deste termo) e com seus pressupostos básicos.

Essa interpretação do conceito de essência na literatura gestáltica, porém, não é alheia a autores mais recentes, como é o caso de Spangenberg (2007, p.194), que em seu livro *Gestalt-terapia: um caminho de volta para casa*, nos diz:

> *Do ponto de vista existencial, definimos a **presença** como o momento em que a **essência** de nosso **ser** – ou seja, nosso potencial – se manifesta na **existência**. Nesse momento, nosso **ser** em potência se transforma em **existência**. Este processo é o que garante a consolidação e a manifestação de nossa identidade.*
>
> *Em outras palavras, nossa identidade não é um fato a priori, mas sim a posteriori. [...] Descobrimos quem somos, no processo de converter em existência nosso ser em essência.* (grifos do autor)

Alejandro Spangenberg

REFERÊNCIAS BIBLIOGRÁFICAS

SPANGENBERG, A. *Gestalt-terapia: um caminho de volta para a casa*. Campinas: Livro Pleno, 2007.

SCRUTON, R. *Filosofia moderna*. Chile: Editorial Cuatro Vientos, 1999.

VERBETES RELACIONADOS

Atualização, Autorregulação organísmica, Existência, Existencialismo

ESTÉTICA

Em uma de suas primeiras referências sobre a palavra "estética", Fritz Perls (1979) a relaciona ao conceito de "fronteira de contato". Diz ele:

A descrição da função da fronteira está quase completa, mas temos de acrescentar ainda mais dois fenômenos: estética e propriedade. Os polos do comportamento estético possuem sorte semelhante à dos assuntos morais: tudo que é lindo pertence ao interior da fronteira, e tudo o que é feio, ao exterior. A palavra alemã para feio é haesslich, *odioso. Amor e beleza são quase idênticos.*

[...] Talvez mais fácil de entender seja o sentimento de propriedade dentro da fronteira. Tudo que está dentro da fronteira é "meu", me pertence. Tudo que está fora é seu, não meu, sejam coisas ou atitudes. (Perls, 1979, p. 331-2)

Porém, a palavra "estética" representa para a abordagem gestáltica mais do que um conceito ou um construto teórico, como no caso do conceito de "fronteira de contato". Estética para a abordagem gestáltica constitui uma propriedade e um valor inerentes ao desenvolvimento de sua história, como também às relações existentes entre as partes que compõem a construção de sua teoria. Entre essas, com certeza, encontramos na psicologia da Gestalt uma referência exemplar. Segundo Zinker (2001, p. 285-6):

A psicologia da Gestalt cresceu da investigação experimental e fenomeno-

lógica da percepção visual, e devemos reconhecer essa influência específica. Os primeiros psicólogos da Gestalt focalizavam os princípios do ver [...]. Por exemplo, eles estavam interessados em figura-fundo, linhas, formas, contornos, proximidade, profundidade, pontos, cores, planos, movimentos e espaços. A ideia de forma – especialmente a noção de Gestaltqualitäten *ou as qualidades da forma – era central. Resumindo, a psicologia da Gestalt era uma teoria psicológica e uma metodologia feita sob medida para o estudo da estética. [...] um psicólogo da Gestalt não ficaria surpreso ao saber que a palavra* aesthetic *deriva de uma palavra grega que significa "perceber".*

Além disso, a noção de ordem ou organização como atributo da consciência na maneira de perceber o mundo confere ao organismo uma qualidade estética que vai além das concepções de belo e beleza mais frequentemente associadas à palavra. Estética, aqui, refere-se à tendência natural do organismo em buscar (perceber) "aquela 'configuração' que tiver uma organização mais estável, ordenada, harmoniosa, livre de fatores supérfluos ou arbitrários" (Tellegen, 1984, p. 38). A busca é pela melhor configuração possível, tendo em vista as condições que o campo organismo/meio oferece em dado momento, ou seja, a "boa forma".

A palavra alemã "Gestalt" já traz em seu significado, de difícil tradução para o português, um pouco desse sentido. Gestalt pode ser entendida como "forma, figura, estrutura e configuração" (Rhyne, 2000, p. 37). Há, pois, algo de estético já na palavra que representa a abordagem.

Portanto, não parece difícil constatar o quanto essa "herança psicológica única" (Zinker, 2001, p. 285) contribuiu para o desenvolvimento de uma visão de mundo e de homem que hoje embasa teórica e esteticamente a Gestalt-terapia.

Zinker (2001, p. 286), em capítulo escrito com a colaboração de Shane, mostra-nos que o desenvolvimento de tal visão "não começa com uma abstração como bom e beleza, mas com valores [...]". Ou seja, a qualidade dessa visão estética estará sempre associada não somente à forma como se percebe o mundo, mas também ao conteúdo dos valores que orientam esse ponto de vista.

> *Quando pensamos em valores na prática da Gestalt-terapia, procuramos afirmações do que é mais importante para nós, do que é precioso para nós, daquilo a que damos valor, daquilo que é significativo para nós em nosso pensar, em nosso trabalho e em nossas relações com os outros.* (Zinker, 2001, p. 286)

Assim, o caráter estético dessa visão estará sempre associado a outro elemento de valor, qual seja, a ética. A boa forma (estética) da Gestalt-terapia necessita que o olhar do homem que a pratique esteja eticamente orientado para o mundo e/ou para o outro. Não podemos nos esquecer de que partes dessa herança provêm de outras fontes e influências que a abordagem também recebeu – a psicanálise, a fenomenologia e o existencialismo, o pensamento oriental, e em particular o próprio processo de desenvolvimento de sua história.

A Gestalt-terapia se desenvolveu, em parte, ao longo da segunda metade do século XX, um período histórico extremamente rico em transformações políticas e socioculturais que em muito contribuíram para o enriquecimento estético dela. Entre esses movimentos, um em particular teve grande influência no desenvolvimento da abordagem – a contracultura. Segundo Timothy Leary (2007, p. 10):

> [...] *floresce sempre e onde quer que alguns membros de uma sociedade escolham estilos de vida, expressões artísticas e formas de pensamento e comportamento que sinceramente incorporam o antigo axioma segundo o qual a única verdadeira constante é a própria mudança. A marca da contracultura não é uma forma ou estrutura em particular, mas a fluidez de formas e estruturas, [...] com que surge, sofre mutação, se transforma em outras e desaparece.*

Ainda como nos mostra Frazão (1995, p. 13):

> *A Gestalt-terapia, desde sempre, esteve ligada aos movimentos de contracultura. Quando Perls se formou em medicina, em 1920, ele participava ativamente do grupo "Bauhaus", juntamente com artistas, poetas filósofos e arquitetos. Este grupo, politicamente radical, opunha-se à ordem estabelecida e lutava por um estilo de vida menos rígido e menos preso aos códigos vigentes.*

Por isso, não podemos deixar de considerar a estreita relação que a Gestalt-terapia possui com as artes, como uma forte fonte de influência estética também. Tanto Fritz quanto Laura Perls sempre estiveram envolvidos com atividades artísticas – teatro, ópera, pintura, dança, música, literatura etc. Sem dúvida, esse interesse comum por formas criativas de expressão muito contribuiu para que o desenvolvimento da abordagem fosse esteticamente enriquecido e adquirisse esse forte "parentesco" com a arte. Como nos mostra L. Perls (1994, p. 24):

La terapia también es una arte. Tiene más que ver con la arte que con la ciencia. Riquiere mucha intuición y sensibilidad y una visión general, es algo muy diferente a una orientación sin sistema. Ser artista supone funcionar de una manera holistica, y ser un buen terapeuta supone lo mismo.

Ronaldo Miranda Barbosa

REFERÊNCIAS BIBLIOGRÁFICAS

Frazão, L. *Gestalt-terapia, psicodrama e terapias neo-reichianas no Brasil – 25 anos depois*. São Paulo: Ágora, 1995.

Leary, T. In: Goffman, K.; Joy, D. *Contracultura através dos tempos*. Rio de Janeiro: Ediouro, 2007.

Perls, F. S. *Escarafunchando Fritz: dentro e fora da lata de lixo*. São Paulo: Summus, 1979.

Perls, L. *Viviendo en los limites*. Valência: Promolibro, 1994.

Rhyne, J. *Arte e Gestalt: padrões que convergem*. São Paulo: Summus, 2000.

Tellegen, T. A. *Gestalt e grupos: uma perspectiva sistêmica*. São Paulo: Summus, 1984.

Zinker, J. *A busca da elegância em psicoterapia*. São Paulo: Summus, 2001.

VERBETES RELACIONADOS

Consciência, Existencialismo, Fenomenologia, Fronteira de contato, Gestaltismo, Holismo, Organismo

EU-TU E EU-ISSO

A Gestalt-terapia, por meio de seu alicerce na psicologia humanista e existencial, remete-nos à consideração da existência como um espaço onde os homens estão sendo-uns-com-os-outros, onde tecem redes de relações nas quais confirmam e desenvolvem suas características especificamente humanas. A mais radical expressão desse pensamento pertence ao filósofo Martin Buber, estudioso do misticismo judaico, em especial de sua vertente hassídica[12]. Buber enfatiza que a realidade da relação não ocorre no homem, mas entre este e o que lhe está defronte. Na visão buberiana, o significado do inter-humano não é, pois, encontrado em um dos parceiros nem nos dois juntos, mas no diálogo que entre eles é estabelecido, no entre vivenciado por ambos. Esse modo de compreender a realidade interacional humana recebeu o nome de dialógico ou filosofia do diálogo, cuja obra mais significativa é o pequeno livro desse autor, editado em 1923 e intitulado *Eu e tu* (1974).

Em Perls (1979, p. 23), encontramos a utilização do termo buberiano "Eu-Tu" quando se refere à necessidade de equilíbrio entre frustração e apoio no exercício terapêutico: "Uma vez que o paciente sente a essência do aqui-agora e do Eu-Tu ele começa a compreender seu comportamento fóbico". Em outra obra, PHG (1951) enfatizam que o *self* não tem consciência de si próprio abstratamente, mas como estando em contato

---

12. O hassidismo surgiu na Polônia, no século XVIII. Caracterizava-se por um esforço de renovação da mística judaica (Von Zuben, 2001, p. XXXV).

com alguma coisa. Seu Eu é polar com relação a um Tu e a um Isso.

O entre é trazido também por Perls (1997, p. 43) na seguinte passagem: "Quando nos referimos à 'fronteira' pensamos em uma 'fronteira entre'; mas uma fronteira-de--contato, onde a experiência tem lugar, não separa o organismo e seu ambiente; em vez disso limita o organismo, o contém e protege, ao mesmo tempo que contata o ambiente".

Nesse sentido, o processo terapêutico ocorre na fronteira de contato entre terapeuta e cliente, que consagra ou não a singularidade do indivíduo no contexto relacional, dependendo dos elementos inter-humanos presentes, isto é, da integridade e genuinidade da atitude dialógica assumida pelo terapeuta.

De acordo com o sistema antropológico de Buber, o relacionamento do homem com o mundo, que acontece no entre, é caracterizado por duas atitudes fundamentais ou duas palavras-princípio: a palavra-princípio "Eu-Tu" e a palavra-princípio "Eu-Isso". Essas palavras referem-se a posições primárias que o ser humano pode assumir diante das coisas e das pessoas.

A palavra-princípio situa o homem no ser, ela é "portadora de ser", isto é, ao pronunciá--la o homem instaura uma específica categoria ontológica em relação à sua humanidade e à daquele com quem se relaciona. Ela, pois, anuncia o princípio ontológico do homem como ser dialogal.

Na palavra "Eu-Tu" realiza-se o princípio dialógico; e na palavra "Eu-Isso", por sua vez, realiza-se o princípio monológico do existente. Ambos os princípios são eticamente legítimos. Contudo, como foi referido antes, estabelecem diferenças ontológicas nos polos da relação: na primeira, o Eu é uma pessoa e o outro é um Tu; na segunda, o Eu é um sujeito de experiência e de conhecimento, e o ser que se lhe defronta, um objeto (Von Zuben, p. LII). Portanto, as duas palavras-princípio promovem dois modos de existência: a relação ontológica e a experiência objetivante.

O entre é a categoria ontológica na qual se dá a confirmação dos dois polos envolvidos na relação; é o lugar de revelação da palavra proferida pelo ser. Esse intervalo existe entre o Eu e Tu e o Eu e Isso.

Ao pronunciar o Eu-Tu o homem se dirige diretamente ao Outro, sem intermediário de qualquer natureza, isto é, sem nenhum fim utilitário, movido somente pela reciprocidade do encontro. É um momento de presença, no qual a totalidade de um fala à totalidade do outro, posto que o encontro não se acha parcializado por nenhum objetivo. Como dito anteriormente, a palavra é dirigida diretamente ao Tu, que é necessariamente singular e único em sua alteridade. Referindo-se à diretividade e imediaticidade da presença entre Eu e Tu, sentencia Buber (1974, p. 13): "Todo meio é obstáculo. Somente na medida em que todos os meios são abolidos acontece o encontro".

Ao pronunciar o Eu-Isso o homem é movido por um propósito, está visando a uma meta, adquirindo uma experiência, um conhecimento ou qualquer coisa utilitária, que não a relação em si. A intencionalidade do dizer Eu-Isso instaura o mundo do Isso, o lugar e o suporte da experiência (*Erfahrung*), da utilização ou uso (*Gebrauchen*). O Eu nessa modalidade conhece o mundo, para impor-se diante dele, ordená-lo, estruturá-lo, vencê--lo, transformá-lo (Von Zuben, 1974, p. LIV). Consequentemente, essa modalidade de relacionamento favorece a construção das atividades científicas e tecnológicas da história da humanidade, sendo, pois, essencial à sua sobrevivência e ao seu desenvolvimento. O mundo do Eu-Isso é fundamental à vida humana, condição para a sobrevivência e o progresso do homem, embora não possa ser o sustentáculo ontológico do inter-humano.

Certamente sem o Isso o homem não pode existir. É uma atitude de conhecimento e de utilização de meios para a consecução de certos fins, e, assim, tão ética e autêntica como a atitude Eu-Tu. Ela se torna fonte de degradação do humano quando o homem a ela se subjuga, pautando sua existência unicamente pelos valores inerentes a essa atitude. Pois sendo o Eu do Eu-Isso o sujeito da experiência, nesse relacionamento o Outro não é encontrado em sua alteridade. Na experiência do mundo, o Isso está presente ao Eu, porém o Eu não está na presença do Isso. "O homem não pode viver sem o Isso, mas aquele que vive somente com o Isso não é homem" (Buber citado por Von Zuben 1974, p. 39).

Quanto ao Eu-Tu, por sua natureza de abertura ao Outro, é essencial para a realização da condição humana, para o desenvolvimento da humanidade originária do ser do homem, possibilitando a revelação do sentido mais genuíno da existência. Essa palavra-princípio, ou modalidade de atitude, promove a anulação das distâncias ontológicas, intima à reciprocidade e institui uma posição ética que não apenas se dirige ao homem, como se inicia no próprio homem, no qual se encontram a raiz e o fundamento de sua própria humanidade.

As atitudes Eu-Tu e Eu-Isso são, pois, dois modos ontologicamente, e não eticamente, diferentes de vivenciar o entre, ou seja, de ser-no-mundo-com-os-outros, como já foi lembrado anteriormente. Não é possível, portanto, falar sobre um Eu sem o Tu ou sem o Isso, já que são essas as duas possibilidades da realização da existência humana.

É útil distinguir, com Von Zuben (1974, p. XLVIII), entre relação e encontro. O encontro é algo atual, acontecendo agora, podendo ser chamado de momento Eu-Tu, enquanto a relação é mais ampla, engloba esse momento que pode ou não acontecer. A relação abre a possibilidade da latência, dando oportunidade a um encontro dialógico sempre novo. A pessoa pode se preparar para o encontro, mas, como assinalou Buber, este só acontece pela "graça".

Nessa altura é oportuno registrar que o diálogo não se restringe à interação verbal. "A 'palavra falante' de Buber é a palavra em ato, a palavra atuante. Este ato pode se dar via silêncio, expressão corporal, mímica, olhar, comportamento ou postura assumida diante dos eventos da vida. O dialógico refere-se ao poder transformador do contato inter-humano" (Malaguth, 2003).

Especificamente na Gestalt-terapia, encontramos, inicialmente, referências ao diálogo em Laura Perls, que afirma ter sido mais forte e profundamente influenciada por seu encontro pessoal com Martin Buber e Tillich do que pela análise e pela psicologia da Gestalt, conforme assinala Hycner (Hycner; Jacobs,1997).

Concluindo a referência à psicoterapia, pode-se dizer que a atitude dialógica está presente quando, ainda que exercendo intervenções objetivantes, é priorizada a abertura ao evento relacional, à alteridade do cliente e à submissão ao entre (atitude Eu-Tu). A presença do Tu está subjacente nessa atitude, na qual o interesse constante pela pessoa do outro é aquilo que mobiliza a tarefa terapêutica, mesmo durante o relacionamento Eu-Isso, possibilitando a emergência do momento Eu-Tu, no qual, de acordo com Buber, a cura existencial se dá.

Marisete Malaguth Mendonça
e Virginia E. Suassuna Martins Costa

REFERÊNCIAS BIBLIOGRÁFICAS

BUBER, M. *Eu e tu*. São Paulo: Moraes, 1974.

HYCNER, R.; JACOBS, L. *Relação e cura em Gestalt-terapia*. São Paulo: Summus, 1997.

MALAGUTH, M. M. A dimensão espiritual da terapia. "Ensaio". *Revista Viver Psicologia*, São Paulo, n. 123, p. 27-8, abr. 2003.

PERLS, F. S. *Escarafunchando Fritz: dentro e fora da lata de lixo*. São Paulo: Summus, 1979.

PERLS, F. S.; HEFFERLINE, R.; GOODMAN, P. (1951). *Gestalt-terapia*. São Paulo: Summus. 1997.

VON ZUBEN, N. "Introdução". In: BUBER, M. *Eu e Tu*. São Paulo: Moraes, 1974, p. V-LXXVIII.

VERBETES RELACIONADOS

Autoapoio, Consciência, Contato, Dialógico, Existência, Existencialismo, Experiência, Fronteira de contato, Frustração, Gestaltismo, Organismo, *Self*

EXCITAÇÃO/EXCITAMENTO

Perls, em sua crítica à psicanálise pela ênfase na importância do instinto sexual, encontra na Teoria organísmica e em Wilhelm Reich o conceito de "excitação" no lugar do de libido.

Não temos nome para a energia que criamos. Bérgson chamou-lhe élan vital, *Freud chamou-lhe libido ou instinto de morte (ele tinha duas energias) e Reich deu-lhe o nome de orgone. Eu chamo-lhe excitação, porque a palavra coincide com o aspecto fisiológico de excitação.* (Perls, 1980, p. 50)

Em *EFA* (1942), Perls (2002, p. 123) enfatiza a importância de uma visão holística,

mostrando a "superioridade da concepção organísmica sobre uma abordagem psicológica ou física". Com o exemplo de um caso clínico de uma pessoa portadora de doença coronária, faz a correspondência entre ansiedade e excitação:

O quadro de excitação como todos experimentaram é o metabolismo aumentado, a atividade cardíaca aumentada, o pulso acelerado, a respiração intensificada. Isto é excitação, mas não ansiedade. [...] Ansiedade é igual à excitação mais suprimento inadequado de oxigênio. [...] A excitação é produzida pelo organismo em situações que requerem uma quantidade extraordinária de atividade (principalmente motora). [...] Se a excitação é desviada de seu alvo real, a atividade motora se desintegra e é parcialmente usada para colocar em ação os músculos necessários para restringir a ação motora, para exercer "autocontrole". Mas resta bastante excitação [...]. Impedindo a descarga desta excitação, o sistema motor do organismo não descansa, mas permanece inquieto. [...] Muitas vezes, a ansiedade pode ser eliminada e retransformada em excitação. [...] Pode-se aprender a superar a ansiedade pelo relaxamento dos músculos do peito e dando vazão à excitação. (Perls, 2002, p. 126-8)

No livro de PHG (1951), os autores se referem ao excitamento como evidência de realidade: "Contato, formação figura/fundo é um excitamento crescente, sensitivo e interessado; e, inversamente, aquilo que não é de interesse, presente para nós, não é psicologicamente real" (PHG, 1997, p. 47). Não pode existir uma realidade neutra. Segundo eles, "o interesse e o excitamento da formação figura/fundo são testemunhos imediatos do campo organismo/ambiente" (PHG, 1997, p. 48).

Os excitamentos na fronteira de contato emprestam sua energia para a formação de uma figura-objeto mais nítida e simples, aproximando-se dela, avaliando-a, superando obstáculos, manipulando e alterando a realidade, até que a situação inacabada esteja completa e a novidade assimilada. Esse processo de contatar [...] é, em geral, uma sequência contínua de fundos e figuras, cada fundo esvaziando-se e emprestando sua energia à figura em formação, que, por sua vez, torna-se o fundo para uma figura mais nítida; o processo inteiro é um excitamento consciente crescente. A energia vem tanto do organismo como do ambiente. (PHG, 1997, p. 208)

Jean-Marie Robine (2006, p. 99), revisando e expandindo conceitos em *O self desdobrado*, contribui dizendo que:

Para que uma figura possa emergir, isto é, para que um contato tome forma, é necessário que ela seja energizada por seus planos de fundo, que "alguma coisa brote" e seja sustentadora. [...] A figura é consciência perceptual (awareness) e o plano de fundo é não consciência ou consciência marginal, mas simultaneamente organismo e ambiente.

O conceito de *awareness*, tão fundamental a essa abordagem, "caracteriza-se pelo contato, pelo sentir (sensação/percepção), pelo excitamento e pela formação de Gestalten. [...] Excitamento abrange a excitação fisiológica assim como emoções indiferenciadas" (Robine, 2006, p. 33).

A excitação é a forma indiferenciada e primitiva da emoção, o aumento de mobilização de energia requisitado para o organismo responder a situações novas. No recém-nascido, esta resposta é maciça e relativamente indireta e, aos poucos, a criança diferencia as partes de seu mundo e, gradualmente, transforma a excitação indiferenciada em excitação seletiva, referindo-se às emoções específicas. (Lofredo, 1994, p. 146)

Em suma, ritmo, vibração, tremor, afeto são formas de expressões da excitação. "Qualquer que seja a excitação necessária para criar e enfrentar a situação, ela provém do organismo, e não existe excitação desnecessária" (Perls, 1980, p. 50). A emoção é a própria linguagem do organismo, é a "força que energiza todas as nossas ações". Ela modifica a excitação básica de acordo com o contexto: a excitação transforma-se em emoção específica, e esta se transforma em ação sensorial e motora, que realiza a satisfação da necessidade.

Marisa Speranza

REFERÊNCIAS BIBLIOGRÁFICAS

LOFREDO, A. M. *A cara e o rosto*. São Paulo: Escuta, 1994.

PERLS, F. S. (1942). *Ego, fome e agressão*. São Paulo: Summus, 2002.

_____. "Quatro palestras". (1973). In: FAGAN, J.; SHEPHERD, I. (orgs.). *Gestalt-terapia: teoria, técnica e aplicações*. Rio de Janeiro: Zahar, 1980.

PERLS, F. S.; HEFFERLINE, R.; GOODMAN, P. (1951). *Gestalt-terapia*. São Paulo: Summus, 1997.

ROBINE, J.-M. *O self desdobrado*. São Paulo: Summus, 2006.

VERBETES RELACIONADOS

Ansiedade, *Awareness*, Contato, Emoções, Energia, Figura e fundo, Holismo, Necessidades, Sistema sensoriomotor, Teoria organísmica

EXISTÊNCIA

Em meados dos anos 1920, Perls passa a se interessar pelos temas da existência e da filosofia existencialista. Seus contatos iniciais se dão por meio de vários autores, embora Buber e Tillich pareçam ser os mais influentes.

Já em seu primeiro livro, *EFA* (1947), quando trata da questão das formas de abordar a realidade (Capítulo 4), Perls comenta sobre a importância da questão para os filósofos e organiza sua visão em torno de duas escolas: a que afirma a existência do mundo apenas pela percepção e a que afirma essa existência independentemente dela. Tema por excelência da filosofia existencial, a relação entre interesse e constituição da realidade é discutida por Perls (2002, p. 75-6) nos seguintes termos: "Os instrumentos da percepção se desenvolvem a serviço de nossos interesses; por conseguinte, o problema deveria ser: o mundo existe *per se*, ou apenas na medida em que nossos interesses estão envolvidos", ao final do que nos diz: "Todo o problema da existência do mundo foi reduzido à pergunta: Quanto dele existe para o indivíduo?" (Perls, 2002, p. 75-6).

Na primeira das "Quatro palestras" (Fagan; Shepherd, 1966)[13] – que, segundo Fagan e Shepherd, constitui "o mais extenso enunciado do pensamento de Perls sobre um certo número de questões, desde a publicação de *EFA* e da obra de PHG –, Perls descreve quatro possibilidades de abordar o estudo do comportamento: 1) científica; 2) religiosa e filosófica; 3) existencial e 4) Gestalt. Nesse texto, Perls marca uma diferenciação em relação ao pensamento existencial, pois, embora entenda que este se concentra no que é atual na existência, ou no que é (Perls se refere à abordagem existencial como "é-ismo"), persiste em uma concepção de existência que ainda precisa de uma estrutura causal.

> *Mas nenhum dos existencialistas, com a possível exceção de Heidegger, pode realmente estender sua ideia existencial ao comportamento ontológico – que uma coisa é explicada através de sua própria existência. Eles ficam perguntando "por quê?" e, assim, têm de continuar retrocedendo e procurando apoio: Sartre no comunismo, Buber no judaísmo, Tillich no protestantismo, Heidegger, em pequena medida, no nazismo, Biswanger, na psicanálise.* (Fagan e Shepherd, 1980, p. 29)

No entanto, a Gestalt se diferenciaria pela dispensa da estrutura causal, concentrando-se apenas no como e agora da

---

13. Transcrito de palestras feitas no *Atlanta Workshop in Gestalt therapy*, 1966.

existência[14]. Finalmente temos a abordagem gestaltista, que tenta compreender a existência de qualquer evento pelo modo como ocorre, que procura entender o vir-a-ser pelo como, não pelo porquê (Fagan e Shepherd, 1980, p. 29).

Ao se referir ao trabalho com sonhos no texto "Gestalt-terapia e potencialidades humanas" (1966), Perls comenta sobre uma suspeita:

Suspeito que o sonho não seja um desejo satisfeito, nem uma profecia do futuro. Para mim, é uma mensagem existencial. Esta diz ao paciente qual é a situação de vida e especialmente como modificar o pesadelo da existência, tornando-se consciente e assumindo seu lugar histórico na vida. (Perls, 1977, p. 25)

Nessa mesma coletânea de autores, no texto seguinte, "Terapia de grupo *versus* terapia individual", Perls refere-se ao "impasse existencial" como uma situação de paralisia e medo em que o ser humano sente a dificuldade de abandonar as formas habituais com as quais lida com as questões da existência, uma situação em que "o apoio ambiental não está disponível e o paciente é, ou acredita ser, incapaz de lidar sozinho com a vida" (Perls, 1977, p. 34). Na sequência dessa citação, continua:

---

14. Em outra passagem de um texto do mesmo ano (1966), Perls comenta: "Todas as escolas do existencialismo enfatizam a experiência direta, mas a maioria delas têm uma moldura conceitual. Kierkegaard com sua teologia protestante, Buber com seu judaísmo, Sartre com seu comunismo e Biswanger com a psicanálise. A Gestalt-terapia é integralmente ontológica, pois reconhece tanto a atividade conceitual quanto a formação biológica de Gestalten. É, portanto, autossustentada e realmente experiencial" (in Stevens, 1977, p. 19).

Para Freud, o presente incluía mais ou menos as últimas 48 horas. Para mim, o presente inclui uma experiência infantil se ela for vividamente recordada agora; inclui um ruído na rua, uma coceira no rosto, os conceitos de Freud e os poemas de Rilke e milhões de outras experiências que, em qualquer hora e em qualquer grau, saltam para dentro da existência, da minha existência no momento. (Perls, 1977, p. 34)

Por fim, em sua obra autobiográfica, *Escarafunchando Fritz* (1979), Perls comenta brevemente sobre a existência autêntica e, baseando-se em Vaihinger (a filosofia do "como se"), afirma que, "como seres sociais, levamos uma existência 'como se', na qual há uma confusão considerável entre realidade, fantasia e fingimento" (1979, p. 16).

Existência é a realidade fundamental para o existencialismo, corrente filosófica do século XX que entende a realidade como contingência e finitude, ou seja, que tem fim e só pode ser apreendida por alguém no instante atual, pois no instante seguinte já não é a mesma. A realidade da existência é a contraposição à realidade das essências metafísicas que, sendo infinitas e universais, não se desgastam com o tempo, permanecendo sempre iguais, independentemente de quem quer que venha a apreendê-las. Sendo a realidade fundamental, então para o existencialismo é a existência que precede a essência, e não o contrário, como quer a metafísica tradicional.

A ênfase da Gestalt-terapia no "aqui e agora" é a ênfase na importância dessa atualidade da existência, de prestarmos atenção e valorizarmos essa atualidade, uma vez que estamos postos no mundo diante da impossibilidade de outra forma de existência que não esta. É como diz o próprio Fritz, em uma passagem que talvez seja a que mais sucinta e objetivamente define sua concepção de existência: "Existência é 'atualidade' (*actuality*). É tornar-se presente" (Perls, 1977, p. 84).

Perls nunca esteve interessado em desenvolver aprofundamentos filosóficos em relação à fenomenologia e ao existencialismo, mas apenas em extrair desses pensamentos o que fosse necessário e criativo quanto aos dilemas humanos: "Aqui, não estou inclinado a me ocupar com questões filosóficas mais do que o absolutamente necessário para a solução de nossos problemas e por certo não estou querendo participar de nenhuma discussão meramente verbal" (Perls, 2002, p. 75).

Paulo Porto

REFERÊNCIAS BIBLIOGRÁFICAS

FAGAN, J.; SHEPHERD, I. L. (orgs.). *Gestalt-terapia: teoria, técnica e aplicações*. Rio de Janeiro: Zahar, 1980.

PERLS, F. S. (1947). *Ego, fome e agressão*. São Paulo: Summus, 2002.

_____. *Escarafunchando Fritz: dentro e fora da lata de lixo*. São Paulo: Summus, 1979.

_____. In: STEVENS, J. O. (org.). *Isto é Gestalt*. São Paulo: Summus, 1977.

VERBETES RELACIONADOS

Aqui e agora, Autoapoio, apoio ambiental e maturação, Camadas da neurose, Essência, Existencialismo, Fenomenologia, Gestalt, Gestaltismo, Presente, Psicoterapia de grupo e *workshop*, Sonhos

EXISTENCIALISMO

No primeiro livro de Gestalt-terapia, a obra de PHG de 1951, não há nenhuma referência ao pensamento fenomenológico e existencial como influências nessa nova abordagem. Em 1969, quando publica seu segundo livro, *Gestalt-terapia explicada*, Perls (1977) defende que o objetivo da Gestalt-terapia seria promover o processo de crescimento e desenvolver o potencial humano apontando apenas um caminho para isto: "[...] tornar-se real, aprender a assumir uma posição, desenvolver seu centro, compreender a base do existencialismo [...]" (Perls, 1977, p. 16).

Seu alinhamento com a psicologia humanista em oposição ao modelo psicanalítico é declarado, apesar dessas preocupações apresentadas, e o pensamento existencialista é apontado como fundamental para embasá-la. Em uma passagem dessa obra, Perls (1977, p. 33) expõe: "Considero a Gestalt-terapia atualmente um dos três tipos de terapia existencial. A Logoterapia de Frankl, a terapia do Dasein, de Biswanger, e a Gestalt-terapia. O que é importante é que a Gestalt-terapia é a primeira filosofia existencial que se apoia em si própria". Para ele, "o existencialismo deseja se libertar dos conceitos, e trabalhar com o princípio da 'presentificação' (*awareness*), com a fenomenologia".

O termo "existencialismo" se refere a um marcante movimento, na filosofia e em vários ramos da cultura, que se caracteriza por uma compreensão e concepção particulares da existência. Compreensão e concepção estas das quais derivam atitudes existenciais igualmente particulares, em contraposição à ontologia, à metafísica e à cultura tradicionais. Em suas versões modernas, o existencialismo engloba as perspectivas de originais e influentes autores, desde o século XIX.

Em termos filosóficos, o existencialismo se contrapõe igualmente às perspectivas do Racionalismo e do Positivismo. Podemos ter, assim, como pontos mais ou menos comuns às várias perspectivas existencialistas – além dessa contraposição ao Racionalismo e ao Positivismo, e da contraposição à ontologia e à metafísica tradicionais –, o conhecido repto de J. P. Sartre de que a existência precede a essência... No sentido de que a existência não tem um sentido ou valor predefinidos. Existimos – em intrínseca correlação com o mundo, como dado originário e pré-reflexivo. Deste existir, criamo-nos, como o que somos, e como o que podemos vir a ser. O sentido, o valor, a potência artística existencial de vir-a-ser, com base em nossa afirmação e criatividade existenciais, em nossa liberdade, em nossas escolhas e responsabilidade.

A reinterpretação feita por Franz Brentano do princípio de intencionalidade confere, também, portanto, um elemento central da concepção da existência e do existencialismo, e de sua atitude. O princípio de intencionalidade caracteriza particularmente a existência, que se dá, assim, como emergência de ser-no--mundo, na qual são intrínsecas a participação e a permanência do mundo. A concepção de "intencionalidade" de Brentano é radicalizada no conceito de ser-no-mundo, que caracteriza o existencial na perspectiva da ontologia fenomenológico-existencial hermenêutica de M. Heidegger. O existencial se dá, portanto, momentaneamente nessa correlação intencional, que está para além da dicotomia sujeito/objeto e da possibilidade de um sujeito em si, ou de um mundo em si.

O existencial, vivencial, pode ser entendido, na perspectiva de F. Nietzsche, como for-ça, como especificamente ativo e afirmativo. Caracteriza-se, dessa forma, como afirmação, como essencialmente e em si já afirmativo. A atitude existencial caracteriza-se, portanto, desde Nietzsche, como uma atitude de afirmação da "afirmação", que é a existência, o existencial. Herança da filosofia de Nietzsche que é também característica dos existencialismos subsequentes.

Soren Kierkegaard teve uma marcante influência na constituição dos existencialismos na medida em que se opôs ao universalismo idealista da filosofia hegeliana para valorizar a existência individual, a paixão e a subjetividade como referências do verdadeiro. Sua filosofia ganha um cunho eminentemente religioso, configurando-se quase como uma teologia. O que não o impediu de produzir importantes elaborações existenciais que influenciaram todo o existencialismo e, em particular, o existencialismo religioso.

Os existencialismos se caracterizam por temáticas como Ser e ser, ontológico, ôntico, a condição humana, subjetividade, multiplicidade, processo, o nada, o sofrimento, a finitude, a liberdade, a alteridade, a autenticidade, a escolha, o projeto, a transcendência, a angústia, o possível, a afirmação, a condição humana, a percepção, a criatividade, a consciência, a interpretação compreensiva, o paradoxo...

Essa unidade de ideias, de perspectivas e posturas, de atitudes do existencialismo comporta, também, uma diversidade, e mesmo contraposições, como observamos. Podemos, desse modo, abordar o existencialismo segundo cortes diversos, e até contraposições diversas.

Podemos pensar um plano no qual se diferenciem o existencialismo anterior ao século XX e o existencialismo do século XX e posterior. Ou outro plano que marca a distinção entre existencialismo alemão e existencialismo francês. Em outro plano, podemos pensar em existencialismo filosófico, designado com a expressão de origem alemã de "filosofia da *Existensz* (*Existenzphilosophie*); e existencialismo literário, e artístico de modo geral; e ainda o existencialismo na psicologia e psicoterapia. Podemos pensar num plano de distinção ainda entre existencialismo religioso e existencialismo não religioso. Entre eles, naturalmente, interconexões, diferenciações e contraposições.

Na esteira das influências, entre outros, de F. Nietzsche, de M. Heidegger e de E. Husserl, J. P. Sartre (1905–1980) desenvolve as suas ideias e passa a ser um dos mais significativos representantes do existencialismo. Elabora e cunha, como mencionamos, uma das expressões mais significativas do movimento existencialista: a existência precede à essência... Inverte desse modo a relação que a metafísica tradicional estabelece entre essência e existência. E entende que é com base na responsabilidade de seus atos e escolhas conscientes, e nas consequências destes, que o homem se cria, de modo eminentemente existencial; que à existência confere valor e sentido. Sartre definiu e criticou a má-fé como a negação da responsabilidade à existência, à liberdade, às escolhas e decisões. Criticou, em particular, o modo de vida de ser-para-outros, que busca uma acomodação à perspectiva dos outros, se objetificando dessa forma, e comprometendo a subjetividade, para fugir à responsabilidade. Para Sartre, a existência humana é condenação à liberdade.

No existencialismo filosófico temos ainda as importantes contribuições de Karl Jaspers (1883–1969), de Martin Buber (1878–1965) e de Paul Tillich (1886–1965), no âmbito do existencialismo alemão. Buber – mística judaica – e Tillich – protestante –, dois expoentes do existencialismo religioso. Gabriel Marcel (1889–1973), francês, igualmente religioso, era católico. Podemos ainda citar Simone de Beauvoir (1908–1986), francesa, e Miguel Unamuno y Jugo (1864–1936), espanhol. O chamado pós-modernismo também traz influências importantes do existencialismo.

O Expressionismo, movimento das artes que se desenvolveu na Alemanha a partir dos finais do século XIX, grandemente influenciado pela filosofia de F. Nietzsche, tinha um caráter fortemente existencialista. Esse caráter era potencializado pelas duras condições na Alemanha anterior à Primeira e à Segunda Guerras. Foi um movimento que se espalhou da dança e da pintura para o teatro, para a literatura, para a escultura, para a expressão corporal, para a arquitetura, para o cinema, e outros ramos da arte e da cultura.

Na psicologia e na psicoterapia, o existencialismo tem também uma influência marcante e decisiva, com o desenvolvimento da psicologia e psicoterapia fenomenológico-existencial, que possui como escolas importantes hoje em dia a Gestalt-terapia, a abordagem rogeriana e a Dasein análise. Essas influências do existencialismo e da fenomenologia em psicologia e psicoterapia se desdobram desde as concepções fundamentais e fundadoras de Franz Brentano, que propagou suas ideias aos psicólogos da Gestalt, a Husserl e a Heidegger.

M. Wertheimer e K. Goldstein exerceram importante influência sobre Perls, sintetizador da Gestalt-terapia, e sobre Carl Rogers. M. Heidegger teve grande influência na origem das ideias de Ludwig Binswanger e M. Boss, que desenvolvem a Dasein análise. Por intermédio de Rollo May e de Abraham Maslow, eles fazem transitar da Europa muito do pensamento e das posturas existenciais em psicologia e psicoterapia para a psicologia humanista norte-americana, ou seja, especificamente para Carl Rogers e Fritz Perls. Martin Buber, com sua concepção da dialógica, alternativa ao nosso modo Eu-Isso de ser, exerce uma influência muito importante.

Por fim, Otto Rank, psicoterapeuta que desenvolveu suas ideias de acordo com a perspectiva nietzschiana, também realizou uma importante conexão entre o existencialismo e as psicologias e psicoterapias de Fritz Perls e Carl Rogers.

Afonso Henrique Lisboa da Fonseca

REFERÊNCIAS BIBLIOGRÁFICAS

Beaufret, J. *Introdução às filosofias da existência*. São Paulo: Duas Cidades, 1976.

Harendt, H. "O que é a filosofia da Existenz". In: *A dignidade da política*. Rio de Janeiro: Relume Dumará, 1976.

Perls, F. S. *Gestalt-terapia explicada*. São Paulo: Summus, 1977.

Wahl, J. *As filosofias da existência*. Lisboa: Europa-América, 1962.

VERBETES RELACIONADOS

Awareness, Crescimento, Dialógico, Essência, Eu-Tu e Eu--Isso, Fenomenologia, Ser-no-mundo

EXPERIÊNCIA

É dado bastante destaque ao papel da experiência no livro de PHG de 1951, no qual os autores expõem: "A experiência se dá na fronteira entre o organismo e seu ambiente, primordialmente a superfície da pele e os outros órgãos de resposta sensorial e motora". Mais especificamente: "A experiência é função desta fronteira..." (PHG, 1997, p. 41). Segundo PHG (1997, p. 41-3):

As totalidades de experiência não incluem "tudo", mas são estruturas unificadas definidas, e psicologicamente todo o mais, inclusive as próprias ideias de organismo e ambiente, é uma abstração ou uma construção possível, ou uma potencialidade que se dá na experiência como indício de alguma outra experiência. Falamos do organismo que se põe em contato com o ambiente, mas o contato é que é a realidade simples e primeira. [...] a experiência é essencialmente contato, o funcionar da fronteira entre o organismo e seu ambiente [...].

Ainda neste livro, o conceito de "experiência" é novamente discutido em relação ao processo de contato. Eles dizem (PHG, 1997, p. 221): "Semelhante *awareness* só é possível com relação a um todo-e-partes, onde cada parte é experienciada imediatamente como compreendendo todas as outras partes e o todo, e o todo é exatamente o todo dessas partes". Explicado de outra forma, encontramos: "A experiência não leva em conta quaisquer outras possibilidades porque é necessária e concreta; o concreto é necessário, estas partes, neste momento, não podem significar nenhuma outra coisa" (PHG, 1997, p. 221).

Na Introdução da obra de PHG (1997, p. 23), Isadore Fromm e Michael Vincent Miller dizem que: "O local primordial da experiência psicológica, para onde a teoria e a prática psicoterapêuticas têm de dirigir sua atenção, é o próprio contato, o lugar onde *self* e ambiente organizam seu encontro e se envolvem mutuamente". Desse modo, pode-se afirmar que a experiência psicológica se dá pelo contato e na fronteira do contato.

Em *A abordagem gestáltica e testemunha ocular da terapia* (1981), Perls apresenta na Introdução um dos mais contundentes e elucidativos relatos de sua visão da realidade do homem contemporâneo e da proposta da Gestalt-terapia diante dessa realidade.

> *O homem moderno vive num estado de baixo grau de vitalidade. Embora, em geral, não sofra profundamente, pouco sabe, no entanto, da verdadeira vida criativa. Tornou-se um autômato ansioso. [...] Este livro constitui a exploração de um enfoque relativamente novo à totalidade do tema do comportamento humano – tanto em sua realidade quanto em sua potencialidade. Foi escrito a partir da crença de que o homem pode viver uma vida mais plena e rica do que a maioria vive agora. [...] O livro tenta juntar a teoria e a aplicação prática dessa teoria aos problemas do cotidiano e às técnicas psicoterápicas. A teoria em si é baseada na experiência e na observação [...].*
> (Perls, 1981, p. 11-3)

Talvez, por isso, seja tão difícil definir o que seja experiência para a Gestalt-terapia, pois essa abordagem é baseada na própria experiência como a realidade concreta da vivência do homem, que se dá na fronteira de contato deste com e no meio, sendo o espaço psicoterápico o momento experimental da relação dialógica em processo. Segundo Perls (1981, p. 30): "A psicoterapia, então, deixa de ser uma escavação do passado, em termos de repressões, conflitos edipianos e cenas primárias, para se tornar uma experiência de viver no presente".

Fonseca (2005, p. 67), em artigo intitulado "A experimentação fenomenológico-existencial em Gestalt-terapia", diz que talvez não haja nada mais característico "[...] em termos do sentido da Gestalt-terapia, quanto o seu caráter específica e eminentemente experimental". Esse caráter basicamente experimental da Gestalt-terapia "[...] funda-se numa disposição para assumir afirmativamente o vivido, e o processo hermenêutico de seu desdobramento, como referencial básico de criação, e de afirmação da vida, de avaliação e de orientação" (Fonseca, 2005, p. 68). Segundo sua concepção, Fonseca (2005, p. 76) afirma: "A entrega à concretude da existência faz parte fundamental da hermenêutica da Gestalt-terapia. [...] do privilegiamento das condições de uma atitude experimentalmente dialógica, que se constitui o caráter experimental da Gestalt-terapia [...]". Quanto ao sentido da própria vivência, esse autor diz:

> *A vivência, o vivido, eminentemente experimentais, e suscetíveis à afirmação, experimentativa, perspectivativa, na ação, no campo organismo-meio, configuram-se no processo do contato*

no sentido da mobilização da consciência e da ação do organismo no meio, para a efetivação e desdobramento do contato, da autorregulação e do ajustamento criativo. (Fonseca, 2005, p. 81)

Definindo a proposta metodológica da Gestalt-terapia, partindo desse caráter de valorização da própria experiência na situação terapêutica, Fonseca nos lembra das palavras de PHG (2005, p. 81):

A psicoterapia é antes um processo de situações experimentais de vida que têm um caráter aventureiro como as explorações do obscuro e do desconhecido, que ainda assim são, ao mesmo tempo, seguras, a ponto de possibilitar que a atitude deliberada possa ser relaxada.

Podemos conceber a Gestalt-terapia como um convite à experiência. Perls, em *Gestalt-terapia explicada* (1977, p. 80), disse: "O que eu faço como psicoterapeuta é trabalhar como catalisador [...] provocando situações nas quais a pessoa possa experimentar...". Ainda em relação ao papel do psicoterapeuta, ele acreditava que nós, Gestalt-terapeutas, "[...] pegamos toda a experiência e a espelhamos [...] espelhamos [...] – a parte que está viva" (Perls, 1977, p. 80). Quanto à função da técnica nessa abordagem, encontramos: "[...] minha técnica evolui cada vez mais no sentido de nunca, nunca interpretar. Apenas espelhar (*back-feeding*[15]), provendo uma oportunida-

15. A expressão *back-feeding* ("espelhar") sugere que é papel do psicoterapeuta dar *feedbacks* (retornos) constantes a seu cliente, partindo de sua própria experiência.

de para a outra pessoa descobrir a si mesma" (Perls, 1977, p. 168). Esse é o convite que o Gestalt-terapeuta faz a seu cliente: que viva suas experiências e se experimente, no aqui e agora, do modo mais espontâneo possível.

Patricia Lima (Ticha)

REFERÊNCIAS BIBLIOGRÁFICAS

FONSECA, A. *Gestalt-terapia fenomenológico-existencial.* Maceió: Pedang, 2005.

PERLS, F. S. *A abordagem gestáltica e testemunha ocular da terapia.* Rio de Janeiro: Zahar, 1981.

_____. *Gestalt-terapia explicada.* São Paulo: Summus, 1977.

PERLS, F. S.; HEFFERLINE, R.; GOODMAN, P. (1951). *Gestalt-terapia.* São Paulo: Summus, 1997.

_____. In: FONSECA, A. *Gestalt-terapia fenomonológico-existencial.* Maceió: Pedang, 2005.

VERBETES RELACIONADOS

Aqui e agora, *Awareness*, Contato, Dialógico, Espontaneidade, Fronteira de contato, Organismo, Parte e todo, Presente, *Self*, Sistema sensoriomotor

EXPERIMENTO

A primeira concepção formalizada sobre o experimento é apresentada no primeiro capítulo do livro de PHG (1980). Parte desse capítulo foi dedicada a explicá-lo e, no restante do texto, bem como em todo o primeiro volume da obra, sua definição aparece entremeada com a exposição de aspectos cruciais sobre a teoria e a prática da nova abordagem, que objetivava superar as perspectivas dualistas vigentes na psicologia da época, pela adoção de uma linguagem e uma visão unitárias do homem.

Os autores se dedicam a explicitar como criar um ambiente terapêutico que auxilie o cliente a se lançar no processo de aprender a reintegrar partes dissociadas, sensibilizar-se novamente, testar novos e criativos ajustamentos, ser responsivo ao seu aqui e agora, lidar com evitações, aprender experiencialmente sobre si mesmo e viver a terapia como a vida, num processo contínuo de conscientização. É desse contexto que surge a noção de "experimento". Para explicá-lo como um instrumento para obter maior *awareness* de si mesmo e criar direções mais satisfatórias para o cliente, Fritz Perls e seus colaboradores estabeleceram princípios que constituem a *rationale* do experimento ainda atualmente.

Em termos de sua pré-história, os fundamentos começam a ser delineados em *EFA*, de 1942, livro no qual Fritz Perls constrói a transição da psicanálise freudiana para a Gestalt-terapia. Perls prenuncia novos princípios e justifica a necessidade de uma nova técnica para a então denominada terapia da concentração. Perls (2002, p. 263) diz: "[...] A aplicação prática de descobertas científicas exige o desenvolvimento de uma nova técnica [...]". Sobre a nova técnica encontramos:

A nova técnica... é teoricamente simples; sua meta é recuperar a "sensação de nós mesmos", mas a realização desta meta é, às vezes, muito difícil. Se você está "erradamente" condicionado, se você tem hábitos "errados", será muito mais difícil edificar este estado de coisas do que adquirir hábitos novos. Só quando você considerar a aquisição da nova técnica que quero demonstrar, com toda a awareness *das dificuldades que se aproximam, serei capaz de auxiliá-lo a adquirir o alfabeto de "sentir" a si mesmo [...]. Nossa técnica não é procedimento intelectual, embo-*

ra não possamos ignorar totalmente o intelecto. (Perls, 2002, p. 264)

De uma forma restrita, o experimento é um método de trabalho específico da Gestalt-terapia. Numa visão mais ampla, há múltiplos sentidos, pois ele expressa a filosofia holística, organísmica, fenomenológica, existencialista e experiencial da abordagem, e corresponde às suas dimensões científica e artística. O processo de defini-lo é extenso e multifacetado, e se inicia com PHG (1980, p. 16), que, recorrendo ao latim, formulam em dois momentos a precisa intenção do termo:

[...] experimento deriva de experiri, *tentar. Um experimento é a experimentação, tentativa ou especial observação feita para confirmar ou refutar algo duvidoso, especialmente aquilo sob condições determinadas pelo experimentador. Um ato ou operação empreendida a fim de descobrir algum princípio ou efeito desconhecido, ou para testar, estabelecer ou ilustrar alguma verdade sugerida ou conhecida; é um teste prático; uma prova. [...] a entrevista terapêutica é experimental de momento-a-momento, no sentido de "teste isso e veja o que acontece". O paciente é ensinado a experienciar a si mesmo. "Experienciar" deriva da mesma fonte latina –* experiri, *testar, do mesmo jeito que a palavra "experimento", e o dicionário dá a ela o mesmo sentido que pretendemos aqui, a saber, o viver presente por meio de um evento ou eventos.* (tradução nossa)

A proposta implícita – o experimentar – é enunciada pela filosofia da abordagem:

[...] *Essa terapia é flexível e ela mesma uma aventura da vida. O trabalho terapêutico [...] não é "descobrir" o que está errado com o paciente e então "contar a ele". [...] O que é essencial não é o terapeuta aprender algo sobre o paciente e então ensinar isso a ele, mas o terapeuta ensinar ao paciente como aprender sobre ele mesmo. Isso envolve ele estar diretamente* aware *de como, sendo um organismo vivo, ele realmente funciona. Isso tem como base experiências que são elas mesmas não verbais.* (PHG, 1980, p. 17; tradução nossa)

A "abordagem clínica" [...] a antítese da abordagem experimental. [...] considerando [...] controle das "variáveis" introduzidas pelo setting *cuidadosamente simplificado da situação terapêutica comparado com a complexidade total do dia a dia [...] numa atmosfera livre de distrações [...] o tempo está aberto para o que vier a acontecer [...] as penalidades costumeiras para o "mal-comportamento" estão humanamente acolhidas. Na medida em que o experimento prossegue, o paciente ousa mais e mais em ser ele mesmo [...] quando o* setting *está organizado com habilidade e as sessões conduzidas com competência.* (Perls, 1980, p. 16)

É sugerida nesse livro a possibilidade de o crescimento pessoal e a autodescoberta acontecerem dispensando a presença de um terapeuta. No entanto, quando são formuladas as condições de aplicação do experimento, postulam-se alguns dos princípios que constituirão a relação terapêutica em si – uma presença ativa, porém não diretiva do terapeuta. Nesses trechos ficam evidentes as ideias de processo, de respeito pela singularidade e possibilidades do cliente, sua responsabilidade e autorregulação. O cliente é considerado seu próprio instrumento de trabalho.

Forneceremos um método pelo qual você pode conduzir uma investigação sistemática e reconstrução da sua situação presente. O procedimento está organizado para que cada passo ofereça uma base necessária para o próximo. Você irá ao seu próprio ritmo. Em qualquer situação, você não irá um passo à frente do que você desejar. [...] Nós nos comprometemos a fazer nada a você. Ao contrário, nós damos algumas instruções para que, se você desejar, você possa lançar-se numa aventura pessoal progressiva, aonde, pelo seu próprio esforço, você poderá descobrir algo para o seu self *– [...] organizá-lo e colocá-lo para uso construtivo para viver sua vida [...].* (PHG, 1980, p. 9)

O desenvolvimento da abordagem, efetivado pelo próprio Fritz Perls, por Laura Perls e inúmeros Gestalt-terapeutas das gerações seguintes, originou cisões, desdobramentos e algumas ênfases no emprego do experimento. Como lembra Laura Perls (1992), é possível haver vários estilos de praticar Gestalt-terapia, e essas diversas possibilidades se referem à forma de entendimento e compreensão do que é "[...] uma abordagem existencial-fenomenológica e como tal experiencial e experimental" (Perls, 1992, p. 149). Continuando: "Como uma Gestalt-terapeuta, prefiro falar em estilos como uma maneira unificada de expressão e comunicação. Em Gestalt-terapia há tantos estilos de terapeutas quanto há de clientes" (Perls, 1992, p. 133). Para concluir: "[...] Gestalt-terapia não é nem uma técnica específica nem uma coleção de técnicas específicas [...] a tarefa da terapia é desenvolver suficiente suporte para a reorganização e re-canalização da energia. Os conceitos básicos [...] são filosóficos e estéticos mais do que técnicas" (Perls, 1992, p. 149; tradução nossa em todo este parágrafo).

É por intermédio de Erving e Miriam Polster (2001), e Joseph Zinker (1979), discípulos de Perls, que o experimento como método terapêutico e corolário de técnicas foi sistematizado e explicado no processo da organização da sessão ou do tratamento individual, de casais, famílias e grupos. Citando os Polster (2001, p. 239):

> O experimento em Gestalt-terapia é uma tentativa de agir contra o beco sem saída do falar sobre, ao trazer o sistema de ação do indivíduo para dentro do consultório. Por meio de experimento, o indivíduo é mobilizado para confrontar as emergências de sua vida, operando seus sentimentos e ações abortados, numa situação de segurança relativa. Desse modo é criada uma emergência segura na qual a exploração aventureira pode ser sustentada. Além disso, podem ser explorados os dois lados do continuum da emergência, enfatizando primeiro o suporte e depois o correr

> riscos, dependendo do que pareça mais saliente no momento [...].

Segundo Zinker (1979, p. 108): "[...] a sessão de terapia pode converter-se em uma série de pequenas situações de experiência, que se entrelaçam organicamente umas com as outras, cada uma das quais desempenha uma função particular para o cliente e contém uma surpresa em potência, uma descoberta totalmente inesperada tanto para o cliente como o terapeuta". Esse autor define:

> [...] o experimento da Gestalt-terapia é uma forma de pensar em voz alta, uma concretização da própria imaginação, uma aventura criadora. [...] (Zinker, 1979, p. 108)

E acrescenta:

> [...] o experimento criativo, se funciona bem, ajuda a pessoa a arriscar uma nova maneira de expressar-se, ou pelo menos a leva aos limites, a fronteira ou ponto a partir do qual ela necessita crescer. (Zinker, 1979, p. 106)

O casal Polster definiu alguns tipos clássicos de experimentos:

> [...] a representação [...] é a dramatização de algum aspecto da existência do paciente, que ocorre dentro da cena terapêutica [...] a representação pode assumir diversas formas [...] alguns exemplos [...] situação inacabada do passado distante, do presente, de uma característica, de uma polaridade [...] O comportamento dirigido [...] uma

prática relevante de comportamentos que ela possa estar evitando [...], a fantasia [...] com pessoa não disponível encontro com [...] que encontre resistência [...] exploração do desconhecido [...] de aspectos novos de si mesmo [...] trabalho com sonhos e lição de casa [...] experiências reais da vida. (Polster; Polster, 2001, p. 254-79)

Zinker (1979, p. 106) destaca algumas metas para o experimento:

[...] expandir o repertório de comportamentos da pessoa; criar condições para a pessoa se perceber criadora de sua vida e de sua terapia; estimular uma aprendizagem experimental da pessoa e elaboração de novos conceitos sobre si mesma a partir de elaborações no plano do comportamento, terminar situações inacabadas, superar bloqueios no ciclo consciência-excitação-contato, integrar compreensões intelectuais com expressões motoras, descobrir polaridades desconhecidas, integrar forças pessoais em conflito, [...] reintegrar sentimentos e ideias, estimular [...] vigor e competência, atitude explorativa e responsável consigo mesma.

Para esses autores, o experimento acontece num momento determinado da sessão, e há regras sobre como construir um experimento, em que momento utilizá-lo, inclusive reconhecendo que experimento é algo que vai se desenvolvendo ao longo da sessão e envolve o aquecimento, o estabelecimento de vínculo entre terapeuta e cliente, a compreensão da sua situação, do tema, entre muitos outros aspectos.

Desde o surgimento da abordagem até sua morte, Fritz Perls desejou criar um método terapêutico que alcançasse o maior número de pessoas, o que propiciou algumas distorções quanto ao uso e à compreensão do que é o experimento e à diferença entre a instância do método e a esfera das técnicas. Um experimento construído previamente ou fora da relação terapêutica deve ser compreendido como um trabalho dirigido baseado nos pressupostos teóricos. Nesse caso, ele é uma proposição técnica que visa descortinar as muitas possibilidades de experiência de uma pessoa. A outra perspectiva do experimento ocorre na sessão de psicoterapia, como um instrumento do método fenomenológico, que surge na relação entre terapeuta e cliente, de acordo com a experiência de ambos no aqui e agora da sessão. Cada encontro terapêutico pode gerar um experimento:

[...] Um experimento [...] É contato emocional com a experiência. Ele pode ser composto de muitas técnicas, que podem preexistir ou ser construídas na cena terapêutica a partir do que está acontecendo no momento. [...] Certa vez perguntei a Erving e Miriam Polster quando e como fazer um experimento com o cliente. Eles me responderam: quando ele for o próximo passo.[16] *O terapeuta cria inúmeras situações que posteriormente se tornam "técnicas", passíveis de serem reutilizadas em outras ocasiões e/ou não. O que distingue um experimento de uma técnica é que um expe-*

---

16. Pergunta feita durante o treinamento em Gestalt-terapia realizado com o casal Polster.

rimento surge em função do tema, das necessidades do processo do cliente, nos momentos de impasse e no processo da sessão. O experimento é sempre singular, mesmo que estejam sendo utilizadas técnicas de uso corrente. O que ele tem de peculiar é o seu manejo. (Salomão, 2003, p. 263-4)

As técnicas criadas por Fritz nos seminários e *workshops* para seu próprio trabalho fenomenológico foram reproduzidas por terapeutas mal treinados, como se fossem o método da Gestalt-terapia, colocando em risco a identidade da abordagem, cuja ênfase do encontro terapêutico é o aspecto relacional, a denominada relação dialógica entre terapeuta e clientes – e o foco da *awareness* é a situação que se organiza no aqui e agora da sessão. O experimento mais básico, portanto, é a própria relação.

Como afirma, em artigo no *The Gestalt Journal*, Laura Perls (1992, p. 131; tradução nossa): "Nenhuma interpretação é necessária enquanto trabalhamos com o que está disponível na atual presente *awareness* do paciente e do terapeuta e o que se torna possível experimentar com, através dessa sempre crescente *awareness*". E Gary Yontef, em seu livro *Processo, diálogo e awareness* (1998, p. 236), completa: "*Awareness* é uma forma de experienciar. É o processo de estar em contato atento com o evento mais importante do campo indivíduo/ambiente com apoio energético, cognitivo, emocional e sensoriomotor totais [...] a *awareness* em si mesma é a integração de um problema".

Para finalizar, citamos Hycner (1997, p. 46-7), um dos teóricos da relação dialógica em Gestalt-terapia:

As "técnicas" surgem no contexto da relação. Não há nada de errado com as técnicas em si mesmas, desde que não sejam impostas arbitrariamente na situação. Quando há um certo impasse nas sessões de terapia, é totalmente apropriado utilizar uma das muitas técnicas que os terapeutas gestálticos consideram de ajuda através dos anos. [...] Contudo, é sempre necessário que haja uma relação de confiança que permita ao terapeuta usar certas técnicas.

Sandra Salomão

REFERÊNCIAS BIBLIOGRÁFICAS

HYCNER, R.; JACOBS, L. *Relação e cura em Gestalt-terapia*. São Paulo: Summus, 1997.

PERLS, F. S. (1942). *Ego, fome e agressão*. São Paulo: Summus, 2002.

PERLS, F. S.; HEFFERLINE, R.; GOODMAN, P. *Gestalt therapy*. 3. ed. Nova York: Crown, 1980.

PERLS, L. "Conceptions and misconceptions of Gestalt therapy", Áustria, 1977. Palestra dada na European Association for Transactional Analysis. Mais tarde publicada como "Living at the Boundary". *Gestalt Journal*, Nova York, v. 14, n. 3, 1992.

POLSTER, E.; POLSTER, M. *Gestalt-terapia integrada*. São Paulo: Summus, 2001.

SALOMÃO, S. In: GROISMAN, M. (org.). *Além do paraíso: perdas e transformações na família*. Rio de Janeiro: Núcleo de Pesquisas, 2003, p. 263-4.

YONTEF, G. M. *Processo, diálogo e awareness*. São Paulo: Summus, 1998.

ZINKER, J. *El proceso creativo en la terapia guestáltica*. Buenos Aires: Paidós, 1979.

VERBETES RELACIONADOS

Ajustamento criativo, Aqui e agora, *Awareness*, Campo, Concentração, Conscientização, Contato, Crescimento, Dialógico, Emergência de necessidades, Energia, Existencialismo, Fenomenologia, Holismo, Polaridades, Situação inacabada, Teoria organísmica, Teoria e técnica de concentração

f

FANTASIA

Para Perls (1979, p. 174), o termo "fantasia" ocupa um lugar preponderante na Gestalt-terapia: "ele [o termo fantasia] é tão importante para nossa existência social quanto a formação da Gestalt para nossa existência biológica". Considera pensamento, imaginação e fantasia como sinônimos.

Entendemos que o pensar inclui um número de atividades – sonhar, imaginar, teorizar, antecipar – fazendo o uso máximo de nossa capacidade de manipular símbolos. Para abreviar, vamos chamar tudo isto de atividade de fantasia, em vez de pensamento. (Perls, 1981, p. 26-7)

A atividade fantástica é o uso interno da simbolização. A fantasia sempre se relaciona com a realidade, cujo sentido é dado pela própria pessoa, ou seja, não se trata da realidade em si, mas da realidade tal como apreendida ou antecipada pela própria pessoa.

*Eu antecipo, em fantasia, o que acontecerá na realidade e, embora a corres-*pondência entre minha antecipação imaginária e a situação real possa não ser absoluta, assim como a correspondência entre a palavra "árvore" e o objeto é só aproximada, é suficientemente forte para que eu baseie nela minhas ações.* (Perls, 1981, p. 27)

Perls distingue três zonas de tomadas de consciência, a saber: a consciência de si-mesmo, zona do *self* (ZS); a do mundo, ou zona externa (ZE); e a que está na zona intermediária da fantasia, ou zona desmilitarizada (ZDM), também conhecida como "a grande área de *maya* que temos conosco, ou seja, existe uma grande área de fantasia que absorve tanto do nosso excitamento, tanta energia, tanta força vital que sobra muito pouco de energia para estarmos em contato com a realidade" (Perls, 1977, p. 76).

Distinguir fantasia (*maya*[17]) de realidade é uma das formas do funcionamento saudável, pois a confusão entre os dois pode levar à neurose e, em casos extremos, à psicose.

---

17. Palavra sânscrita que, segundo o *Dicionário Oxford de filosofia* (Blackburn, 1977), significa "véu da ilusão"; traduz uma forma de experiência semelhante à ilusão, ou seja, que se distancia da realidade concreta.

O objetivo da psicoterapia é facilitar o contato consigo mesmo e com o mundo diminuindo a fuga para a fantasia como o único recurso criativo, dessa forma ampliando sua *awareness*. Segundo Perls (1977, p. 77):

> *Ao invés de estarmos divididos entre* maya *e realidade, podemos integrá-los e, se* maya *e realidade estiverem integrados, chamaremos essa integração de arte. A grande obra-de-arte é real e, ao mesmo tempo, ilusão.*

Gladys D'Acri e Sheila Orgler

REFERÊNCIAS BIBLIOGRÁFICAS

BLACKBURN, S. *Dicionário Oxford de filosofia*. Rio de Janeiro: Zahar, 1977.

PERLS, F. S. *A abordagem gestáltica e testemunha ocular da terapia*. Rio de Janeiro: Zahar, 1981.

_____. *Escarafunchando Fritz: dentro e fora da lata de lixo*. São Paulo: Summus, 1979.

_____. *Gestalt-terapia explicada*. São Paulo: Summus, 1977.

VERBETES RELACIONADOS

Awareness, Contato, Consciência, Doença, saúde e cura, Energia, Excitação/excitamento, Funcionamento saudável e funcionamento não saudável, Gestalt, Neurose, Psicose, *Self*

FENOMENOLOGIA

No Prefácio à obra de PHG (1951), texto inaugural da abordagem que leva o mesmo nome, seus autores apresentam a orientação geral da investigação que propõem:

> [...] *deslocar o foco da psiquiatria do fetiche do desconhecido, da adoração do "inconsciente", para os problemas e a fenomenologia da* awareness: *que*

> *fatores operam na* awareness, *e como faculdades que podem operar com êxito só no estado de* awareness *perdem essa propriedade?* (PHG, 1997, p. 33)

Eis, então, a primeira ocorrência do termo "fenomenologia" na literatura da Gestalt-terapia. Fenomenologia aparece aqui como a disciplina por meio da qual PHG pretendem esclarecer em que sentido a noção de *awareness* lança as bases para uma nova concepção sobre as formas de contato entre o homem, o semelhante e o mundo – formas essas as quais denominam de sistema *self*.

Inspirado no uso que Edmund Husserl deu à expressão "fenomenologia", Martin Heidegger estabelece para ela uma nova etimologia. Heidegger (1989, § 7) explora o fato de o verbo *legein* (discursar) – de que o substantivo "logia" é derivado – ser sinônimo de *apo-phainesthai*, o qual, por sua vez, é composto pelo prefixo *apo* (que significa "fazer ver") e *phainesthai* (que é uma forma verbal reflexiva que significa "manifestar-se desde si"). De onde provém a tradução da expressão "fenomenologia" (*legein ta phainomena*) da seguinte forma: fazer ver, com base em si mesmo, aquilo que se manifesta, tal como, com base em si mesmo, se manifesta (*apophainesthai ta phainomena*).

Fenomenologia, nesse sentido, não é o estudo do que aparece, mas o fazer ver – no âmbito de nossa experiência – aquilo que se manifesta desde si, tal como se manifesta desde si. O que se manifesta desde si, por sua vez, não é uma coisa objetivada, já inscrita em nosso código natural, em nossas definições espaço-temporais. As coisas naturais se mostram de acordo com a nossa definição de natureza, e não de acordo com elas mesmas. Razão pela qual, para a fenomenologia, o manifestar-se desde si implica uma espontaneidade, a qual as coisas naturais quando muito representam, porém não a esgotam.

O termo "intencionalidade" tenta nominar essa espontaneidade, sem "autor" empírico, mas com base na qual passamos a representar entidades empíricas, sejam estas homens, mulheres, outros animais, plantas ou coisas inanimadas. Fazer fenomenologia, por conseguinte, é fazer ver o "primado" dessa intencionalidade primeira e impessoal, que se mostra desde si antes mesmo de nossos instrumentos reflexivos dele poderem se apoderar – o que justifica Husserl e Heidegger, cada qual a seu modo, terem tentado utilizar uma linguagem própria, diferenciada da linguagem natural ou científica. Mais ainda, fazer fenomenologia é fazer ver a irredutibilidade desse primado, que nunca conseguimos dominar, tal qual o tempo, que não para de escoar. Aliás, para todos os fenomenólogos, o tempo é a forma íntima da intencionalidade.

Ora, a essa espontaneidade que se revela com base em si mesma tal como ela é vivida a cada instante e de maneira impessoal, PHG denominam *awareness*. Já em *EFA* (1942), Perls utilizava o termo *"awareness"* para designar a forma como Kurt Goldstein sintetizava, transpondo-a para o campo das relações organísmicas, a noção fenomenológica de "intencionalidade". O que significa dizer que, à diferença de Husserl e Heidegger, os fundadores da Gestalt-terapia não acreditam ser preciso abandonar o discurso natural para descrever os processos intencionais. Tal como o fenomenólogo Maurice Merleau-Ponty (1945), os fundadores da Gestalt-terapia acreditam que a ciência, ela mesma, é capaz de apontar o primado dessa espontaneidade que se revela por si.

Ainda assim, PHG mantêm-se fiéis à visada fenomenológica sobre a noção de intencionalidade, quando admitem ser a *awareness* um acontecimento eminentemente temporal. Nesse sentido, na terceira parte do segundo volume da obra de PHG (1951), quando descrevem o fluxo de *awareness* nos termos de um sistema ao qual denominaram *self*, seus autores mencionam que a "classificação, descrição e análise exaustivas das estruturas possíveis do *self*" constituem "o tema da fenomenologia" (PHG, 1997, p. 184). De acordo com eles, trata-se de entender o *self* como a "realização do potencial", o que significa dizer que "o presente é uma passagem do passado em direção ao futuro, e esses tempos são as etapas de um ato do *self* à medida que entra em contato com a realidade (é provável que a experiência metafísica do tempo seja primordialmente uma leitura do funcionamento do *self*)" (PHG, 1997, p. 180).

A afirmação lacônica, mas crucial, que reconhece, na experiência metafísica do tempo, o sentido profundo do funcionamento do *self*, não deixa dúvidas sobre a orientação fenomenológica das descrições que seus autores pretendem estabelecer. Afinal, a experiência metafísica do tempo é justamente o tema do qual se ocupa Husserl em *Lições para uma fenomenologia da consciência interna do tempo* (1893); tema esse que reaparece articulado com a noção de intencionalidade na obra *Ideas* (1913), a qual, por sua vez, serviu de base para Goodman propor a redação definitiva da teoria do *self*, segundo ele mesmo admitiu em carta dirigida a Wolfgang Köhler (Goodman, 1997, p. 80).

No campo da prática clínica, a noção de fenomenologia se presta a designar uma postura de disponibilidade do terapeuta em relação àquilo que se mostra na sessão como algo "óbvio", mas não necessariamente ligado a uma causa ou a um agente determinado. Trata-se dos hábitos inibitórios, dos estados de ansiedade e angústia, das criações motoras e da ordem da linguagem, entre outros acontecimentos espontâneos e inesperados compartilhados na sessão terapêutica. Ao terapeuta importa pontuar o modo "como" esses acontecimentos se mostram desde si na atualidade da sessão, retornem eles do passado, dirijam-se eles ao futuro. A fenomenologia é aqui menos uma metodologia de intervenção do que uma atitude de concentração naquilo que se mostra desde si.

Marcos José e Rosane Lorena Müller-Granzotto

REFERÊNCIAS BIBLIOGRÁFICAS

GOODMAN, P. In: STOEHR, T. (1994). *Aquí, ahora y lo que viene: Paul Goodman y la psicoterapia Gestalt en tiempos de crisis mundial.* Santiago do Chile: Cuatro Vientos, 1997.

HEIDEGGER, M. (1927). *Ser e tempo.* Petrópolis: Vozes, 1989.

HUSSERL, E. (1913). *Ideas relativas a una fenomenologia pura e una filosofía fenomenológica* I. 3. ed. México: Fondo de Cultura Económica, 1986.

_____. (1893). *Lições para uma fenomenologia da consciência interna do tempo.* Lisboa: Imprensa Nacional/ Casa da Moeda, [s.d.].

MERLEAU-PONTY, M. (1945). *Fenomenologia da percepção.* São Paulo: Perspectiva, 1994.

PERLS, F. S. (1942). *Ego, fome e agressão.* São Paulo: Summus, 2002.

PERLS, F. S.; HEFFERLINE, R.; GOODMAN, P. (1951). *Gestalt-terapia.* São Paulo: Summus, 1997.

VERBETES RELACIONADOS

Ansiedade, *Awareness*, Contato, Corpo, corporeidade, Espontaneidade, Intercorporeidade, Óbvio, *Self*, Teoria organísmica, Teoria e técnica de concentração

FIGURA E FUNDO

A concepção de "figura e fundo" em Gestalt-terapia é uma herança da psicologia da Gestalt, conforme afirmam PHG (1951): "Figura/fundo, situação inacabada e Gestalt são os termos que tomamos emprestado da psicologia da Gestalt" (1997, p. 34). Wertheimer, Köhler e Koffka, fundadores da psicologia da Gestalt, afirmaram que a percepção não se constitui na mera soma de dados sensoriais recebidos passivamente pelo indivíduo. Ao contrário, ela é um processo ativo e sempre se refere a todos (*holos*) organizados sob uma forma ou estrutura de conjunto, uma Gestalt, cujas partes, se tomadas separadamente, não apresentam as mesmas características do todo. A percepção está submetida a certas leis (lei da boa forma, lei do fechamento, lei da semelhança etc.) que fazem uma figura emergir de um fundo, o qual, ao mesmo tempo, a constitui e a circunscreve (Koffka, 1975).

A importância do todo em relação às partes já era anunciada no pensamento precursor de Aristóteles, que, no século IV a.C., em sua obra *Da política*, considerava que o todo é, com efeito, necessariamente anterior à parte (Aristóteles, 2002a). Para Aristóteles, o importante seria sempre a "forma total", não os elementos que nunca surgem separados do ser ao qual pertencem (Aristóteles, 2002a).

De acordo com PHG (1951), as noções de figura e fundo já estavam presentes em *EFA* (1942), subsidiando uma teoria segundo a qual, "na luta pela sobrevivência, a necessidade mais importante torna-se figura e organiza o comportamento do indivíduo até que seja satisfeita, depois que ela recua para o fundo (equilíbrio temporário) e dá lugar à próxima necessidade mais importante agora" (PHG, 1997, p. 35). Aqui, se percebe a clara influência do holismo de Goldstein na concepção de figura e fundo para Perls. Na relação figura/fundo, a figura tem pregnância, brilho, clareza, vivacidade, e se destaca de um fundo difuso e amorfo. O fundo diz respeito ao campo perceptual, isto é, a tudo que é relativo ao organismo e ao meio ambiente. O significado da figura é sempre dado pela relação contextual com o fundo. Para Perls, a vida saudável propriamente dita é a expressão da fluidez no processo de formação figura/fundo, no qual as necessidades dominantes do organismo são satisfeitas segundo sua emergência: "A maneira como o paciente fala, respira, movimenta-se, censura, despreza, busca motivos etc. [...] é a expressão de suas necessidades dominantes" (PHG, 1997, p. 36).

A relação entre figura e fundo na saúde é um processo de emergência e recuo permanentes, mas significativos. Assim, a interação entre figura e fundo torna-se o centro da teoria [...]: atenção, concentração, interesse, preocupação, excitamento e graça são característicos da formação saudável de figura/fundo; enquanto confusão, tédio, compulsões, fixações, ansiedade, amnésias, estagnação e acanhamento são indicadores de uma formação figura/fundo perturbada. (PHG, 1997, p. 34)

Na neurose e, de forma mais aguda, na psicose, "[...] a elasticidade da formação figura/fundo fica perturbada. Encontramos frequentemente ou uma rigidez (fixação) ou uma falta de formação da figura (repressão). Ambas interferem na completação normal de uma Gestalt adequada" (PHG, 1997, p. 34). Quando a fluidez do processo de formação e destruição de figuras é interrompida, a figura ou Gestalt que não pôde ser completada torna-se uma situação inacabada. Polster e Polster, na obra *Gestalt-terapia integrada* (2001, p. 52), afirmam que as situações inacabadas "buscam a inteireza e, quando obtêm poder suficiente, o indivíduo é assaltado por preocupações, comportamento compulsivo, temores, energia opressiva e muitas atividades autoderrotistas".

A terapia gestáltica busca restabelecer a fluidez do processo de formação figura/fundo por meio da análise das estruturas internas da experiência presente

até que o contato se intensifique, a **awareness** *se ilumine e o comportamento se energize. E o mais importante de tudo, a realização de uma Gestalt vigorosa é a própria cura, porquanto a figura de contato não é apenas uma indicação da integração criativa da experiência, mas é a própria integração. (PHG, 1997, p. 46)*

Os textos tradicionais da Gestalt-terapia costumam ocupar-se preferencialmente da figura que emerge em detrimento do fundo que a contextualiza e fornece-lhe significado. Polster e Polster (2001, p. 45), contemporâneos de Fritz Perls, afirmavam que o fundo é "[...] difuso e amorfo, e sua função principal é servir de contexto para a percepção da figura, dando-lhe profundidade e relevo, porém sem despertar interesse por si mesmo". Estudos mais recentes vêm implementando o interesse pelo fundo, investigando o campo total em que se dão as experiências vividas.

Gestaltistas como Lynne Jacobs e Richard Hycner, por exemplo, têm desenvolvido aproximações entre a Gestalt-terapia e a teoria da intersubjetividade. Incluindo-me nessa nova vertente, penso que a clara compreensão da abrangência e do significado do fundo é de fundamental importância na investigação da constituição da subjetividade. Focalizando o arcabouço cultural, proponho uma nova metáfora (onda/mar[18]) para representar as relações figura/fundo: do meu ponto de vista, em se tratando da subjetividade, convém pensar a experiência vivida (figura) como imersa num fundo – um enorme caldo cultural, formado de crenças, valores, costumes, regras, mitos, histórias individuais e coletivas etc. –, herança transmitida pelas trocas intersubjetivas. Represento essa articulação como uma onda no mar porque considero essa imagem adequada para dar conta da complexidade da formação figura/fundo nas experiências subjetivas.

O mar, repleto de toda sorte de seres aquáticos, ora com águas transparentes ao olhar humano, ora com águas mais profundas e opacas (inconscientes?), ora, ainda, com águas insondáveis, representa o fundo (campo perceptual cultural que compõe a história singular e coletiva do indivíduo). A onda (figura) é ondulação no mar. Ela não se destaca do mar; ela se destaca no mar. Cada experiência vivida é uma ondulação no mar, uma onda que se levanta e se faz figura, ganhando significado sob o lampejo da *awareness*. A fluidez da relação figura/fundo é como a fluidez da onda no mar. A onda (figura), em nenhum momento, perde as características do mar (fundo). Nunca deixa de ser mar. Radicalizando: a figura é, no fundo.

Penso que a imagem onda/mar consegue dar conta das complexas relações do indivíduo com a emergência de suas necessidades na história de sua vida. O mar se encrespa em ondas sob o açoite dos ventos e sob a influência das fases da lua. Assim, pode ser concebido como um sistema que faz parte de outros sistemas. Nesse sentido, a metáfora onda/mar permite aproximar a Gestalt-terapia da teoria dos sistemas, ampliando sua complexidade, como defendia Thérèse Tellegen, na obra *Gestalt e grupos: uma perspectiva sistêmica* (1984).

Maria Gercileni Campos de Araújo (Gercy)

REFERÊNCIAS BIBLIOGRÁFICAS

ARAÚJO, M. G. C. de. *Subjetividade, imaginário cultural e awareness*. VI Congresso Brasileiro da Abordagem Gestáltica e IX Encontro Nacional de Gestalt-terapia. Gramado (RS), 2003.

ARISTÓTELES. Da parte dos animais. I, V, 645a. Trad. P. Louis (1956). Retrad. de A. Engelmann. "Gestalt psychology and empirical contemporaneous science". *Psicologia: teoria e pesquisa*, Brasília, v. 18, n. 1, 2002a.

_____. Da política. I, 2, 1253a. Trad. J. Tricot. Retrad. de A. Engelmann. "Gestalt psychology and empirical contemporaneous science". *Psicologia: teoria e pesquisa*, Brasília, v. 18, n. 1, 2002.

KOFFKA, K. *Princípios de psicologia da Gestalt*. São Paulo: Cultrix, 1975.

PERLS, F. S. (1942) *Ego, fome e agressão*. São Paulo: Summus, 2002.

PERLS, F. S.; HEFFERLINE, R.; GOODMAN, P. (1951). *Gestalt-terapia*. São Paulo: Summus, 1997.

POLSTER, E.; POLSTER, M. (1976) *Gestalt-terapia integrada*. São Paulo: Summus, 2001.

_____. *Terapia guestáltica*. Buenos Aires: Amorrortu, 1976.

---

18. Consultar Araújo (2003), no qual essas ideias são discutidas mais detalhadamente.

TELLEGEN, T. A. *Gestalt e grupos: uma perspectiva sistêmica*. São Paulo: Summus, 1984.

VERBETES RELACIONADOS

Ansiedade, Doença, saúde e cura, Excitação/excitamento, Experiência, Fluidez, Gestalt, Gestaltismo, Holismo, Necessidades, Neurose, Organismo, Parte e todo, Psicose, Sintoma, Situação inacabada

FIXAÇÃO (VER MECANISMOS NEURÓTICOS)

FLUIDEZ

Para tratarmos do conceito de "fluidez" na Gestalt-terapia, é imprescindível levarmos em consideração a enorme influência da teoria organísmica de Kurt Goldstein nessa abordagem. Já em *EFA* (1942), Perls declara a importância da adoção do conceito de organismo de Goldstein na construção de uma nova teoria psicológica, que se propunha a: a) substituir os conceitos psicológicos por conceitos organísmicos; b) substituir a psicologia associacionista pela psicologia gestaltista; c) aplicar o pensamento diferencial, baseado na indiferença criativa de S. Friedländer (Perls, 1969, p. 14; tradução nossa).

Pensar o ser humano dentro do ponto de vista organísmico significa assumir que a autorregulação é o princípio pelo qual o organismo se atualiza no meio. A autorregulação é "[...] um processo holisticamente natural do organismo, como uma potencialidade intrínseca do ser humano" (Lima, 2005, p. 55). Quando há uma interrupção no ciclo normal da autorregulação, o indivíduo experiencia ansiedade:

Na teoria da Gestalt-terapia, a experiência da ansiedade é considerada como uma constante na personalidade do neurótico, como um dos traços mais marcantes e presentes. A ansiedade gera imobilidade, uma postura de evitação das situações e de mau funcionamento, portanto, do mecanismo holístico natural da autorregulação organísmica. [...] a Gestalt-terapia irá considerar que a ansiedade é uma experiência que gera paralisação e quebra do fluxo natural de funcionamento do sujeito. (Lima, 2005, p. 56)

O pensamento holístico também foi outra importante contribuição adotada por Perls desde *EFA*. Ele compreendia que a nossa existência é constituída por múltiplas funções e energias, sendo que "[...] toda mudança na substância do mundo ocorre no espaço e tempo. [...] tudo está em um estado de fluxo – mesmo a densidade da mesma substância muda com diferenças de pressão, gravitação e temperatura" (Perls, 2002, p. 55).

Essa visão de fluidez e permanente mudança é uma visão universal. Tudo que é vivo se encontra em mudança. Os seres humanos são sistemas vivos e fluidos. A impossibilidade de fluir, acompanhando o ritmo das mudanças que ocorrem na vida, é um dos principais sintomas daquilo que Perls reconhecia como neurose:

Fica evidente que quando Fritz Perls se referia ao papel da fluidez, da mudança permanente na vida do ser humano, ele não estava falando de algo interior, uma essência, que se modifi-

cava, mas sim de um mecanismo natural de funcionamento baseado nas necessidades de permanentes modificações nas ações do sujeito diante do seu intercâmbio com o meio circundante. Não é o sujeito que se modifica, mas sim o sistema total que envolve a pessoa e o meio ambiente. (Lima, 2005, p. 56)

Perls acreditava que um dos papéis da psicoterapia era promover maior fluidez no funcionamento saudável da pessoa por meio do resgate do seu próprio mecanismo de autorregulação organísmica. Um dos principais entraves a esse mecanismo ocorre quando as necessidades do indivíduo se opõem às necessidades sociais:

A sociedade exige conformidade através da educação. [...] A fim de compactuar com os "deverias" da sociedade, o indivíduo aprende a ignorar seus próprios sentimentos, desejos e emoções. Então ele também se dissocia de ser parte integrante da natureza. [...] O resultado desta alienação dos sentidos é o bloqueio de seu potencial e a distorção de sua perspectiva. (Perls, 1977, p. 20-1)

A noção de "saúde" compatível com a teoria da Gestalt-terapia é bastante diversa da noção de saúde preconizada pelas ciências médicas; ela é "[...] transformada pela ideia de fluidez, sendo o estado saudável do organismo humano um livre fluir de condições sempre mutáveis..." (Lima, 2005, p. 207). "Sustentando esta noção de fluidez

permanente do homem, encarado como um sistema funcionalmente aberto, a Gestalt-terapia utilizou-se do conceito de autorregulação organísmica [...] conceito este tão importante para a compreensão do homem como um sistema em permanente fluxo..." (Lima, 2005, p. 208).

Para fechar este verbete, nada melhor que a tão conhecida frase de Heráclito, que diz: "Não é possível entrar duas vezes no mesmo rio" (Costa, 2002, p. 149). Assim como as águas, o ser humano precisa fluir e se renovar a cada segundo.

Patricia Lima (Ticha)

REFERÊNCIAS BIBLIOGRÁFICAS

Costa, Alexandre. *Heráclito – fragmentos contextualizados*. Rio de Janeiro: Difel, 2002.

Lima, P. V. A. *Psicoterapia e mudança – uma reflexão*. 2005. Tese (Doutorado) – Instituto de Psicologia, Universidade Federal do Rio de Janeiro (UFRJ), Rio de Janeiro.

Perls, F. S. *Ego, hunger and aggression*. Nova York: Vintage Books, 1969.

_____. In: Stevens, J. O. (org.). *Isto é Gestalt*. São Paulo: Summus, 1977.

VERBETES RELACIONADOS

Ansiedade, Autorregulação organísmica, Emoções, Energia, Gestaltismo, Holismo, Indiferença criativa, Necessidades, Neurose, Saúde, Sistema, Teoria organísmica

FRONTEIRA DE CONTATO

Em Gestalt-terapia, compreende-se o ser humano na perspectiva da teoria de campo, sendo campo compreendido como a interação organismo/meio. De acordo com PHG (1951), "toda função humana é um interagir num campo organismo/ambiente, sociocultural, animal e físico". E acrescentam: [...] "desse modo, em qualquer estudo de ciências do homem, tais como fisiologia humana, psicologia ou psicoterapia, temos de falar de um campo" (PHG, 1997, p. 43). A ocorrência dessa interação organismo/ambiente se dá no que foi denominado de "fronteira". A fronteira de contato não é algo fixo e não pertence nem ao organismo nem ao meio; é o que os conecta indissociavelmente.

> *Quando dizemos "fronteira" pensamos em uma "fronteira entre"; mas a fronteira – de – contato, onde a experiência tem lugar, não separa o organismo e seu ambiente; em vez disso limita o organismo, o contém e protege, ao mesmo tempo que contata o ambiente. Isto é, [...] a fronteira de contato – por exemplo, a pele sensível – não é tão parte do organismo como é essencialmente o órgão de uma relação específica entre o organismo e o ambiente.* (PHG, 1997, p. 43)

Sendo na fronteira que ocorre a experiência do organismo com o seu meio, sem que o organismo deixe de ser quem é, ao mesmo tempo que se modifica pelo contato que estabelece com o que não é ele, é nela (fronteira) que podemos perceber de que forma organismo e ambiente se unem e se separam. É necessário que exista uma função que "regule" as identificações e alienações na experiência de fronteira organismo/ambiente. Perls (1977, p. 53), vai se referir ao trabalho em Gestalt-terapia como um trabalho de fronteira. "Sentir-se bem para o organismo significa identificação, ser uno consigo; sentir-se mal significa alienação,

afastar-se. No sentir-se bem e mal, vemos a função discriminatória do organismo: este é o trabalho que na Gestalt-terapia chamamos de fronteira do ego". [19]

Ângela Schillings

REFERÊNCIAS BIBLIOGRÁFICAS

PERLS, F. S. *Ego, fome e agressão*. São Paulo: Summus, 2002.

PERLS, F. S.; HEFFERLINE, R.; GOODMAN, P. (1951). *Gestalt-terapia*. São Paulo: Summus, 1997.

_____. In: STEVENS, J. O. (org.). *Isto é Gestalt*. São Paulo: Summus, 1977.

VERBETES RELACIONADOS

Contato, Experiência, Organismo, Teoria de campo

FRUSTRAÇÃO

Desde *EFA* (1947) que Fritz Perls faz referências ao termo "frustração", considerando-o como um dos ingredientes para embasar a ética das avaliações nos pensamentos e ações humanos (Perls, 2002 p. 94).

Frustração é uma tensão que faz parte do desenvolvimento das relações do ser humano com seu contexto social, inclusive da relação terapêutica. Surge nas situações do dia a dia, no contato com o mundo que nos rodeia, nos momentos em que não conseguimos ser satisfeitos em nossos desejos e necessidades: "[...] a tensão surgida da ne-

---

19. "Na criança muito pequena, as funções do ego (e, com elas, as fronteiras do ego) não estão ainda desenvolvidas" (Perls, 2002, p. 167). "A fronteira do ego é flexível, se for fixa transforma-se em caráter. [...] Na pessoa sadia, ela se modifica quando a situação varia; pode ser considerada como um lugar de encontro entre grupos de emoções opostas: rejeições e aceitações; identificações e alienações, emoções positivas e negativas. Talvez a função básica da fronteira do ego seja a discriminação" (Perls, 1977, p. 53-4).

cessidade de um fechamento é chamada frustração [...]" (Perls, 1979, p. 107).

> *Uma relação verdadeiramente satisfatória e saudável entre quaisquer duas pessoas exige de cada uma a habilidade para misturar simpatia com frustração. A pessoa saudável não desconsidera as necessidades dos outros nem permite que as suas sejam desconsideradas.* (Perls, 1985, p. 117)

A vivência da frustração a princípio não é danosa, podendo sim ser extremamente saudável. É fundamental para o processo de desenvolvimento do ser humano que permita ao indivíduo, desde criança, viver frustrações, na medida de sua habilidade para assimilá-las. Nesse contexto, o indivíduo pode aprender a superar as situações sociais, em vez de apenas manipulá-las para diminuir seus efeitos (como no caso das neuroses).

> [...] *cada vez que o mundo adulto impede a criança de crescer, cada vez que ela é mimada por não ser frustrada o suficiente, a criança está presa. Assim, em vez de usar seu potencial para crescer, ela agora usará seu potencial para controlar o mundo, os adultos. Em vez de mobilizar seus próprios recursos, ela cria dependências. Ela investe sua energia na manipulação do ambiente para obtenção de apoio. Ela controla os adultos, começando a manipulá-los ao discriminar seus pontos fracos.* (Perls, 1977, p. 55)

As dificuldades surgem quando a vivência da frustração gera ansiedade além do que o indivíduo consegue suportar. "Se, contudo, a frustração persistir além da ansiedade que a criança é capaz de suportar, ela se sente muito 'mal'. [...] A criança sofreu um trauma, que se repetirá sempre que ocorrer uma frustração real" (Perls, 2002, p. 95).

Fritz Perls ficou conhecido como um grande e hábil frustrador, e descreve a importância da frustração na relação terapêutica em consonância com seu entendimento do papel da frustração no desenvolvimento humano. Ele considera que, por meio da frustração habilidosa, o terapeuta pode proporcionar ao cliente a oportunidade de entrar em contato com suas inibições, bloqueios, medos etc., facilitando a mobilização de seu próprio potencial para lidar com o mundo a seu redor.

> *Primeiro, o terapeuta proporciona a oportunidade de a pessoa descobrir o que necessita* [...]. *Então o terapeuta deve proporcionar a oportunidade, a situação na qual a pessoa possa crescer. E o meio é frustrarmos o paciente de tal forma que ele seja forçado a desenvolver seu próprio potencial.* (Perls, 1977, p. 61)

> [O terapeuta] *deve, então, aprender a trabalhar com simpatia e ao mesmo tempo com frustração. Pode parecer que estes dois elementos são incompatíveis, mas a arte do terapeuta é fundi-los num instrumento efetivo. Ele deve ser duro para ser bondoso. Deve ter uma percepção abrangente da situação total, deve ter contato com o cam-*

po total – tanto de suas próprias necessidades e reações às manipulações do paciente quanto das necessidades e reações do paciente ao terapeuta. E deve sentir-se livre para expressá-las. (Perls, 1985, p. 117)

Porém, cabe ressaltar a importância do uso adequado da frustração no contato com cada cliente. "O paciente excessivamente frustrado sofrerá, mas não crescerá. E descobrirá, com a intuição perspicaz e visão distorcida do neurótico, todos os tipos de maneiras para evitar a frustração de longo alcance que o terapeuta lhe impõe" (Perls, 1985, p. 120).

Márcia Estarque Pinheiro

REFERÊNCIAS BIBLIOGRÁFICAS

PERLS, F. S. *A abordagem gestáltica e testemunha ocular da terapia.* Rio de Janeiro: Zahar, 1985.

_____. (1947). *Ego, fome e agressão.* São Paulo: Summus, 2002.

_____. *Escarafunchando Fritz: dentro e fora da lata de lixo.* São Paulo: Summus, 1979.

_____. *Gestalt-terapia explicada.* São Paulo: Summus, 1977.

_____. In: STEVENS J. O. (org.). *Isto é Gestalt.* São Paulo: Summus, 1977.

VERBETES RELACIONADOS

Ansiedade, Autoapoio, Crescimento, Energia, Necessidades, Neurose

FUNÇÃO E DISFUNÇÃO DE CONTATO

A ideia de "função de contato" surge no livro de PHG (1951). O binômio "função/disfunção de contato" está muito associado ao princípio fisiológico no qual alguns conceitos da Gestalt-terapia se apoiam, na busca de uma linguagem que a tornasse compreensível aos seus interlocutores, considerando o contexto histórico e cultural no qual a abordagem foi difundida. Podemos evidenciar esse princípio nas primeiras linhas do tema "fronteira de contato" presente na obra de PHG, na qual já fica apontado que uma função de contato está vinculada a uma experiência sensorial.

A experiência se dá na fronteira entre o organismo e seu ambiente, primordialmente a superfície da pele e os outros órgãos de resposta sensorial e motora. A experiência é função dessa fronteira, e psicologicamente o que é real são as configurações "inteiras" desse funcionar, com a obtenção de algum significado e a conclusão de alguma ação. (PHG, 1997, p. 41)

Em *Gestalt-terapia integrada* (Polster; Polster, 1979), no capítulo "As funções de contato", Erving e Miriam Polster destacam as qualidades dos órgãos dos sentidos (olhar, escutar, tocar, cheirar e degustar) como funções de contato, acrescentando o falar (que envolve voz e linguagem) e o movimentar-se. Segundo os Polster (1979, p. 125): "Estes sete processos são as funções de contato. É através destas funções que o contato pode ser obtido e é através da corrupção destas funções que o contato pode ser bloqueado ou evitado".

Para melhor compreensão desses conceitos, é necessário integrá-los à ideia de "contato", "fronteira de contato", considerando-os como um processo gerador de autoconsciência sobre os modos de a pessoa se sentir no mundo (ser-no-mundo) e consequentemente perceber seus modos de relação.

Os conceitos de "função/disfunção de contato", como têm sido expostos, representam a possibilidade do contato livre, espontâneo e, portanto, saudável, ou o contato interrompido, represado ou imposto, tornando-se uma possibilidade de estabelecimento da neurose. Assim, a função de contato é a abertura por meio dos sentidos para vivenciar as trocas com o mundo e a disfunção de contato é o encolhimento, o "embotamento" desse fluxo natural. Na psicoterapia, a pessoa pode ampliar sua *awareness* (conscientização) sobre o próprio processo e reconhecer suas escolhas.

Numa versão mais atualizada, faz-se necessário um retorno às bases existencial-fenomenológicas para que a ideia de função/disfunção não gere um erro de conceito[20], o que poderá levar o terapeuta a atuar na recomposição de uma função de contato ou na correção de uma disfunção, distanciando-se da proposta genuína da abordagem.

É importante ressaltar que o grande diferencial da abordagem gestáltica é considerar o contato uma experiência vívida e única, com um sentido peculiar para quem o vivencia, e é nesse aspecto que está a genialidade de Fritz Perls. Cabe-nos captar sem capturar, experienciar sem classificar, resgatar sem recuperar, acompanhando a pessoa em seu fluxo livre em busca de si mesma.

Laura Cristina de Toledo Quadros

REFERÊNCIAS BIBLIOGRÁFICAS

PERLS, F. S.; HEFFERLINE, R.; GOODMAN, P. (1951). *Gestalt-terapia*. São Paulo: Summus, 1997.

---

20. Considera-se erro de conceito a adoção de uma perspectiva mecanicista cartesiana com o predomínio de uma visão utilitarista.

POLSTER, E.; POLSTER, M. *Gestalt-terapia integrada*. Belo Horizonte: Interlivros, 1979.

VERBETES RELACIONADOS

Awareness, Contato, Existencialismo, Experiência, Fenomenologia, Fronteira de contato, Funcionamento saudável e funcionamento não saudável, Gestalt-terapia, Neurose, Ser-no-mundo

FUNÇÃO ID, FUNÇÃO EGO, FUNÇÃO PERSONALIDADE

Esses conceitos surgem na parte dedicada à teoria do *self* na obra de PHG (1951). Enquanto o *self* é caracterizado como processo abrangente e permanente de campo e de adaptação criadora, função id, função ego e função personalidade são descritas como "estruturas possíveis do *self*" (PHG, 1997, p. 184), como "aspectos do *self*" (PHG, 1997, p. 183) ou como "os três principais sistemas parciais – ego, id e personalidade –, que em circunstâncias específicas parecem ser o *self*" (PHG, 1997, p. 177), com o esclarecimento de que, "por razões diversas de tipos de pacientes e de métodos de terapia, essas três estruturas parciais foram consideradas nas teorias da psicologia anormal como sendo a função total do *self*" (PHG, 1997, p. 184). Nesse sentido, as três funções são assim diferenciadas:

> *Enquanto aspectos do* self *num ato simples espontâneo, o Id, o Ego e a Personalidade são as etapas principais de ajustamento criativo: o Id é o fundo determinado que se dissolve em suas possibilidades, incluindo as excitações orgânicas e as situações passadas inacabadas que se tornam conscientes, o ambiente percebido de maneira vaga e*

os sentimentos incipientes que conectam o organismo e o ambiente. O Ego é a identificação progressiva com as possibilidades e a alienação destas, a limitação e a intensificação do contato em andamento, incluindo o comportamento motor, a agressão, a orientação e a manipulação. A Personalidade é a figura criada na qual o self se transforma e assimila ao organismo, unindo-a com os resultados de um crescimento anterior. Obviamente, tudo isso é somente o próprio processo de figura-fundo, e em um caso simples assim não há necessidade de dignificar as etapas com nomes especiais. (PHG, 1997, p. 184)

A observação da parcialidade desses três conceitos em relação ao de *self* se encontra presente também na crítica a outras linhas teóricas e práticas, por exemplo na afirmação de que "toda teorização, e em particular a introspecção, é deliberada, restritiva e abstrativa; desse modo, ao teorizar sobre o *self*, particularmente a partir de introspecções, é o Ego que assoma como estrutura central do *self*" (PHG, 1997, p. 186). Do mesmo modo, na abordagem sobre o teórico freudiano ortodoxo, para quem "as enunciações conscientes do paciente neurótico contam muito pouco. [...] Em lugar destes, o teórico dirige-se ao extremo oposto e descobre que a parte importante e ativa do aparato 'mental' é o Id" (PHG, 1997, p. 186). E ainda mais enfaticamente na proposição de que "A personalidade na qualidade de estrutura do *self* é também em grande parte descoberta-

-e-inventada no próprio procedimento analítico" (PHG, 1997, p. 187).

O funcionamento "em três modos" do *self* na conceptualização gestáltica é também descrito pelos Ginger (1995, p. 127-8):

> *A função "id" é concernente às pulsões internas, às necessidades vitais e, especialmente, sua tradução corporal [...] a função "eu", pelo contrário, é uma função ativa, de escolha ou rejeição deliberada [...] a função "personalidade" é a representação que o sujeito faz de si mesmo, sua autoimagem, que lhe permite se reconhecer como responsável pelo que sente ou pelo que faz.*

Esses mesmos autores descrevem a variação de intensidade ou de precisão das três funções do *self* saudável conforme os momentos e a necessidade, ou seja, quando o ajustamento permanente às condições sempre flutuantes do meio físico e social é mantido. E também fazem referência às perturbações desse funcionamento que viriam perturbar a fluidez normal das emoções, do pensamento, do comportamento no decorrer do ciclo da experiência. Assim, a psicose seria sobretudo "uma perturbação da função 'id': a sensibilidade e a disponibilidade do sujeito às excitações externas (perceptivas) ou internas (proprioceptivas) são perturbadas" (Ginger; Ginger, 1995, p. 128); e a neurose, pelo contrário, seria "uma perda da função 'ego' ou da função 'personalidade': a escolha da atitude adequada é difícil ou desadaptada" (Ginger; Ginger, 1995, p. 128).

Todavia, não obstante a importância conceitual e teórica das três funções, inclusive na psicopatologia, é importante lembrar sua subordinação ao sentido global de *self*. Se, por exemplo, a personalidade pode ser transparente em algum momento, é justamente porque ela "é o sistema do que foi reconhecido" (PHG, 1997, p. 188), enquanto o *self* "não é, em absoluto, transparente [...] porque sua consciência de *self* é em termos do outro na situação concreta" (PHG, 1997, p. 188). Então, para efeitos do trabalho terapêutico em Gestalt-terapia com o sentido processual do *self* como proposto por Goodman, podem-se considerar função id/função ego/função personalidade como abstrações (conceituais) possíveis com base na experiência da situação ou do campo. Mas com o cuidado sugerido por autores como Robine (2003, p. 34), que, ponderando sobre as escolhas metodológicas subjacentes, adverte que "aquilo que em geral eu nomeio 'eu-mesmo' pode muitas vezes ser abordado como uma diferenciação prematura do campo".

Claudia Baptista Távora

REFERÊNCIAS BIBLIOGRÁFICAS

GINGER, S.; GINGER, A. *Gestalt: uma terapia do contato*. São Paulo: Summus, 1995.

PERLS, F. S.; HEFFERLINE, R.; GOODMAN, P. (1951). *Gestalt-terapia*. São Paulo: Summus, 1997.

ROBINE, J.-M. "Do campo à situação". *Revista de Gestalt*, São Paulo, n. 12, 2003.

VERBETES RELACIONADOS

Agressão, Ajustamento criativo, Campo, Contato, Corpo, corporeidade, Figura e fundo, Fluidez, Necessidades, Neurose, *Self*, Sintoma, Situação inacabada

FUNCIONAMENTO SAUDÁVEL E FUNCIONAMENTO NÃO SAUDÁVEL

No livro de PHG, impressiona a dimensão estética que a fundamentação existencial toma em seus escritos, no sentido dos constantes paralelos traçados entre processos artísticos e criativos e funcionamento humano saudável, entre arte e terapia. Essa fé na capacidade humana de ser o artista sua própria existência está encunhada no pensamento gestáltico:

> *O organismo persiste pela assimilação do novo, pela mudança e crescimento. [...] Todo contato é criativo e dinâmico. Não pode ser rotineiro, estereotipado ou meramente conservador, pois precisa lidar com o novo. [...] Podemos portanto definir: psicologia é o estudo dos ajustamentos criativos. Seu tema é a transição sempre renovada entre novidade e rotina, resultando em assimilação e crescimento. [...] Por outro lado, psicopatologia é o estudo das interrupções e inibições ou acidentes no curso dos ajustamentos criativos.* (PHG, 1951, p. 230-1; tradução nossa)

De acordo com esse arcabouço conceitual, na Gestalt-terapia,

> *[...] funcionamento saudável é visto como o fluxo pleno, contínuo e energizado de* awareness *e formação figural, no qual, por meio de fronteiras permeáveis e flexíveis, o indivíduo interage criativamente com seu meio ambiente, desenvolvendo sensibilidade e recursos para reconhecer e responder às dominâncias espontâneas que se lhe afigurem, usando suas funções de contato para avaliar e apropriadamente atuar as possibilidades de*

contatos mutuamente enriquecedores e satisfatórios, e de interrompê-los, quando tóxicos e intoleráveis. Saúde [seria então] *a prevalência e relativa constância deste tipo de funcionamento.* (Ciornai, 1989, p. 30-9)

Em outras palavras, é a capacidade humana de estar sempre criando e recriando novas formas, vitalizadas e energizadas pelas dominâncias espontâneas que emirjam, e de destruir ou desconfigurar formas já disfuncionais, reconfigurando-as ou ressignificando-as de acordo com a situação. Formas de ser, sentir, olhar, tocar, perceber, estar, relacionar-se, amar, cativar, trabalhar, responder, ousar, transgredir, ajustar-se, enfim, de viver e conviver, formas de estar consigo e com os outros no mundo, de forma sempre fluida, renovada e criativa.

Em contrapartida, funcionamento não saudável vai ser o funcionamento caracterizado por interrupções, inibições e obstruções destes processos, com a consequente formação de "figuras" fixas, fracas, confusas, que ao não se completarem vão dificultando progressivamente as possibilidades de contatos vitalizados e vitalizantes com o presente. (Ciornai, 1991, p. 30-9)

"Doenças" ou "patologias" seriam então a "recorrência crônica deste tipo de funcionamento, com a consequente cristalização das dificuldades do indivíduo e empobrecimento de seus contatos com o mundo" (Ciornai, 1991, p. 30-9), caracterizando-se pela presença de figuras cristalizadas, estereotipadas, sem brilho, desenergizadas e fundamentalmente disfuncionais.

Em síntese, poderíamos dizer que, para a Gestalt-terapia, funcionamento saudável é aquele que flui criativamente de uma formação figural à outra, enquanto funcionamento não saudável é o funcionamento caracterizado por entraves e cristalizações, que impedem a fluidez do processo de contato criador consigo mesmo, os outros e o mundo.

Selma Ciornai

REFERÊNCIAS BIBLIOGRÁFICAS

Ciornai, S. "Em que acreditamos?". Apresentado no II Encontro Nacional de Gestalt-terapia, Caxambu, 1989. *Gestalt Terapia Jornal*, Curitiba, I, p. 30-9, 1991. Disponível em: <http://www.gestaltsp.com.br/>.

Perls, F. S.; Hefferline, R.; Goodman, P. *Gestalt therapy: excitement and growth in the human personality*. Nova York: Dell, 1951.

VERBETES RELACIONADOS

Ajustamento criativo, Assimilação, *Awareness*, Contato, Crescimento, Criatividade, Doença, saúde e cura, Dominâncias, Figura e fundo, Fluidez, Fronteira de contato, Função e disfunção de contato, Neurose, Mecanismos neuróticos, Organismo, Sintoma, Vergonha

g

GESTALT, GESTALT ABERTA, GESTALT FECHADA, GESTALT INACABADA[21]

Diante da dificuldade de tradução da palavra alemã "Gestalt" para as demais línguas, adota-se no vocabulário da Gestalt-terapia o termo no original. Fritz Perls (1977, p. 19) escreveu:

> Gestalt é uma palavra alemã para a qual não há tradução equivalente em outra língua. Uma Gestalt é uma forma, uma configuração, o modo particular de organização das partes individuais que entram em uma composição. A premissa básica da psicologia da Gestalt é que a natureza humana é organizada em partes ou todos, que é vivenciada pelo indivíduo nestes termos, e que só pode ser entendida como uma função das partes ou todos dos quais é feita.

A Gestalt-terapia surge como resposta às críticas e reformulações que Perls desenvolveu em relação à psicanálise, sua formação inicial. Visando abandonar a postura associacionista preponderante na ciência da época, cada vez mais encontra na psicologia da Gestalt um novo recurso teórico. Perls dedicou a edição americana do livro *EFA*, publicada em 1969, a Wertheimer, e sobre esse autor ele diz:

> [...] Wertheimer formula a teoria da Gestalt desta maneira: "Existem totalidades cujo comportamento não é determinado pelo de seus elementos individuais, mas onde os processos parciais são determinados pela natureza intrínseca dessas totalidades. A esperança da teoria da Gestalt é determinar a natureza de tais totalidades". (2002, p. 61)

De fundamental importância para a criação da abordagem da Gestalt-terapia foram incorporados da psicologia da Gestalt a visão não determinista de causa e efeito, a noção de organização em um todo não divisível em segmentos particularizados e o conceito de Gestalt como uma unidade de referência adequada para pensar os todos sobre os quais o princípio da autorregulação impera.

---

21. Encontram-se no vocabulário da Gestalt-terapia outros usos associados à palavra "Gestalt", como Gestalt boa, Gestalt inconclusa, Gestalt oculta, Gestalt frágil etc. No entanto, considero os descritos aqui como os mais usuais e, portanto, os que descreverei.

Em 1973, Perls escreveu *A abordagem gestáltica e testemunha ocular da terapia*, incluindo em seus primeiros capítulos algumas considerações sobre os principais conceitos dessa abordagem. Nesse livro, Perls (1977, p. 24) afirma que:

> *Para que o indivíduo satisfaça suas necessidades, feche a Gestalt, passe para outro assunto, deve ser capaz de manipular a si próprio e a seu meio, pois mesmo as necessidades puramente fisiológicas só podem ser satisfeitas mediante a interação do organismo com o meio.*

Perls compreendia o processo da autorregulação como cíclico, havendo permanentemente emergência de novas necessidades e resolução das antigas. Entendemos esse ciclo como o ciclo da Gestalt, que, quando é completado de modo satisfatório, resulta em um fechamento de Gestalt. Em analogia a essa noção, podemos pensar que, quando não há uma resolução desse ciclo, forma-se uma Gestalt incompleta ou aberta, o que caracterizaria uma situação inacabada:

> *Só descansamos quando a situação estiver terminada e a Gestalt fechada. [...] Esta situação agora está fechada, e a próxima situação inacabada pode acontecer, o que quer dizer que nossa vida nada mais é do que um número infinito de situações não terminadas, Gestalts incompletas. Logo que acabamos uma situação, surge outra.* (Perls, 1977, p. 32)

O contato e a fuga são as possibilidades que temos para lidar com as situações que se apresentam pela relação com o meio. Quando há uma solução para essa necessidade, que surgiu com base no contato entre o homem e o meio externo, dizemos que houve um "fechamento de Gestalt". Quando essa solução não for viável, falamos que surgiu uma "Gestalt inacabada".

Mais tarde, em sua obra autobiográfica, Perls (1979, p. 107) trata novamente da ideia do que seria uma Gestalt. Ele diz: "Creio que à medida que continuarmos, a ideia de Gestalt surgirá. [...] A compreensão da Gestalt é simples no caso de uma melodia. Se você transpuser um tema musical de uma escala para outra, o tema permanecerá o mesmo, apesar do fato de você ter mudado todas as notas". Fica evidente que aquilo que Perls compreende como uma Gestalt não é a noção de uma estrutura fixa, estável. Uma Gestalt é algo que transcende o mero formato que uma configuração assume em determinado momento. O que caracteriza uma Gestalt é um todo, que não está contido nem pode ser explicado pelo simples somatório das partes que o compõem.

Ainda nessa obra, Perls mostra a interligação entre os conceitos de "satisfação" e "frustração das necessidades" com o processo de formação e fechamento das Gestalten. Segundo suas palavras:

> *Assim estamos de volta a uma das leis básicas da formação de Gestalt – a tensão surgida da necessidade de um fechamento é chamada frustração, o fechamento é chamado satisfação. Satis – suficiente; facere – fazer; fazer com que seja suficiente. Em outras palavras, preenchimento,*

preencher-se até estar preenchido. Com satisfação, o desequilíbrio é anulado, desaparece. O incidente é fechado. Assim como o equilíbrio e a descoberta são encontrados em todos os níveis da existência, também o são a frustração, a satisfação e o fechamento. (Perls, 1979, p. 107)

As contribuições do pensamento sistêmico da atualidade levam a repensar o conceito de "homeostase" de um modo diferente da ideia de um mecanismo gerador de equilíbrio: "A noção de homeostase, valorizada na primeira cibernética, é substituída pelo conceito de auto-organização, mais apropriado aos sistemas humanos que funcionam distanciados do equilíbrio" (Lima, 2005, p. 98). Isso possibilita uma visão cada vez mais dinâmica daquilo entendido como formação e fechamento de Gestalten. Sabemos hoje que esse movimento de abrir e fechar Gestalten é permanente, ininterrupto e profundamente transformador. A cada ciclo novas configurações se apresentam, novas possibilidades se evidenciam, e outras, mais antigas, são recicladas.

Finalizo este verbete, cujo tema nunca estará fechado, mas apenas temporariamente interrompido, com um pequeno trecho de um poema de Perls (1979, p. 24-5):

[...] A vida prossegue, fluxo infinito de Gestalten incompletas!
[...] Uma imagem se expressando,
Uma Gestalt total no papel projetada.
[...] Nada de ciência seca
E tampouco de poesia.
Gestalt surgindo de um fundo...
Eu vivendo a vida.

Patricia Lima (Ticha)

REFERÊNCIAS BIBLIOGRÁFICAS

Lima, P. V. A. *Psicoterapia e mudança – uma reflexão.* 2005. Tese (Doutorado) – Instituto de Psicologia, Universidade Federal do Rio de Janeiro (UFRJ), Rio de Janeiro.

Perls, F. *A abordagem gestáltica e testemunha ocular da terapia.* São Paulo: Summus, 1977.

_____. (1969). *Ego, fome e agressão.* São Paulo: Summus, 2002.

_____. *Escarafunchando Fritz: dentro e fora da lata de lixo.* São Paulo: Summus, 1979.

VERBETES RELACIONADOS

Autorregulação organísmica, Ciclo do contato, Contato, Frustração, Gestaltismo, Homeostase, Necessidades, Organismo, Parte e todo, Sistema, Situação inacabada, Sintoma, Totalidade

GESTALTISMO

Frederick S. Perls, Fritz em seu primeiro livro, *EFA* (1942), lançado na África do Sul, quando o autor ainda era psicanalista, recorre aos conceitos da psicologia da Gestalt, ou gestaltismo, na tentativa de rever e contrapor suas insatisfações com o pensamento psicanalítico da época. Por intermédio de Kurt Goldstein, de quem foi assistente em Frankfurt, Perls aprofunda-se na psicologia da Gestalt de Köhler, Koffka e Wertheimer.

Goldstein trabalhava com pacientes portadores de lesões cerebrais tendo como fundamentação o gestaltismo, que, entre outros conceitos, postula que a interferência em um elemento (parte) não afeta apenas este, mas a totalidade ou o organismo como um todo. Ao expandir o horizonte da psicologia da Gestalt, Goldstein criou a sua própria teoria, denominada "teoria organísmica".

A psicologia da Gestalt forneceu a Perls um corpo conceitual básico: todo, parte, figura, fundo, Gestalt, situação inacabada, *insight*, entre outros, o que lhe permitiu contrapor-se ao associacionismo e ao mecanicismo que ele compreendia como a base da psicanálise freudiana da época.

Em *EFA*, Perls (2002, p. 61) cita Wertheimer para definir o gestaltismo: "Existem totalidades cujo comportamento não é determinado por seus elementos individuais, mas onde os processos parciais são determinados pela natureza intrínseca dessas totalidades. A esperança da teoria da Gestalt é determinar a natureza de tais totalidades".

Em oposição à identificação de uma cadeia causal proposta pelo associacionismo, o gestaltismo propõe o "como" é constituído um dado fenômeno:

– como acontecem suas inter-relações entre as partes;

– como e em função do que o todo se estrutura desta determinada maneira.

O princípio é que o "todo" tem propriedades intrínsecas como conjunto, diferente da soma das partes que o compõem. Portanto, é o modo de organização dos fenômenos, fatos, percepções ou comportamentos que importa, uma vez que esse "todo" sempre carregará sua própria singularidade, muito diferente de seus elementos individuais. Para Perls, ainda na mesma obra, interesses específicos são determinados por necessidades específicas, e aqueles são decisivos na criação da realidade subjetiva. Portanto, a realidade que importa é a realidade dos interesses. De um fundo indiferenciado, a necessidade dominante do organismo se torna figura, uma realidade subjetiva, contra um fundo indiferente. Para que o indivíduo consiga satisfazer sua necessidade ou fechar a Gestalt, ele precisa ser capaz de interagir com o meio, na criação de condições que permitam satisfazer sua necessidade e desaparecerão tão logo tenham sido atendidas.

No prefácio do livro de PHG (1951), que marca o nascimento da Gestalt-terapia como uma abordagem psicológica, os autores resumem essa proposta, já apresentada em *EFA*:

> [...] *Na luta pela sobrevivência, a necessidade mais importante torna-se figura e organiza o comportamento do indivíduo até que seja satisfeita, depois do que ela recua para o fundo (equilíbrio temporário) e dá lugar à próxima necessidade mais importante agora. No organismo saudável, essa mudança de dominância tem melhor possibilidade de sobrevivência.* (PHG, 1997, p. 35)

O gestaltismo possibilitou a Perls contribuir para a edificação da Gestalt-terapia, enfatizando o processo "[...] de formação figura/fundo no campo organismo/ambiente" (PHG, 1997, p. 63).

Para a Gestalt-terapia, o contato com *awareness* gera novas totalidades significativas que possibilitam em si a integração de um problema. A formação de Gestalten (figuras) completas e a qualidade do contato que propicia essas formações passam a ser as condições de saúde mental e de crescimento. Discorrendo a esse respeito, PHG (1997, p. 45) afirmam que:

> [...] *Contato, o trabalho que resulta em assimilação e crescimento é a formação de uma figura de interesse contra um fundo ou contexto do campo*

organismo/ambiente. A figura (Gestalt) na awareness *é uma percepção, imagem ou* insight *claros e vívidos; no comportamento motor, é o movimento elegante, vigoroso, que tem ritmo, que se completa etc.*

É possível perceber que o contato com qualidade associado à fluidez do processo de formação figura/fundo gera *insight*. Na obra de PHG (1997, p. 46), os autores são enfáticos: "[...] a realização de uma Gestalt vigorosa é a própria cura, porquanto a figura de contato não é apenas uma indicação da integração criativa da experiência, mas é a própria integração".

Para Yontef (1998, p. 31), Gestalt-terapeuta contemporâneo, "[...] o *insight*, uma forma de *awareness*, é uma percepção óbvia imediata de uma unidade entre elementos, que no campo aparentam ser díspares". Seria uma súbita alteração do campo perceptivo, que, ao criar uma Gestalt, possibilita a integração de uma situação.

Roberto Veras Peres

REFERÊNCIAS BIBLIOGRÁFICAS

PERLS, F. S. (1942). *Ego, fome e agressão*. São Paulo: Summus, 2002.

PERLS, F. S.; HEFFERLINE, R.; GOODMAN, P. (1951). *Gestalt-terapia*. São Paulo: Summus, 1997.

YONTEF, G. M. *Processo, diálogo e awareness*. São Paulo: Summus, 1998.

VERBETES RELACIONADOS

Assimilação, *Awareness*, Contato, Crescimento, Doença, saúde e cura, Dominâncias, Figura e fundo, Fluidez, Gestalt, Necessidades, Organismo, Parte e todo, Situação inacabada, Teoria organísmica, Totalidade

GESTALT-PEDAGOGIA

A Gestalt-pedagogia é uma abordagem pedagógica de proposição relativamente recente. Foi proposta inicialmente pelo russo radicado na Alemanha, Hilarion Petzold, em 1977. Seus princípios estão fundamentados na Gestalt-terapia, o que significa estar fundamentados na psicologia humanista e na filosofia existencial, e ter a fenomenologia como sua metodologia de trabalho.

"Gestalt-terapia" é um termo que foi cunhado por Fritz Perls, seu fundador, em 1950. O trabalho de Perls se constituiu em transpor para uma forma de terapia elementos que se originaram na psicologia da Gestalt, da qual foram expoentes Köhler, Koffka e Wertheimer. Com base em suas experiências como psicoterapeuta, Perls foi juntando a essa proposição inicial ideias, pensamentos e proposições que lhe pareceram pertinentes na tarefa de compor um corpo teórico que satisfizesse seus anseios de propor uma nova abordagem psicoterapêutica.

Sempre assessorado por sua esposa, Laura, Fritz Perls escreveu livros, dos quais se destacam EFA (1947) e a obra de PHG, sigla cunhada com as iniciais dos três autores: Perls, Hefferline e Goodman (1951). Goodman era professor universitário, ativista político e extremamente preocupado com as questões ligadas à pedagogia, ao ensino e à aprendizagem. É provavelmente devido a esse fato que o livro tem uma preocupação bastante grande com o desenvolvimento pessoal dos indivíduos e que a Gestalt-terapia tem uma dimensão de aprendizagem, por parte dos clientes, em seu bojo. Segundo Burow; Scherpp (1985, p. 22):

O principal mérito de Paul Goodman reside no fato de ele ter relacionado pontos de vista na Gestalt-terapia com questionamentos político-pedagógicos. A diferença em relação a Perls, que se dedicava principalmente à prática psicoterapêutica, é que Goodman, utilizando-se das perspectivas da Gestalt-terapia, criticava a sociedade, em especial o sistema educacional americano.

Foi a partir da fundamentação teórica inicial da Gestalt-terapia que Petzold transpôs os princípios Gestalt-terapêuticos em princípios Gestalt-pedagógicos, tendo sido seguido por educadores como Olaf-Axel Burow, Karlheinz Scherpp, Martin Rubeau, Helmut Quitmann, Thijs Besems e Suzanne Zeuner, entre outros. O movimento Gestalt-pedagógico desenvolveu-se extraordinariamente nos últimos anos, principalmente nos países de língua alemã. No Brasil, apesar de a Gestalt-terapia ser uma abordagem terapêutica divulgada e conhecida, apenas mais recentemente a Gestalt-pedagogia tem despertado o interesse dos profissionais de saúde e educação.

Cabe falar aqui da importância de que o professor tenha muita clareza do tipo de relação que estabelece com a matéria que se dispõe a lecionar, que idealmente deve se aproximar tanto quanto possível de uma relação dialógica, fomentando também, tanto quanto possível, a mesma relação entre seu aluno e a matéria que ele está veiculando. Isso implica que esse professor tenha um bom preparo para levar a proposta Gestalt-pedagógica adiante. Na Alemanha, os cursos de formação em Gestalt-pedagogia têm duração de três anos, à semelhança dos de Gestalt-terapia.

Os princípios Gestalt-pedagógicos[22] demonstram uma grande preocupação com o indivíduo no sentido de que ele possa vir a se desenvolver plenamente do ponto de vista pessoal; a Gestalt-pedagogia tem, antes de mais nada, uma grande preocupação com a formação dos indivíduos. A aprendizagem das disciplinas ocorre a partir do momento em que o aluno se encontre bem consigo mesmo, respeitando-se e sendo respeitado, condição que o deixará, naquele momento, nas melhores condições possíveis de aprendizagem.

Um professor que desenvolva seu trabalho baseado nos princípios anteriormente descritos certamente terá um comportamento bastante diferenciado do comportamento tradicional, o que implica ele próprio ter muito bem trabalhados os princípios Gestalt-pedagógicos, uma vez que necessitará de habilidades que lhe permitam fazer leituras adequadas de seus alunos e ter uma postura promotora de crescimento pessoal. A esta última corresponde a postura dialógica. E é ela o ponto mais importante e controvertido da Gestalt-pedagogia, pois propõe que o professor e a escola abram mão de uma grande parte de sua autoridade, de forma que a relação entre professor e aluno possa se tornar, tanto quanto possível, uma relação de encontro, ou seja, uma relação entre pessoas iguais. É na relação de encontro que as partes poderão se manifestar de forma autêntica, o que significa dar respostas novas em sentido, mesmo que seu conteúdo explícito seja o habitual (Amatuzzi, 1989). Esse tipo de resposta tem possibilidades terapêuticas e educativas enormes, uma

---

22. Esses princípios podem ser encontrados em Burow; Scherpp (1985), em Burow (1988) e em Lilienthal (1997).

vez que postula a aprendizagem significativa, que Lilienthal (2004, p. 122) assim descreve:

> *É no próprio fluxo do sentimento de "estar tendo a experiência" que o sujeito se atualiza e busca significados à experiência, e não por um trabalho posterior. Um aspecto fundamental em saúde e em educação, a possibilidade de alterar o modo como o sujeito está disposto no mundo, abrindo-lhe possibilidade de novos sentidos, se dá pela reflexão na experiência, e não sobre a experiência.*

Por isso, a Gestalt-pedagogia pode ser também aplicada à prática de outras áreas como psicologia, fisioterapia, terapia ocupacional, serviço social, fonoaudiologia, odontologia, enfermagem e medicina, como abordagem propiciadora de aprendizagem, saúde e desenvolvimento, uma vez que tem uma inequívoca vocação (psico)profilática.

Luiz Alfredo Lilienthal

REFERÊNCIAS BIBLIOGRÁFICAS

AMATUZZI, M. M. *O resgate da fala autêntica*. Campinas: Papirus, 1989.

BUROW, O.-A. *Grundlagen der Gestaltpädagogik*. Dortmund: Verlag Modernes Lernen, 1988.

BUROW, O.-A.; SCHERPP, K. *Gestaltpedagogia*. São Paulo: Summus, 1985.

LILIENTHAL, L. A. *A Gestaltpedagogia sai às ruas para trabalhar com crianças e educadores de rua*. 1997. Dissertação (Mestrado em Psicologia Escolar e do Desenvolvimento Humano) – Instituto de Psicologia da USP (Ipusp), Universidade de São Paulo (USP), São Paulo.

_____. *Educa-são: uma possibilidade de atenção em ação*. 2004. Tese (Doutorado em Psicologia Escolar e do Desenvolvimento Humano) – Instituto de Psicologia da USP (Ipusp), Universidade de São Paulo (USP), São Paulo.

VERBETES RELACIONADOS

Atualização, Crescimento, Dialógico, Existencialismo, Experiência, Fenomenologia, Gestaltismo

GESTALT-TERAPIA

Gestalt-terapia foi o nome de batismo, decidido por Frederick Perls, para uma nova terapia que desenvolvera, desde 1946, junto com o grupo de intelectuais que se intitulava "Grupo dos Sete" (Isadore From, Paul Goodman, Paul Weisz, Sylvester Eastman, Elliot Shapiro, Ralph Hefferline, Laura e Fritz Perls). A Gestalt-terapia é uma síntese coerente de várias correntes filosóficas, metodológicas e terapêuticas, formando uma verdadeira filosofia existencial, uma forma particular de conceber as relações do ser vivo com o mundo.

O novo método foi nomeado, sucessivamente, como terapia da concentração; terapia do aqui e agora; psicanálise existencial; terapia integrativa; terapia experiencial; psicodrama imaginário. Finalmente, Fritz Perls sugeriu "Gestalt-terapia", o que suscitou debates particularmente agitados com seus colegas, e, apesar de esse nome ter sido considerado estrangeiro e esotérico demais, foi o escolhido por Perls, por motivos de provocação e de *marketing*.

O termo "Gestalt-terapia", portanto, surge em 1951, com o lançamento do livro *Gestalt therapy – excitement and growth in human personality*, escrito por Frederick Perls, Paul Goodman e Ralph Hefferline[23].

---

23. Essas informações serão mantidas na íntegra, sem a utilização das siglas, por considerarmos material importante do corpo do texto deste verbete. (N. das Orgs.)

É difícil encontrar uma definição sumária para Gestalt-terapia, já que a própria teoria propõe uma consciência que não se limite ao âmbito do racional, mas inclui a dimensão corporal e sensória; enfatiza a experiência vivida, o contato e o diálogo. Impossível reduzir um conceito assim a poucos parágrafos. Dessa forma, foi necessária uma colagem de conceitos, organizados sob uma nova Gestalt, para dar um sentido a este verbete.

> *A Gestalt deve seu surgimento às intuições geniais e às crises pessoais daquele que devemos considerar seu principal fundador: Fritz Perls. De fato, ela foi amplamente articulada e formalizada por Laura Perls e Paul Goodman, e também por seus primeiros colaboradores e pelos continuadores de segunda e terceira "geração" (Isadore From, Jim Simkin, Joseph Zinker, Ervin e Miriam Polster etc.).*
> (Ginger; Ginger, 1995, p. 44)

Gestalt-terapia é uma psicoterapia que enfatiza "concentrar na estrutura da situação concreta; preservar a integridade da concretude encontrando a relação intrínseca entre fatores socioculturais, animais e físicos" (PHG, 1997, p. 50). É uma atitude básica, que se diferencia ao mesmo tempo da psicanálise e do comportamentalismo, constituindo uma "terceira via" original: compreender e aprender, mas, sobretudo, experimentar e promover nosso poder criativo de reintegrar as partes dissociadas; expandir ao máximo nosso campo vivido e nossa liberdade de escolha, tentar escapar ao determinismo alienante do passado e do meio, à carga de nossos condicionamentos "históri-

cos" ou "geográficos" e encontrar assim um território de liberdade e de responsabilidade.

Portanto, nessa perspectiva global, holística, a terapia visa à manutenção e ao desenvolvimento de um bem-estar harmonioso, e não à cura, à reparação de qualquer distúrbio, que subentenderia uma referência implícita a um estado de "normalidade", posição oposta à do espírito da própria Gestalt-terapia, que valoriza o direito à diferença, a originalidade irredutível de cada ser.

Na prática, esses princípios desembocam em um método específico de trabalho, uma abordagem fenomenológico-clínica, isto é, centrada na descrição subjetiva do sentimento do cliente (sua *awareness*) em cada caso particular e na tomada de consciência "intersubjetiva" que está acontecendo entre ele e o terapeuta (processo de contato e suas eventualidades), apoiado em certo número de técnicas, às vezes chamadas de jogos, exercícios ou experimentos. "Mas é muito frequente que essas técnicas – algumas inspiradas no psicodrama e várias outras emprestadas de outras abordagens (análise transacional, por exemplo) – sejam confundidas com Gestalt, por pessoas que ignoram praticamente tudo a respeito de seus princípios fundamentais" (Ginger; Ginger, 1995, p. 19).

> *Poder-se-ia dizer que a Gestalt propõe, de certa forma, uma inversão do processo de cura: em psicanálise, se supõe que a conscientização acarrete uma modificação do vivido, enquanto em Gestalt as modificações do vivido – por meio da experiência – permitem uma mudança do comportamento, acompanhada de uma eventual conscien-*

tização. Para os psicanalistas, o desaparecimento do sintoma é um "luxo", para os gestaltistas, é a conscientização que é assim considerada. (Ginger; Ginger, 1995, p. 66)

A Gestalt-terapia se nutriu, explícita ou implicitamente, da combinação de numerosas correntes filosóficas e terapêuticas de diversas fontes: europeias, americanas ou orientais. Algumas deixaram vestígios mais importantes na Gestalt atual: a fenomenologia, o existencialismo e a psicologia da Gestalt; a psicanálise, as filosofias orientais e a corrente humanista. No entanto, ela é mais que uma síntese dessas tendências; ela as reconfigurou como uma nova Gestalt. É uma visão de mundo que privilegia a relação e não os objetos, o processo em detrimento ao conteúdo.

Em seu aspecto clínico, a Gestalt-terapia se apresenta como uma terapia existencial-fenomenológica que objetiva aumentar a *awareness* do cliente, no aqui e agora da relação terapêutica, e, para isso, utiliza recursos como experimentos, frustração, fantasias dirigidas, e outros, facilitando o desenvolvimento do autossuporte, a capacidade de fazer escolhas e a organização da própria existência.

Pierre Ferraz

REFERÊNCIAS BIBLIOGRÁFICAS

GINGER, S.; GINGER, A. *Gestalt: uma terapia do contato.* São Paulo: Summus, 1995.

PERLS, F. S.; HEFFERLINE, R.; GOODMAN, P. (1951). *Gestalt-terapia.* São Paulo: Summus, 1997.

VERBETES RELACIONADOS

Aqui e agora, *Awareness*, Conscientização, Contato, Doença, saúde e cura, Experiência, Experimento, Existencialismo, Fenomenologia, Gestaltismo, Holismo, Responsabilidade, Teoria e técnica de concentração

h

HÁBITO

Considerada uma resistência não emocional de suma importância, a "força do hábito" reluta à mudança. Muitas vezes determinado por economia de energia, o hábito pode levar ao conflito se não atualizado, tornando-se assim inadequado. No livro *EFA*, Perls (2002, p. 259) define: "Os hábitos são estratagemas econômicos que aliviam as tarefas das funções egoicas, pois a concentração só é possível num item de cada vez. No organismo saudável, os hábitos são cooperativos, dirigidos à manutenção do holismo".

Entendidos como fixações, os hábitos apresentam diferenças em sua dinâmica. É o sentimento de medo que os mantêm vivos, mas poderiam ser transformados em reflexos "condicionados". "Esta compreensão implica que uma mera análise dos hábitos é tão insuficiente para quebrá-los quanto às resoluções" (Perls, 2002, p. 159). Em sua maioria, os hábitos tornam-se parte da personalidade, dificultando a mudança de forma tal que as tentativas conscientes são infrutíferas. Algumas circunstâncias contribuem para esses insucessos como a idade avançada, a mudança de ambiente.

Laura Perls dizia que "os hábitos bons sustentam a vida" (Perls, 1979, p. 85). Fazem parte de um processo de crescimento e mudá-los torna-se tarefa difícil quando implica puxá-los do fundo e "investir energia para desintegrar ou reorganizar o hábito" (Perls, 1979, p. 85). No entanto, considerá-los Gestalten integradas é reconhecê-los, em princípio, "como dispositivos econômicos da natureza" (Perls, 1979, p. 85), explica Perls em sua obra autobiográfica.

O caráter e a repetição compulsiva são representantes das formas fixadas neuróticas. Além dos hábitos, as lembranças, as abstrações, as técnicas, as memórias são reconhecidas como outras formas fixadas, embora possam assumir uma conotação saudável.

É por meio da confluência, quando se dissolve momentaneamente a fronteira de contato, que os hábitos são assimilados e passam a se tornar parte do fundo, isto é, da autorregulação fisiológica, entendendo por fisiológico o não consciente, o conservativo. Neste sentido, "todo hábito não contatado é uma segunda natureza; faz parte do corpo, não do *self*" (PHG, 1997, p. 234), e é por isso que as tentativas de mudanças causam mal-estar, pois esses hábitos são incorporados como naturais, independentemente de estarem ou não corretos; e, fazendo parte do corpo, qualquer tentativa de mudança do hábito é sentida como um ataque ao corpo.

A neurose é definida como "a perda das funções de ego para a fisiologia secundária[24] sob a forma de hábitos inacessíveis" (PHG, 1997, p. 235). Portanto, "o comportamento neurótico também é um hábito aprendido, o resultado de um ajustamento criativo; e, como outros hábitos assimilados, não se entra mais em contato com ele" (PHG, 1997, p. 232). No processo de ajustamento criativo quando ocorre a interrupção de alguma etapa, o excitamento é sufocado provocando ansiedade, mas esta excitação não pode ser suprimida, pois apenas o controle deliberado pode ser esquecido e permanecer inconsciente, transformando-se, então, em um hábito.

Mobilizá-los em prol do processo pode ser útil: "A terapia da neurose [...] é o processo deliberado de contatar esses hábitos por meio de exercícios graduados, de maneira a tornar a ansiedade tolerável" (PHG, 1997, p. 235). Quando os hábitos ou qualquer outra forma fixada não possuem mais um emprego no presente, em função da autorregulação organísmica, há o esquecimento do conhecimento inútil: "Não é pela inércia, mas pela função que uma forma persiste, e não é pela passagem do tempo, mas pela falta de função que uma forma é esquecida" (PHG, 1997, p. 101).

Gladys D'Acri

---

24. *Fisiologia* é o sistema de ajustamento conservativo herdado. A fisiologia primária diz respeito ao que foi adquirido pela espécie (filogênese) ao longo dos séculos, e a fisiologia secundária refere-se à ontogênese, em que se inclui o psicológico.

REFERÊNCIAS BIBLIOGRÁFICAS

PERLS, F. S. *Ego, fome e agressão*. São Paulo: Summus, 2002.

_____. *Escarafunchando Fritz: dentro e fora da lata de lixo*. São Paulo: Summus, 1979.

PERLS, F. S.; HEFFERLINE, R.; GOODMAN, P. (1951). *Gestalt-terapia*. São Paulo: Summus, 1997.

VERBETES RELACIONADOS

Autorregulação organísmica, Conflito, Confluência, Crescimento, Energia, Figura e fundo, Fronteira de contato, Gestalt, Holismo, Neurose, Organismo, Resistência, *Self*

HIERARQUIA DE NECESSIDADES (VER NECESSIDADES, HIERARQUIA DE NECESSIDADES E EMERGÊNCIA DE NECESSIDADES)

HOLISMO

O conceito de "holismo" é apresentado no livro *EFA* de Fritz Perls, escrito com a colaboração direta de Laura Perls e publicado originalmente em 1942, no período em que o casal residia na África do Sul. É importante comentar que o termo "holismo" foi tirado do livro *Holism and evolution* (1926), cujo autor, Jan Smuts, residia também na África do Sul, exercendo funções bastante significativas no governo daquele país. No entanto, o contato de Perls com a obra de Smuts era anterior à sua ida para lá, pois, desde que fora assistente direto de Kurt Goldstein, em 1926, já conhecia e admirava a obra desse autor. Na Introdução dessa primeira obra de Perls (1969, p. 7), ele declara a intenção de utilizar-se do holismo como "uma nova ferramenta intelectual" condizente com a concepção de "campo".

Segundo Perls, o holismo é uma atitude pela qual nos damos conta de que "o mundo consiste *per se* não apenas de átomos, mas de estruturas que possuem um sentido diferente do que o da mera soma de suas partes" (Perls, 1969, p. 28)[25]. Ele recomendava a leitura do livro de Smuts não só aos profissionais das áreas biológicas, mas também àqueles das diversas áreas das ciências.

Smuts, em sua obra, havia feito uma séria crítica ao modelo científico que dominou o século XIX, e, para contrapor-se a esse modelo, propôs a adoção da teoria de campo como a mais adequada. Acreditava que só por meio do conceito de campo a visão da natureza poderia ser restituída de seu caráter fluido e maleável. Para ele, a limitação dos conceitos mecanicistas teve a função de simplificar os problemas das ciências e do pensamento da época, mas, se não houvesse uma reconsideração dessa visão, a ciência continuaria tratando dos processos da natureza sob uma ótica reducionista e superficial. O holismo seria uma tendência sintética do universo em evoluir pela formação de todos (*wholes*). A realidade é ordenada e agregadora. Até mesmo as células são sistemas ajustáveis que funcionam em um modelo de auto-organização semelhante aos sistemas sociais. Para Smuts (1996, p. 97): "Matéria e vida consistem, atômica e celularmente, de unidades estruturais ordenadamente agrupadas em conjuntos naturais que denominamos corpos ou organismos".

É importante destacar que já no livro *EFA* (1969, p. 33), Perls apontava algumas diferenças entre o pensamento holístico de Smuts e seu próprio ponto de vista. Ele ressaltava que para Smuts as questões relativas a vida e mente eram prioritárias, enquanto para ele os aspectos do corpo, da mente e da alma seriam os mais relevantes.

Em minha tese de doutorado, defendi o ponto de vista de que:

> *A partir da década de 50, conceitos da física, como o de caos, complexidade, indeterminação, fluxo, desordem, etc. começaram cada vez mais a serem adotados para tratar dos fenômenos biológicos e sociais. A tomada de consciência da impossibilidade de aplicação de leis causais, em qualquer contexto, levou os cientistas das áreas sociais a tentar adaptar estas descobertas ao campo das relações sociais e à formação de subjetividade humana.* (Lima, 2005, p. 15)

Considero que o pensamento holístico na Gestalt-terapia foi fundamental para que essa abordagem rompesse, definitivamente, com o ponto de vista reducionista e mecanicista. Dessa forma, abre-se a perspectiva para que hoje em dia possamos usufruir das enormes contribuições que o pensamento sistêmico tem trazido às ciências, de modo geral, e mais especificamente à psicologia, reafirmando um olhar complexo sobre a realidade.

Patricia Lima (Ticha)

REFERÊNCIAS BIBLIOGRÁFICAS

LIMA, P. V. A. *Psicoterapia e mudança – uma reflexão*. 2005. Tese (Doutorado) – Instituto de Psicologia, Universidade Federal do Rio de Janeiro (UFRJ), Rio de Janeiro.

PERLS, F. S. (1942). *Ego, hunger and agression*. Nova York: Vintage Books, 1969.

SMUTS, J. *Holism and evolution*. Nova York: Gestalt Journal, 1996.

---

25. A tradução das citações originais são de exclusiva responsabilidade da autora.

VERBETES RELACIONADOS

Fluidez, Organismo, Sintoma, Sistema, Teoria de campo

HOMEOSTASE

Ao considerar o conceito de "homeostase" na teoria gestáltica, Perls recebeu a influência de Kurt Goldstein, precursor da teoria organísmica. Esta considerava não apenas as funções fisiológicas ou psicológicas, mas o organismo como um todo, em suas funções e ações. Assim, ele chamou de processo de autorregulação organísmica o processo homeostático, no qual os seres vivos buscam a satisfação de suas necessidades (autorrealização) de acordo com sua interação com o ambiente.

Perls (1985, p. 20) define o processo homeostático como "aquele pelo qual o organismo mantém o equilíbrio e, consequentemente, sua saúde sob condições diversas. A homeostase é, portanto, o processo através do qual o organismo satisfaz suas necessidades".

A homeostase (ou processo de autorregulação organísmica) envolve a totalidade do organismo em sua interação com o ambiente. Abarca todos os tipos de necessidades e deficiências: fisiológicas (fome, sede, sono, temperatura corporal, sexo etc.), psicológicas (amor, confirmação, autoestima, entre outros), sociais etc. Atende à necessidade soberana dos seres vivos de autorrealização. Trata-se de um mecanismo tão importante que a qualidade de equilíbrio/desequilíbrio homeostático está intimamente vinculada àquela de saúde/doença do organismo. Ao considerarmos o fato de que estamos, todo o tempo, experimentando inúmeros desequilíbrios que originam necessidades diversas e simultâneas,

concluímos que o processo homeostático se realiza de forma perene em nossa vida.

Todas as situações inacabadas são fontes geradoras de tensão no organismo, levando ao desequilíbrio que deflagra a necessidade de restabelecimento da homeostase. Diz Ribeiro (1985, p. 111):

> *Quando um desejo se torna realidade, uma nova energia nasce no indivíduo. Desejos e necessidades são quase sempre estados deficitários a que as pessoas aspiram satisfazer, são como buracos da personalidade que devem ser preenchidos. [...] Costumamos dizer que a Gestalt-terapia é uma tentativa, uma proposta de lidar com essas necessidades, estes desejos, estes buracos que impedem a centragem, a harmonia do organismo.*

Para compreender melhor o conceito de homeostase e sua importância na teoria da abordagem gestáltica, devem-se considerar as duas necessidades básicas de todos os seres vivos, apontadas por PHG (1997): sobrevivência e crescimento, sendo a primeira prioritária em relação à segunda. Todos nós tendemos ao crescimento, mas, se nossa sobrevivência for ameaçada de algum modo, todo o organismo se mobilizará a fim de manter a vida, de se tornar criativo e encontrar formas de restabelecer seu equilíbrio e, com isso, garantir sua sobrevivência. Esse é o processo homeostático primeiro. É esse processo de autorregulação organísmica que propicia ao organismo se manter vivo e crescer diante das vicissitudes da vida, ainda que por meio de infinitas possibilidades de satisfação.

Perls (1979, p. 78) explicita isso ao afirmar que "qualquer perturbação do equilíbrio organísmico constitui uma Gestalt incompleta, uma situação inacabada que força o organismo a se tornar criativo, a encontrar meios e formas de restaurar o equilíbrio".

Outro pressuposto fundamental, intimamente vinculado ao conceito de homeostase, é o de "hierarquia de necessidades". Na medida em que sofremos simultaneamente uma diversidade de estímulos, os quais geram desequilíbrios de diversas naturezas, o equilíbrio homeostático se dará mediante a satisfação que estiver em primeiro plano em nossa hierarquia de necessidades. Isso implica uma escala de valores que apontará qual a necessidade dominante. A necessidade pode ser entendida como uma tensão existente no organismo, que tende a sobressair-se (dominância), em busca de satisfação. Assim, ela organiza a energia disponível no organismo no sentido de sua satisfação. Quando esta for satisfeita, ela voltará para o fundo e emergirá como primeira necessidade aquela que anteriormente era a segunda na escala de hierarquia, e assim sucessivamente. Na teoria gestáltica, a satisfação plena da necessidade implica a capacidade da pessoa de manipular a si mesma e ao mundo, a fim de retirar dessa interação aquilo que lhe for nutritivo e rejeitar aquilo que lhe for tóxico. PHG (1997, p. 84) descrevem da seguinte forma a hierarquia de necessidades:

Cada situação inacabada mais premente assume a dominância e mobiliza todo o esforço disponível até que a tarefa seja completada; então torna-se indiferente e perde a consciência, e a necessidade seguinte passa a exigir atenção. [...] O que parece espontaneamente importante de fato organiza realmente a maior parte da energia do comportamento; a ação autorreguladora é mais vívida, mais intensa e mais sagaz.

Na abordagem gestáltica, o conceito de homeostase também tem relação direta com as concepções de sintoma, neurose, psicoterapia e relação terapeuta–cliente, propostas pela abordagem gestáltica. PHG (1997, p. 87) sustentam que a neurose é uma experiência autorreguladora, pois "a doença, as deficiências e excessos somáticos têm um alto valor na hierarquia de dominância".

Este conceito também subjaz a todos os demais pressupostos da teoria gestáltica: contato, *awareness*, fronteira, *self*, figura/fundo, campo, sintoma, polaridades, totalidade organismo/ambiente, ajustamento criativo etc.

Claudia Lins Cardoso

REFERÊNCIAS BIBLIOGRÁFICAS

PERLS, F. S. A *abordagem gestáltica e testemunha ocular da terapia*. Zahar: Rio de Janeiro, 1985.

_____. *Escarafunchando Fritz: dentro e fora da lata de lixo*. São Paulo: Summus, 1979.

PERLS, F. S.; HEFFERLINE, R.; GOODMAN, P. (1951). *Gestalt-terapia*. São Paulo: Summus, 1997.

RIBEIRO, J. P. *Gestalt-terapia: refazendo um caminho*. São Paulo: Summus, 1985.

VERBETES RELACIONADOS

Ajustamento criativo, Autorregulação organísmica, *Awareness*, Consciência, Contato, Crescimento, Doença, saúde e cura, Dominâncias, Energia, Figura e fundo, Fronteira de contato, Gestalt, Necessidades, Neurose, Organismo, Polaridade, *Self*, Situação inacabada, Teoria organísmica, Totalidade

HOT SEAT

"Terapia do *hot seat*"[26] refere-se a uma situação na qual o sujeito se vê em evidência embaraçosa, por motivo não lisonjeiro. Vale recordar que foram as primeiras investidas nos trabalhos expressivos em psicoterapia.

Perls, em *Gestalt-terapia explicada* (1977, p. 110), apresenta o fenômeno dizendo:

Eu uso seis instrumentos para poder funcionar. Um é a minha habilidade; outro é o lenço de papel. E há a cadeira quente (hot seat)*. É para aí que vocês estão convidados, se quiserem trabalhar comigo. E há a cadeira vazia, que trará consigo um bocado da personalidade de vocês e de outros – vamos chamar assim, por enquanto – encontros interpessoais. Então, tenho meus cigarros, agora mesmo estou com um muito bom, é um Shaman; e o meu cinzeiro. Finalmente, preciso de alguém com vontade de trabalhar: alguém com vontade de ficar no agora, fazendo algum trabalho com sonhos. Estou à disposição. Quem quer realmente trabalhar comigo, e não simplesmente fazer de mim um palhaço?*

Graças ao jeito anárquico e não acadêmico de Perls falar[27] sobre seus conceitos, ocorrem diversos entendimentos para cada um deles. Com *hot seat* (cadeira quente) não é diferente. Alguns autores, como Erving e Miriam Polster (2001), entendem *hot seat* como uma técnica de trabalho individual feita em situação de grupo; Paulo Barros, no Prefácio da edição brasileira de *Tornar-se presente* (Stevens, 1976), refere-se a *hot seat* como uma técnica básica da Gestalt-terapia; já Graça Gouvêa (2006) afirma que *hot seat*, ou cadeira vazia, é um trabalho de projeção ativa, em que o terapeuta estimula o cliente a estabelecer um contato mais direto com as próprias introjeções e fantasias, sugerindo o diálogo do cliente com essas mesmas fantasias de forma dramatizada. Vale evidenciar e diferenciar o frequente entendimento de cadeira quente e cadeira vazia como sinônimos; compreendo que cadeira quente refere-se à situação de risco e comprometimento em que o cliente e o terapeuta estão, ao realizarem o experimento, este sim o procedimento básico da Gestalt-terapia; enquanto cadeira vazia diz respeito à possibilidade vivida no experimento de colocar, representar ali (na cadeira vazia) quem ou o que emergir durante o trabalho para presentificar o contato.

Traduzido para o português como "cadeira quente" ("berlinda"), *hot seat*, em espanhol, virou "*banquillo de los acusados*"; no entanto, ambos os termos sugerem o incômodo, o desconfortável, o perigoso da situação. Imagino que Fritz aproveitou a designação repetida pelos participantes de seus grupos e a integrou como clarificadora do contrato de risco que cliente e terapeuta estabelecem ao iniciarem um experimento, no qual desconhecem o que farão e se chegarão a uma boa solução; típica integração e acolhimento feitos por uma pessoa bruta e provocativa como Perls.

Abel Guedes

---

26. Um dos primeiros apelidos da Gestalt-terapia.
27. Perls utiliza uma linguagem fenomenológica que busca, por meio de imagens, metáforas, jogos de palavras, gírias, a descrição dos fenômenos, fato que nos ajuda a não esperar dele análises ou definições rigorosas em suas falas.

REFERÊNCIAS BIBLIOGRÁFICAS

GOUVÊA, G. *Somatização – alextimia e histeria*. Disponível em: <http://schweder.com/wp-content/uploads/2006/04/O%20que%20e%20Gestalt-Terapia.pdf >. Acesso em: 14 dez. 2006.

PERLS, F. S. *Gestalt-terapia explicada*. São Paulo: Summus, 1977.

POLSTER, E.; POLSTER, M. *Gestalt-terapia integrada*. São Paulo: Summus, 2001.

STEVENS, J. O. *Tornar-se presente: experimentos de crescimento em Gestalt-terapia*. São Paulo: Summus, 1976.

VERBETES RELACIONADOS

Aqui e agora, Experimento, Psicoterapia de grupo e *workshop*, Sonhos

I

ID, FUNÇÃO (VER FUNÇÃO ID, FUNÇÃO EGO, FUNÇÃO PERSONALIDADE)

INDIFERENÇA CRIATIVA, PENSAMENTO DIFERENCIAL, PONTO ZERO

O ponto de partida para a compreensão desses conceitos é a obra inicial de Perls, *EFA* (1947). Nesse livro, Perls apresentou algumas propostas de mudanças teóricas ao pensamento psicanalítico da época, mas ainda vinculado à prática e ao ensino da psicanálise, dado que a Gestalt-terapia não fora, até esse momento, criada como uma nova escola psicológica. No entanto, Perls já apontava algumas insatisfações e desavenças com o sistema de pensamento psicanalítico de Freud. Sua intenção era promover uma revisão nele, adotando como eixo para isso as duas concepções básicas do filósofo Salomom Friedländer: o pensamento diferencial e a indiferença criativa, que propõem

> [...] *que todo evento se relaciona com um ponto zero, a partir do qual se realiza uma diferenciação em opostos. Esses opostos apresentam, em seu contexto específico, uma grande afinidade entre si. Permanecendo atentos ao centro, podemos adquirir uma habilidade criativa para ver ambos os lados de uma ocorrência e completar uma metade incompleta. Evitando uma perspectiva unilateral, obtemos uma compreensão muito mais profunda da estrutura e da função do organismo.* (Perls, 2002, p. 45-6)

Perls argumentava que, pela adoção do pensamento de Friedländer, características ou eventos que julgamos opostos nada mais são do que múltiplas diferenciações, que ocorrem com base em uma mesma matriz de formação. O pensamento diferencial pressupõe que, de acordo com algo não diferenciado (o "pré-diferente", termo sugerido por Perls), a diferenciação em opostos se dá e "o ponto de onde a diferenciação começa é usualmente chamado de ponto zero", sendo que "a situação, o campo, é um fator decisivo na sua determinação" (Perls, 2002, p. 50). O zero tem, ainda, um duplo sentido:

[...] *o de um início e o de um centro. Se temos o campo, podemos determinar os opostos e inversamente, a partir dos opostos, podemos determinar o campo específico.* [...] *A indiferença criativa não é de forma alguma idêntica a um ponto zero absoluto, mas terá sempre um aspecto de equilíbrio.* (Lofredo, 1994, p. 66)

Em seu livro autobiográfico, *Escarafunchando Fritz*, Perls (1979, p. 99) confirma: "O zero é nulo, é nada. Um ponto de indiferença, o ponto a partir do qual nascem os opostos. Uma indiferença que é automaticamente criativa logo que a diferenciação principia". Falta de interesse e indiferença criativa não concordam entre si; contrariamente, esta última é plena de interesses direcionados para os dois lados da diferenciação.

No primeiro capítulo do livro citado, Perls utilizou dois exemplos gráficos para explicar o pensamento diferencial. No primeiro, ele mostra, por meio de desenhos, que, de uma mesma superfície plana, podemos criar um buraco, se a cavamos, ou um monte, como resultado da terra que foi retirada do buraco. No segundo, ele usa a representação do Tai Gi da filosofia chinesa como um exemplo de um dos diversos mitos cosmogênicos que compreendem o início do universo a partir de um estágio de não diferenciação, do qual surge uma progressiva diferenciação em opostos complementares. A importância desse capítulo é reconhecida por ele, anos mais tarde, mesmo após considerar desatualizado o restante do material dessa obra: "Para mim, a orientação da indiferença criativa é lúcida. Não tenho nada a acrescentar ao primeiro capítulo de *Ego, fome e agressão*" (Perls, 1979, p. 96).

Gladys D'Acri e Patricia Lima (Ticha)

REFERÊNCIAS BIBLIOGRÁFICAS

LOFREDO, A. *A cara e o rosto.* São Paulo: Escuta, 1994.

PERLS, F. S. (1947). *Ego, fome e agressão.* São Paulo: Summus, 2002.

_____. *Escarafunchando Fritz: dentro e fora da lata de lixo.* São Paulo: Summus, 1979.

VERBETES RELACIONADOS

Campo, Organismo, Polaridades

INSTINTO DE FOME

No *Novo dicionário Aurélio* (Hollanda, 1975), a palavra "instinto" refere-se a um impulso ou estímulo interior que leva os animais a uma ação dirigida à conservação ou reprodução da espécie. O instinto de conservação é o que impulsiona os seres vivos a se proteger, cada um a seu modo, de tudo que lhes possa causar dano. "Fome" é definida como grande apetite de comer, urgência de alimento, sofreguidão etc.

Na Gestalt-terapia, o verbete tem uma conotação especial, pois está diretamente relacionado com o sistema de autoproteção e adaptação dos seres vivos, em especial do ser humano. No *Dicionário de Psicologia*, Dorin (1978, p. 32) ressalta a palavra "instinto" como "termo usado para designar uma forma de comportamento biologicamente não aprendido. [...] o termo envolve impulsos e reações não aprendidas".

O termo "instinto de fome" foi idealizado por Perls desde os primórdios da Gestalt-terapia, quando, em seu livro *EFA*, propõe uma revisão da psicanálise. Nessa obra introduz novos conceitos, frutos da reflexão que vinha fazendo nos diálogos com sua esposa, Laura, nos quais procurava integrar a psicanálise de Freud, a análise do caráter de Reich, a teoria de campo de Kurt Lewin, a teoria organísmica de Goldstein, com quem trabalhara, o holismo de Jan Smuts, aspectos da fenomenologia e da filosofia oriental que conhecera por meio de Friedländer, e os estudos sobre a percepção da psicologia da Gestalt de Koffka, Köhler e Wertheimer.

Em seus primeiros anos de vida profissional, o casal Perls contou também com a convivência e a amizade de Karen Horney e a indicação de Ernest Jones para um trabalho em psicanálise didática na África do Sul. Lá, distanciados do ambiente intelectual que prevalecia na Alemanha, escreveram esse livro que compila as ideias que são a base do que posteriormente viria a ser configurado como a Gestalt-terapia. Nessa obra, Perls volta sua atenção para o instinto de fome, que garante a sobrevivência pessoal, em contraposição à ênfase que Freud dera, ao elaborar a psicanálise, ao instinto de sexualidade, que estaria a serviço de garantir a sobrevivência da espécie. Na segunda parte do livro, faz um paralelo entre o metabolismo mental e o metabolismo psicológico, e, ao citar Smuts, expressa a conotação que tem a palavra "assimilação" para a Gestalt-terapia.

Qualquer elemento de um caráter estranho, diferente ou hostil, introduzido na personalidade, cria conflito interno, impede seu funcionamento e pode mesmo acabar desorganizando-a e desintegrando-a completamente. A personalidade, como um organismo, depende, para

sua continuação, de um suprimento de alimento intelectual, social e similares, do ambiente. Mas quando este material exterior não é adequadamente metabolizado e assimilado pela personalidade pode prejudicá-la e até mesmo ser fatal para ela. Assim como a assimilação orgânica é essencial para o crescimento animal, também a assimilação intelectual, moral e social por parte da personalidade se torna o fato central em seu desenvolvimento e autorrealização. (Perls, 2002, p. 163)

Ao esboçar sua teoria, Perls descreve o instinto de fome: quando a pessoa entra em contato com o alimento, mastiga-o, "[...] a tarefa dos dentes é destruir a estrutura bruta do alimento" (Perls, 2002, p. 167). Em seguida afirma: "[...] quanto mais a atividade de morder é inibida, menos a criança desenvolverá a habilidade de enfrentar um objeto, se e quando a situação exigir" (Perls, 2002, p. 167). Continua dizendo que:

Quanto mais triturada uma substância, maior é a superfície que ela apresenta à ação química. A tarefa dos molares é destruir os pedaços de alimento; a mastigação é o último estágio na preparação mecânica para o ataque futuro por substâncias químicas, fluidos corporais. A melhor preparação para a digestão adequada é triturar o alimento numa massa quase fluida, misturando-a completamente com saliva. (Perls, 2002, p. 168)

No estômago, o alimento já triturado é envolvido pelo ácido estomacal e pela pepsina, e, seguindo seu curso pelo sistema digestivo, o alimento necessário à sobrevivência do organismo é assimilado por este, e o restante é descartado.

Mais adiante, Perls atribui alguns transtornos neuróticos e psicóticos a dificuldades vinculadas ao metabolismo mental. Afirma:

> *A fome de alimento mental e emocional se comporta como a fome física: K. Horney observa corretamente que o neurótico está permanentemente ávido por afeto, mas esta avidez nunca é satisfeita. Um fator decisivo neste comportamento do neurótico é que ele não assimila o afeto que lhe é oferecido.* (Perls, 2002, p. 169)

Portanto, o instinto de fome é para a Gestalt-terapia o início de um processo fundamental de interação organismo/meio que promove a adaptação ativa e criativa do indivíduo em relação ao que o cerca. PHG (1997, p. 42) sugerem que "em toda e qualquer investigação biológica, psicológica ou sociológica temos de partir da interação entre o organismo e seu ambiente", acrescentando a seguir que "[...] qualquer que seja a maneira pela qual teorizamos sobre impulsos, instintos etc. estamos nos referindo sempre a este campo interacional e não a um animal isolado" (PHG, 1997, p. 42-3). Afirmam que o campo organismo/ambiente humano naturalmente não é apenas físico, mas social.

Estabelecendo um paralelo entre as várias abordagens, Dorin (sic New Introductory Lectures, p. 125, Hogarth Press), no *Dicionário de psicologia*, ressalta que Freud utilizou o termo "instinto" como impulsos inatos fundamentais:

> [...] *o instinto pode ser descrito como tendo uma origem, um objeto e um fim. É originado por um estado de excitação interna e seu fim é deslocar essa excitação; desde sua origem até a consecução do seu propósito, o instinto se converte em uma operação mental. Nós o apresentamos como uma certa soma de energia forçando sua passagem em certa direção.* (Dorin, 1978, p. 45)

Afirma que para a psicanálise o "[...] Instinto de vida é o conjunto de impulsos que visam à reprodução e à conservação da vida" e o "Instinto do Ego refere-se a qualquer instinto assexual", em contraposição ao instinto de morte, que seria "[...] um impulso primário cuja finalidade é destruir unidades orgânicas e com tendência destrutivo-masoquista voltada para fora e tomando a forma de agressão: Tanatos" (Dorin, 1978, p. 45).

Myrian Bove Fernandes

REFERÊNCIAS BIBLIOGRÁFICAS

Dorin, E. *Dicionário de psicologia*. São Paulo: Melhoramentos, 1978.

Hollanda, A. B. *Novo dicionário da Língua Portuguesa*. 1. ed. Rio de Janeiro: Nova Fronteira, 1975.

Perls, F. S. *Ego, fome e agressão*. São Paulo: Summus, 2002.

Perls, F. S.; Hefferline, R.; Goodman, P. *Gestalt-terapia*. São Paulo: Summus, 1997.

VERBETES RELACIONADOS

Assimilação, Caráter, Conflito, Contato, Fenomenologia, Gestaltismo, Holismo, Neurose, Psicose, Teoria de campo, Teoria organísmica

INTERCORPOREIDADE[28]

O conceito de intercorporeidade foi introduzido por Merleau-Ponty (1908-1961), fenomenólogo francês, em 1945, data de publicação de sua obra *Fenomenologia da percepção*, na qual ele escreveu: "É pelo meu corpo que eu compreendo os outros, como é pelo meu corpo que eu percebo as 'coisas'" (Merleau-Ponty, 1945, p. 216). Nos anos 1990, C. Deschamps, filósofa e psicoterapeuta canadense trouxe à tona a relevância do tema e publicou "L'intercorporalité chez Merleau-Ponty: un concept-clé pour saisir la complexité du corps dans son rapport au monde"[29]. Posteriormente, o conceito foi retomado por M-L. Brunel e C. Martiny, psicoterapeutas canadenses e professoras na Universidade do Québec, em Montreal, por ocasião de seus trabalhos sobre a empatia. Elas publicaram, em 2004, "Les conceptions de l'empathie avant, pendant et après Rogers"[30], artigo no qual retomam C. Deschamps para apresentar a intercorporeidade como um dos elementos importantes da empatia. Finalmente, em 2008, esse conceito foi retomado por J-M. Delacroix, psicólogo clínico e gestalt-terapeuta francês. Por ocasião de uma pesquisa sobre a empatia, ele descobriu os trabalhos precedentemente assinalados e se deu conta de que esse conceito contém e sintetiza diferentes elementos de seu pensamento e prática gestaltistas: corpo a corpo psíquico (1985), espaço vibratório comum (2005), co-afetação (2006). Ele segue o interesse em depurar a teorização da Gestalt, notadamente para a compreensão do corpo e de sua importância na co-construção do vínculo, da relação e da intersubjetividade, graças às ligações invisíveis que circulam de um corpo ao outro durante o processo terapêutico. Apoiando-se na fenomenologia como uma das raízes da Gestalt, introduziu esse conceito no quadro da teoria gestaltista do *self* em um artigo intitulado: "Intercorporalité et aimance du thérapeute"[31], publicado em 2010 em francês, na revista do *Collège Européen de Gestalt-thérapie*, e em 2012, em espanhol, na revista mexicana *Figura/fondo*.

Para compreendermos o conceito de intercorporeidade, devemos retomar a forma como Merleau-Ponty concebe o corpo. Ele o faz com base na **percepção** e no sensorial, nos **cinco sentidos**, no que eles captam e recebem como impressões e informações. Ele o concebe a partir da **consciência que temos de nosso corpo "senciente e sentido"** e da **experiência** que vivemos quando estamos **"aware"**. Ele é matéria e parte carnal de nós mesmos sobre a qual nossa consciência pode focar, e **é por meio dele e da consciência que temos que alcançamos um certo conhecimento de nós-mesmos e do mundo**. "A espessura do corpo, longe de rivalizar com a do mundo é, ao contrário, o único meio que tenho para ir ao coração das coisas, me fazendo mundo e me fazendo carne" escreve Merleau-Ponty (1964, p. 178). Para o filósofo, o corpo vê e sente o mundo, ele **é** uma maneira de se fazer presente ao mundo e de habitá-lo, e é por seu intermédio que surge,

---

28. Este verbete foi escrito originalmente em francês e traduzido por Adriano Holanda.
29. "A intercorporeidade em Merleau-Ponty: um conceito-chave para a apreensão da complexidade do corpo na sua relação com o mundo" (sem tradução para o português)
30. "As concepções de empatia antes, durante e após Rogers" (sem tradução para o português) [NT].
31. "*Intercorporeidade e atração do terapeuta*" (sem tradução para o português) [NT].

que se expressa e que se realiza a atitude subjetiva própria à pessoa que somos. A pessoa **é** seu corpo, ela não pode existir senão por ele, dado que sem o corpo ela não poderia estar presente nem a si mesma, nem ao mundo, nem ao outro. Para Merleau-Ponty, corpo e consciência são indissociáveis, e ele utiliza o termo **corporeidade** para designar o fato de que o ser humano é naturalmente dotado de uma **consciência encarnada**, ou seja, que é ela mesma corpórea. Assim, a pessoa, sendo pelo seu próprio corpo uma maneira de estar consciente do mundo, mostra que ela é essencialmente uma **presença corpórea no mundo**. Isto é o que ele chama **a consciência perceptiva ou o corpo-cognoscente**: é por suas possibilidades sensíveis e perceptíveis que o corpo tem a experiência do mundo.

C. Deschamps (1995), após ter analisado os escritos de Merleau-Ponty, definiu assim esse conceito:

> *Para Merleau-Ponty, a intercorporeidade se refere ao cruzamento que se opera secretamente entre seu corpo e o dos outros, por diversos métodos inconscientes como os da imitação e do mimetismo. Esse cruzamento não é apenas descobrir o outro de fora, mas de dentro da experiência, revelando de maneira oculta a parte invisível ou silenciosa de seu próprio corpo.* (Merleau-Ponty, 2004, p. 485)

M-L. Brunel e C. Martiny (2004, p. 485) escrevem em seu artigo:

> *O conceito de intercorporeidade permite compreender como a linguagem do corpo é essencial para a compreensão empática. O corpo é um modo de se fazer presente ao outro. Como corpo vivido, ele está indissociavelmente ligado à sua história pessoal e oferece uma via particular para o mundo, constituindo a base da subjetividade e também da intersubjetividade, dado que constitui o lugar de encontro entre sujeito e objeto, um lugar onde se experiencia o outro.*

J-M. Delacroix (2011) apresenta a intercorporeidade, em seu artigo, como um elemento fundamental no processo terapêutico em Gestalt para a criação do vínculo e da intersubjetividade, e a define por quatro características:

1) Pelo que se passa, de corpo a corpo, entre o paciente e o terapeuta, no invisível de início, depois mediante as diferentes manifestações que podem afetar o terapeuta em seu corpo, em seu imaginário, em seu estado interior, em seu pensamento.

2) Pela consciência que se tem dessas manifestações, graças à sua própria corporeidade, engajada no processo de contato, e pelo fato que coloca a hipótese de que elas são transmitidas de forma não consciente pelo paciente, por meio dos vínculos invisíveis baseados nos fenômenos da interdependência e da ressonância.

3) Pelo fato de que se espera trazer a intercorporeidade à consciência do paciente, dando-lhe certos elementos da própria experiência do terapeuta, que são considerados como uma informação que lhe vem do organismo do paciente.

4) Pela co-afetação de corpo a corpo na qual a corporeidade de um abre o outro à sua própria corporeidade em um movimento de vaivém, criando assim uma circularidade de um ao outro, por intermédio da qual se tecem o vínculo, a relação e a intersubjetividade.

Essas diferentes definições mostram bem o **princípio da circularidade** desenvolvido por Merleau-Ponty: a intercorporeidade é um processo de corpo a corpo no qual o físico, o emocional, o relacional, o histórico, o mental, o energético e o espiritual estão presentes simultaneamente e circulam de um a outro em um movimento contínuo. A corporeidade de um não existe sem a corporeidade do outro e as duas corporeidades são postas em movimento e em interação por esse princípio de circularidade, dando todo seu sentido a esta frase citada no início deste verbete: "É pelo meu corpo que eu compreendo os outros, como é pelo meu corpo que eu percebo as 'coisas'" (Merleau-Ponty, 1945, p. 216). O papel do terapeuta é o de abrir sua consciência (*awareness*) ao que passa por si, de colocar-se em circulação restituindo ao paciente o que este lhe transmitiu sem o saber, e de sustentar esta circularidade. É por esse sistema circular que o terapeuta e o paciente se tornarão sujeitos com suas corporeidades próprias; o corpo enquanto carne se torna um **corpo-cognoscente**, lugar de encontro, de ressonância e de captação entre um e outro, e necessariamente um lugar onde se experiencia o outro. O corpo-cognoscente tem a capacidade de estar em relação com o mundo exterior e, como tal, de ser um sujeito senciente, e ele tem igualmente a possibilidade de voltar-se sobre si mesmo, de ser para si mesmo seu próprio objeto, de ser um objeto sentido. Corpo senciente: aquele que capta e ressente; corpo sentido: aquele que se vive com o que captou; e, acrescentamos, corpo relacionante: o terapeuta que traduz ao paciente, fazendo uso de suas palavras, o que sentiu de seu corpo a corpo, que observa e aguarda suas reações, e que sustenta a circulação.

Em que isto diz respeito ao gestalt-terapeuta? Uma parte da Gestalt-terapia contemporânea se apoia sobre a teoria do *self* apresentada por PHG na obra originalmente publicada em 1951, em Nova York, teoria esta que foi retomada, elaborada e desenvolvida por certo número de clínicos e teóricos ao redor do mundo. A teoria do *self* coloca em primeiro plano os conceitos de campo, de relação e de busca do ajustamento criativo, que seria a realização do processo de contato, interessando-se pelo que se passa entre si e o outro, entre o paciente e o terapeuta. Foi influenciada pela fenomenologia e, com esta, pelas noções de experiência, de consciência e de consciência corporal. As noções de "corpo senciente e sentido" e de "corpo cognoscente" estão muito presentes na experiência relacional, visto que é pelo corpo, com suas diferentes atitudes, que temos conhecimento de nossa experiência em face do outro. O conceito de intercorporeidade é, pois, muito pertinente à Gestalt, dado que permite refinar a reflexão sobre o que se passa no entre-dois, entre o paciente e o terapeuta: o corpo cognoscente do terapeuta, seu corpo sentido e senciente, torna-se uma caixa de ressonância, um captador, ele ressoa ao que se passa entre, ele capta os elementos da experiência do paciente e de seu mundo interior. Estamos em um fenômeno sutil de corpo a corpo no qual isso passa de um a outro de maneira invisível e esse invisível pode se manifestar através do organismo do terapeuta e de suas manifestações corporais, emocionais, e também por imagens, por lembranças de sua própria história, por pensamentos, por estados interiores (excitação, irritação, aborrecimento, vazio, desinteresse, confusão, falta etc.). Qualquer coisa do paciente transita pelo corpo do terapeuta e este é responsável por reenviar ao paciente o que este lhe enviou sem o saber, de colocar em circulação os elementos contidos na circularidade, de manter essa circularidade e de identificar como ela acontece. Consideramos que os fenômenos que passam pelo organismo do terapeuta são, de fato, fenômenos do campo: eles são desencadeados pela situação na qual o terapeuta se oferece com seu corpo cognoscente para captar os elementos do desconhecido, do "não sabido" do paciente. Estamos em um corpo a corpo real e desse corpo a corpo emergem os fenômenos que se manifestam seja pelo corpo de um, seja pelo corpo do outro, mas consideramos que eles pertencem a um e a outro, eles são uma co-criação gerada pela situação. Cabe ao terapeuta construir uma intervenção que explicite, na relação, o que lhe foi transmitido no invisível. Essa intervenção de restituição é delicada; ela deve ser feita no momento oportuno e de maneira aceitável pelo paciente.

Logo, o conceito de intercorporeidade nos permite refinar o conceito de contato, introduzindo a noção de vínculo invisível para designar o que se passa do corpo de um ao corpo do outro no aqui e agora. Se nós definirmos as sequências de colocação em contato e de pleno contato como momentos em que há um ir de um em direção ao outro no visível e no real, o ir em direção já teve lugar mediante os vínculos invisíveis que passam de um ao outro e que suscitam reações no corpo do terapeuta, que desenvolveu uma postura de consciência-presença, de escuta e de receptividade, sem julgamento. O emocional e o imaginário do terapeuta são, então, considerados como manifestações oriundas do corpo-carne colocadas em movimento pelo corpo a corpo sutil e energético.

Jean-Marie Delacroix

REFERÊNCIAS BIBLIOGRÁFICAS

BRUNEL, M.-L.; MARTINY, C. "Les conceptions de l'empathie, avant, pendant et après Rogers". *Carriérologie, Revue Francophone Internationale*, v. 9, n. 3, p. 473-500, 2004.

DELACROIX, J.-M. "Intercorporalité et aimance du thérapeute, dans l'amour, un hors sujet?" *Les Cahiers de Gestalt, Revue du Collège Européen de Gestalt-Thérapie*, n. 28, automne 2011.

DESCHAMPS, C. "L'intercorporalité chez Merleau-Ponty, un concept-clé pour saisir la complexité du corps dans son rapport au monde". *Revue de l'Association pour la Recherche Quantique*, Montréal, Université de Montréal, v. XV, automne 1995.

MERLEAU-PONTY, M. *Phénoménologie de la perception*. Paris : Éditions Gallimard, 1945.

_____. *Le visible et l'invisible*. Paris: Gallimard, 1964.

_____. In: BRUNEL, M.-L.; MARTINY, C. "Les conceptions de l'empathie, avant, pendant et après Rogers." *Carriérologie, Revue Francophone Internationale*, v. 9, n. 3, p. 473-500, 2004.

VERBETES RELACIONADOS

Consciência, Contato, Corpo, corporeidade, Fenomenologia, Método fenomenológico, Teoria organísmica, Organismo, Campo organismo-ambiente, *Self*, Teoria de campo

INTROJEÇÃO

Termo cunhado por Ferenczi em 1909, foi utilizado por Freud em alguns momentos de sua obra, e por outros autores como Abraham, Melanie Klein e Lacan, que, todavia, o empregavam a fim de designar sentidos distintos ou diferentes nuanças.

Frederick Perls, em sua primeira obra, *EFA* (1942), também se apropria do termo e discorda de algumas noções introduzidas por Freud e Ferenczi, tal como a afirmação de que "a introjeção em si mesma pode ser um processo normal". Para Perls, "eles ignoravam o fato de que introjeção significa preservar a estrutura de coisas ingeridas, enquanto o organismo ordena sua destruição" (Perls, 2002, p. 194).

Ainda neste livro, Fritz contribui com o "esboço de uma teoria da personalidade", o "metabolismo mental", termo utilizado metaforicamente para funcionamento psicológico, e introduz, por meio de sua teoria do desenvolvimento alimentar e dental, o instinto de fome, que propõe a assimilação mental como correlato da assimilação alimentar. Dessa forma, na Introdução da Parte II, J. C. Smuts (2002, p. 163) comenta:

Qualquer elemento de um caráter estranho, diferente ou hostil, introduzido na personalidade, cria conflito interno, impede seu funcionamento e pode mesmo acabar desorganizando-a e desintegrando-a completamente. A personalidade, como o organismo, depende, para sua continuação, de um suprimento de alimento intelectual, sociais e similares, do ambiente. Mas quando este material exterior não é adequadamente metabolizado e assimilado pela personalidade pode prejudicá-la e até mesmo ser fatal para ela. Assim como a assimilação orgânica é essencial para o crescimento animal, também a assimilação intelectual, moral e social por parte da personalidade se torna o fato central em seu desenvolvimento e autorrealização.

A partir do desenvolvimento dessas noções, começam-se a discutir "as consequências das perturbações da assimilação mental e as variações peculiares ao modo original de contato, a introjeção, e suas repercussões psicopatológicas" (Bóris, 2002, p. 25). Inicialmente, Perls apresenta as três fases de absorção do mundo: introjeção total, introjeção parcial e assimilação, correspondendo aos estágios no desenvolvimento do instinto de fome. Na primeira, "a pessoa ou o material introjetado permanece intacto, isolado como um corpo estranho no sistema"; é o estágio da amamentação. Na segunda, "apenas partes de uma personalidade são introjetadas", como metáforas, traços caracterológicos, maneirismos; refere-se ao estágio da mordida, do uso dos dentes incisivos. Na terceira, para "obter um funcionamento adequado da personalidade é necessário dissolver, analisar esse ego substancial e reorganizar e assimilar suas energias" (Perls, 2002, p. 195-7). Corresponde à destruição, fazendo uso dos dentes molares, pois, quando se desestrutura a comida mental ou real, há a assimilação e consequentemente o crescimento.

Idealmente, o alimento psicológico oferecido pelo mundo externo deve ser assimilado, "digerido", como o alimento real. Quando esse alimento é absorvido, sem discriminação ou assimilação, quando é engolido por inteiro, sem mastigação, chamamos de introjeção.

> *A introjeção, pois, é o mecanismo neurótico pelo qual incorporamos em nós mesmos normas, atitudes, modos de agir e pensar, que não são verdadeiramente nossos. Na introjeção colocamos a barreira entre nós e o resto do mundo tão dentro de nós mesmos que pouco sobra de nós.* (Perls, 1981, p. 48)

Posteriormente, Perls (1951) amplia suas ideias e diz que, se o *self* perder parte de suas funções de ego, identificação e alienação, o indivíduo assumirá uma personalidade "como se" mantendo uma atitude conformada, infantil e condescendente em relação ao ambiente, perdendo, assim, a oportunidade de desenvolver sua própria personalidade. Se o indivíduo

> [...] *não puder se autoidentificar e alienar o que não é ele em termos de suas próprias necessidades, confrontará um vazio. O ambiente social contém toda a realidade que existe, e ele se autoconstitui identificando-se com os padrões desse ambiente e alienando o que são potencialmente seus próprios padrões.* (PHG, 1997, p. 254)

Em *Gestalt-terapia integrada* (1973), os Polster acrescentam que "a tríade impaciência para engolir algo rapidamente, preguiça de ter de trabalhar duro para conseguir algo e ambição por conseguir o máximo possível do modo mais rápido possível – todas estas tendências levam à introjeção" (Polster; Polster, 2001, p. 91).

Finalmente, no trabalho clínico, ao desfazer a introjeção, liberando a energia mobilizada pela agressão, cabe "focar-se em estabelecer dentro do indivíduo um senso de escolhas disponíveis para ele, e estabelecer seu poder para diferenciar 'eu' e 'eles'" (Polster; Polster, 2001, p. 89).

Gladys D'Acri

REFERÊNCIAS BIBLIOGRÁFICAS

Bóris, G. D. J. B. In: Perls, F. S. *Ego, fome e agressão*. São Paulo: Summus, 2002.

Perls, F. S. *A abordagem gestáltica e testemunha ocular da terapia*. Rio de Janeiro: Zahar, 1981.

_____. (1942). *Ego, fome e agressão*. São Paulo: Summus, 2002.

Perls, F. S.; Hefferline, R.; Goodman, P. (1951). *Gestalt-terapia*. São Paulo: Summus, 1997.

Polster, E.; Polster, M. (1973). *Gestalt-terapia integrada*. São Paulo: Summus, 2001.

VERBETES RELACIONADOS

Agressão, Assimilação, Energia, Função id, função ego, função personalidade, Instinto de fome, *Self*, Sistema

LUTO

O luto é definido por Perls (*EFA*, 2002, p. 153) como "uma parte do processo de resignação, necessário para superar o apego ao passado". Ao discutir o processo de enlutamento, PHG (1997, p. 166) consideram que quando "o trabalho de luto se completa e a pessoa está mudada, e adota um desinteresse criativo; imediatamente outros interesses tornam-se dominantes".

É impossível negar que a morte chegará para todos e em alguns momentos é importante aceitar o fato de que tanto a morte quanto as perdas fazem parte da vida. Existem pelo menos duas maneiras de reagir: ou enfrentar a constatação de que a morte e as perdas existem, ou fugir dessa facticidade. O luto se configura como uma reação às mortes, sejam elas reais ou simbólicas. Acredita-se que o luto seja um processo que envolva a compreensão da qualidade das relações campo--organismo-meio ambiente, pois os entrelaçamentos vida-morte, perdas e ganhos aparecem de maneira recorrente em todos os temas existenciais e, por esse motivo, a epígrafe do livro *Gestalt-terapia explicada*, "Consentir a própria morte e renascer não é fácil" (Perls, 1977a) parece fazer menção aos paradoxos existenciais de que tanto sofrer pelo consentimento da própria morte quanto renascer pela emergência do luto constituem uma lida difícil. Por isso o indivíduo passará por um momento em que deverá destruir, aniquilar e assimilar a nova situação.

A morte do outro evoca a desconstrução do espaço do **nós**, isto é, quando o outro morre é preciso encontrar forças para continuar, tendo em vista que parte de si é morta com a morte do outro. E a enfadonha obrigação de lidar com o *nunca mais* se inicia. No entanto, quando a experiência é assimilada, torna-se parte do organismo e, em contrapartida, o luto emerge como um processo pelo qual a pessoa tenta elaborar o impacto da ausência do outro ou do objeto perdido e principalmente tenta elaborar a falta de significados. Assim, como salienta Perls (*EFA*, 2002, p. 153) "não é o que a pessoa morta significava para o enlutado que é decisivo, mas o que ela ainda *significa* para ele". A ausência desse significado evoca a persistência, ou seja, com a morte, uma situação inacabada é aberta e a Gestalt torna-se incompleta, provocando a persistência (*Ranging-on*) que "serve para inibir as emoções pela perda e manter a pessoa presente em fantasia" (Tobin, 1977, p. 161).

As pessoas morrem, porém as vivências permanecem, isto é, as vivências são as que revelam a realidade. E a realidade é o aqui--agora. Devido ao sofrimento que uma morte provoca, o enlutado ou vive pela antecipação ou pelas lembranças, melancolia e nostalgia, já que o passado se faz presente por meio das situações inacabadas. PHG (1997, p. 166) explicam que a função do sofrimento prolongado entre os seres humanos é fazer que:

> [...] *prestemos atenção ao problema atual imediato e, em seguida, fiquemos fora do caminho, dedicando à ameaça todas as nossas faculdades, e, em seguida, ficando fora do caminho, para que relaxemos a deliberação inútil, a fim de permitir que o conflito grasse e destrua o que tem de ser destruído.*

As dificuldades no processo de luto podem favorecer transformações desde que a pessoa se torne presente. Para Perls (1977b, p. 84), "existência é 'atualidade' (*actuality*). É tornar--se presente" e, por isso, é necessário que a pessoa contemple seu estado de fragilidade, vulnerabilidade e sofrimento. Somente tornando-se *aware* e prestando atenção ao que acontece é que o luto poderá ser elaborado.

O processo de luto demanda ajustamentos criativos, clama pelo despertar da espontaneidade, da criatividade e de um olhar diferenciado para a vida e para o viver. Dessa maneira, no trabalho com o luto, alguns dos nutrientes necessários para se viver o processo são: a responsabilidade existencial para acolher também o sofrimento, a tolerância diante da falta de sentido, a assimilação das frustrações e limitações da vida, o resgate da fé na existência, nas vivências e na capacidade relacional de estar com outro a fim de "deixar que o *self* viva de sua própria síntese criativa" (PHG, 1997, p. 63).

Karina Okajima Fukumitsu

REFERÊNCIAS BIBLIOGRÁFICAS

PERLS, F. S. (1942). *Ego, fome e agressão*. São Paulo: Summus, 2002.

_____. *Gestalt-terapia explicada*. São Paulo: Summus, 1977a.

_____. *Isto é Gestalt*. São Paulo: Summus, 1977b.

PERLS, F. S.; HEFFERLINE, R.; GOODMAN, P. (1951). *Gestalt-terapia*. São Paulo: Summus, 1997.

TOBIN, S.A. "Dizer adeus". In: PERLS, F. S. *Isto é Gestalt*. São Paulo: Summus, 1977.

VERBETES RELACIONADOS

Ajustamentos criativos, Aqui e agora, Assimilação, Atualização, Criatividade, Dominância, Emergência de necessidades, Espontaneidade, Existência, Experiência, Gestalt, Organismo, Presente, Sintoma, Situação inacabada

MATURAÇÃO (VER AUTOAPOIO, APOIO AMBIENTAL E MATURAÇÃO)

MECANISMOS NEURÓTICOS

Em *EFA* (1942), Perls ainda não utiliza o termo "mecanismos neuróticos" e, sim, "inibições essenciais" para referir-se à repressão, introjeção, projeção e retroflexão, destacando-as também como as principais inibições. Suas ideias de funcionamento do ego nessas inibições essenciais e a importância da relação organismo e meio já prenunciam o que surgiria, posteriormente, na Gestalt-terapia.

O conflito entre as necessidades do homem e suas possibilidades de resolução, por meio do contato com o ambiente, é inevitável. No livro de PHG (1951), os autores dizem que "[...] os comportamentos neuróticos são ajustamentos criativos de um campo onde há repressão" (1997, p. 248). Entendemos ajustamento criativo como a capacidade de executarmos ações no meio na busca da satisfação das necessidades emergentes. Para isso é necessário transpor os impedimentos ocorridos, transformando-os da melhor forma possível, sem paralisar diante deles, pois a "perda de contato com o meio quase sempre provoca resultados catastróficos" (Perls, 2002, p. 310).

Em outras palavras, o ajustamento criativo é em si o mecanismo próprio de autorregulação do organismo humano. A exigência básica para sua ocorrência é a *awareness*. Estar *aware* significa estabelecer um contato claro e pleno com qualquer evento que ocorra nesta fronteira homem/meio, considerando as experiências sensorial, emocional, intelectual, motora etc. O bloqueio da *awareness* é explicado por Perls como resultante de repetidos desacordos entre as necessidades do indivíduo e as demandas do meio. O homem passa a abrir mão de suas próprias necessidades, em nome das exigências externas, muitas vezes pontuadas pelas regras sociais da cultura na qual está inserido.

No livro *A abordagem gestáltica e testemunha ocular da terapia*, Perls (1981, p. 31) afirma: "O tipo de relação homem/meio determina o comportamento do ser humano. Se o relacionamento é mutuamente satisfatório, o comportamento do indivíduo é o que chamamos de normal. Se é de conflito, trata-se do comportamento descrito como anormal". Esse padrão de funcionamento "anormal" tem como característica a adoção recorrente de mecanismos neuróticos entendidos como respostas estereotipadas aos estímulos do meio. No entanto, Perls destaca: "As psicologias mais antigas descreviam a vida humana como um conflito constante entre o homem e o meio" (Perls, 1981, p. 39). Quanto à Gestalt-terapia, ele diz: "Por outro lado, nós o vemos [o conflito] como uma interação entre os dois, dentro da estrutura de um campo constantemente mutável" (Perls, 1981, p. 39). Ou seja, os mecanismos neuróticos são construídos em um processo de interação e contato homem/meio. Eles não podem ser compreendidos como "sintomas" psicopatologicamente descritos e classificáveis.

Os mecanismos neuróticos não são, em si, nem bons nem maus. A repetição destes como um padrão comportamental recorrente é que os torna nocivos, transformando-se em repetições rígidas dos mesmos padrões de funcionamento diante das circunstâncias do meio. É importante ter em mente que esses mecanismos surgem como interrupções de um ciclo básico, o ciclo do contato. Este se inicia com base na percepção de uma sensação, que deflagrará um processo de reconhecimento de uma necessidade. Pelo funcionamento da *awareness* do indivíduo busca-se, por uma ação no meio, satisfazer essa necessidade. Como nem sempre essa satisfação é possível, a frustração é um dado inevitável.

É fundamental para o pleno funcionamento desse ciclo do contato a possibilidade de a pessoa lidar com a frustração, de modo que busque outros caminhos para a satisfação da necessidade que surgiu como figura pregnante. O excesso de processos frustrantes no ciclo do contato do indivíduo com o meio é que leva ao aparecimento de uma forma de sofrimento físico e/ou mental. A frustração em si é inevitável, sendo saudável para o indivíduo ter flexibilidade o suficiente a fim de transcender essa situação frustrante. O excesso de frustrações ou a rigidez do indivíduo na busca de novas possibilidades de ação no meio é que levam ao mau funcionamento desse ciclo e, portanto, ao surgimento de processos de adoecimento.

A psicologia anormal é apontada como o estudo das interrupções ou inibições que impedem o ajustamento criativo. PHG (1951) descrevem "[...] os diferentes 'caracteres' neuróticos como padrões estereotipados que limitam o processo flexível de dirigir-se criativamente ao novo" (PHG, 1997, p. 45). Eles dedicam um capítulo para tratar dos "caracteres neuróticos", que se caracterizam pelo uso constante de mecanismos estereotipados de funcionamento autorregulativo, os mecanismos neuróticos.) Defendem a ideia de que "[...] o paciente não tem um 'tipo' de mecanismo, mas, na realidade, uma seqüência de tipos [...] e todo mecanismo e característica constituem um meio de viver valioso, se puderem ao menos continuar a fazer a sua tarefa" (PHG, 1997, p. 250).

Na obra de PHG (1997) enumeram-se, inicialmente, cinco mecanismos neuróticos[32] básicos: 1) confluência; 2) introjeção; 3) projeção; 4) retroflexão; 5) egotismo. Descrito por Goodman, este último, mais tarde, não será desenvolvido por Perls. No livro *A abordagem gestáltica e testemunha ocular da terapia* (1981), ele considera apenas os quatro primeiros.

---

32. Esses cinco mecanismos estão explanados separadamente ao longo desta obra.

Posteriormente, Miriam e Erving Polster, representantes da segunda geração de Gestalt-terapeutas, descrevem mais um mecanismo, a deflexão, que é entendida como um dos cinco canais principais de interação resistente. É uma forma de evitar o calor do contato, ou o contato direto com o outro. No livro *Gestalt-terapia integrada*, os Polster (2001, p. 102) afirmam que "a ação fica sem alvo; ela é mais fraca e menos efetiva". Acrescentam que:

> *Quem usa a deflexão se envolve com seu ambiente mediante acertos e erros, entretanto, para ele isso geralmente se transforma em muitos erros com apenas alguns acertos – na maioria acidentais. Assim, ou ele não investe energia suficiente para obter um retorno razoável, ou a investe sem foco e a energia se dissipa e evapora. Ele termina esgotado e com pouco retorno – arruinado.* (Polster; Polster, 2001, p. 86)

Assim como acontece nos demais canais de resistência, a deflexão só se torna um problema quando a pessoa a utiliza indiscriminadamente. Serge e Anne Ginger (1995, p. 256), no livro *Gestalt: uma terapia do contato*, consideram a deflexão "uma das 'resistências' ou 'perdas da função do eu'. [...] Pode ser, assim, uma fuga do aqui e agora nas lembranças, projetos, considerações abstratas, no que Perls chamou de masturbação mental' (*mind fucking*)".

Na prática clínica, ela pode ser percebida por verborragia ou silêncio excessivo, pela evitação do olhar, pela generalização em vez da especificidade do assunto, pelo uso da linguagem na terceira pessoa, entre outras. Cabe ao terapeuta facilitar o contato do cliente consigo mesmo, transformando, assim, a deflexão em expressão.

Sylvia Crocker desenvolve a noção de proflexão, compreendendo-a como uma combinação de retroflexão e projeção, isto é, fazer ao outro o que gostaria que o outro fizesse a si. No livro *O ciclo do contato*, Ribeiro (1995, p. 18) define proflexão como "processo através do qual desejo que os outros sejam como eu desejo que eles sejam ou desejo que eles sejam como eu mesmo sou, manipulando-os a fim de receber deles aquilo de que preciso, seja fazendo o que eles gostam, seja submetendo- me passivamente a eles, sempre na esperança de ter algo em troca".

Esse autor ainda descreve mais dois processos de "bloqueio de contato", conforme opta por chamar: fixação e dessensibilização. Define o primeiro como "o processo através do qual me apego excessivamente a pessoas, ideias ou coisas e, temendo surpresas diante do novo e da realidade, sinto-me incapaz de explorar situações que flutuam rapidamente, ficando fixado em coisas e emoções, sem verificar as vantagens de tal situação" (Ribeiro, 1995, p. 17). Já dessensibilização é o "processo pelo qual me sinto entorpecido, frio diante de um contato, com dificuldade para me estimular. Sinto uma diminuição sensorial no corpo, não diferenciando estímulos externos e perdendo o interesse por sensações novas e mais intensas" (Ribeiro, 1995, p. 19).

Gladys D'Acri, Patricia Lima (Ticha) e Sheila Orgler

REFERÊNCIAS BIBLIOGRÁFICAS

GINGER, S.; GINGER, A. *Gestalt: uma terapia do contato*. São Paulo: Summus, 1995.

PERLS, F. S. *A abordagem gestáltica e testemunha ocular da terapia*. Rio de Janeiro: Zahar, 1981.

_____. (1942). *Ego, fome e agressão*. São Paulo: Summus, 2002.

PERLS, F. S.; HEFFERLINE, R.; GOODMAN, P. *Gestalt-terapia*. São Paulo: Summus, 1997.

POLSTER, E.; POLSTER, M. *Gestalt-terapia integrada*. São Paulo: Summus, 2001.

RIBEIRO, J. P. *O ciclo do contato*. Brasília: Ser, 1995.

VERBETES RELACIONADOS

Ajustamento criativo, Aqui e agora, Autorregulação organísmica, *Awareness*, Campo, Ciclo do contato, Conflito, Confluência, Contato, Deflexão, Dessensibilização, Ego,Egotismo, Fixação, Fronteira de contato, Frustração, Funcionamento saudável e não saudável, Gestalt-terapia, Introjeção, Necessidades, Organismo, Proflexão, Projeção, Resistência, Retroflexão

MÉTODO FENOMENOLÓGICO

A palavra "método" advém do grego $\mu\varepsilon\tau\alpha$ ("*meta*") + $\sigma\delta\sigma\zeta$ ("*hódos*"), e remete a "caminho", "direção para um objetivo", definível e ordenado. É uma maneira de alcançar determinado objetivo. O método fenomenológico é um desses caminhos, sendo uma das perspectivas advindas da fenomenologia pura. Nesse sentido, o método fenomenológico é uma apropriação particular da realidade, baseado em premissas da fenomenologia como filosofia.

Para compreender o sentido do método na fenomenologia é preciso primeiro compreendê-la em sua especificidade. A fenomenologia não dá conteúdos à psicologia, mas caminhos para que sejam alcançados, ou, nas palavras de Merleau-Ponty (1945, p. 1), fenomenologia "é o ensaio de uma descrição direta de nossa experiência tal qual ela é". Assim sendo, não é uma "alternativa" às teorias psicológicas, como é o caso da Gestalt-terapia, por exemplo. A Gestalt-terapia oferece conteúdos teóricos e práticos à prática clíni-

ca, enquanto a fenomenologia dá a base, os alicerces metodológicos, que podem ser utilizados tanto pelas teorias psicológicas (como na aplicação à pesquisa) quanto para as práticas psicoterápicas (como encontramos em Binswanger (1973), ao se propor construir uma "antropologia fenomenológica", ou seja, uma ideia de homem compatível com a fenomenologia). A rigor, fenomenologia é uma leitura da realidade tal qual ela é.

De fato, as relações – ou "vinculações" – entre Psicologia e Fenomenologia são estreitas, intensas e importantes (Holanda, 2009; Holanda; Freitas, 2011). Paul Ricoeur (2010) mesmo afirma não ser possível compreender a psicologia sem a fenomenologia, pois esta permite a compreensão da subjetividade em sua própria forma ideal.

A fenomenologia surge como uma crítica aos modelos dominantes de ciência na sua época, em especial à apropriação destes – particularmente, o modelo das ciências positivas – para as ditas "ciências do espírito" (compreendidas atualmente como ciências humanas e sociais). A crítica se aplica tanto à filosofia especulativa quanto às demais ciências, propondo uma revisão de seus fundamentos, com base na "dissolução da filosofia no modo científico de pensar" (Critelli, 1996). A fenomenologia, em princípio, parte da dissolução de um saber único e estático, de uma "crítica da razão" (Moura, 1989), projetando tornar a filosofia uma "ciência de rigor". Para Husserl (1911/1965, p. 1):

> *É verdade que o ethos dominante da Filosofia moderna consiste justamente na sua vontade de se constituir como ciência de rigor, por meio*

de reflexões críticas, em investigações sempre mais penetrantes do método, em vez de se abandonar irrefletidamente ao impulso filosófico. O único fruto maduro, porém, destes esforços, foi a fundamentação e autonomia das Ciências naturais e morais como ciências de rigor, e de novas disciplinas puramente matemáticas.

É nesse caminho que a fenomenologia se torna um "método", alicerçado fundamentalmente em algumas premissas. Em primeiro lugar, parte da premissa de que o fenômeno se dá por si só, ou seja, "surge", "se mostra", se *a-presenta* com base nele mesmo. Dessa feita, para acessar o fenômeno, deve-se partir da descrição. Como salienta Husserl (1911/1965, p. 29): "O verdadeiro método segue a natureza das coisas a investigar, mas não segue os nossos preconceitos e modelos". No contexto das práticas psi, os melhores exemplos desse aspecto do método fenomenológico podem ser encontrados em Karl Jaspers (1913/1997), ao aplicar a fenomenologia descritiva à compreensão dos fenômenos psicopatológicos, e, posteriormente, em Ludwig Binswanger (1973), em sua proposição da Dasein análise como uma compreensão existencial-analítica no contexto clínico, como uma "antropologia fenomenológica" (Spiegelberg, 1972).

Igualmente, as diversas perspectivas de pesquisa qualitativa que se alicerçam na fenomenologia coincidem, em suas práticas metodológicas, ao tomar como primeiro passo a descrição, que consiste em apresentar o fenômeno tal qual este aparece. Isso é possível por causa da segunda premissa,

que é a *intencionalidade*. A fenomenologia entende a consciência como um processo ativo (e não passivo, receptivo, como as tendências das psicologias introspeccionistas da época), ou seja, consciência é ato, e, como tal, está sempre remetida ao mundo. Em outras palavras, a intencionalidade designa o fato de que as essências não têm existência fora dos atos da consciência que as constituem. Sujeito e mundo se constituem mutuamente. Sendo assim, não há ato de consciência sem um "objeto" como correlato (aqui o "objeto" sendo entendido em seu sentido genérico). E, em contrapartida, não há objeto em si. A intencionalidade designa o fato de que toda consciência é consciência-de-alguma-coisa, e de que toda "coisa" é um objeto-para-uma-consciência. Ao ato da consciência, Husserl dá o nome de noese, e ao seu correlato, noema.

Em termos práticos, o método fenomenológico, alicerçado na intencionalidade, permite acessar o mundo de significados em correlação a um sujeito que vive neste mundo. Portanto, os objetos deixam de ser simples objetos e passam a ser "sentidos" ("significados") para determinada subjetividade. Em uma perspectiva mais direta, é o que refere Perls, numa clássica epígrafe, quando diz: "Uma rosa que me foi presenteada não é mais uma rosa. Mas é a rosa que me foi presenteada".

Tudo isso é possível pelo fato de que, na vida psíquica, para Husserl – seguindo a filosofia de Wilhelm Dilthey –, o fato elementar é a vivência ou a experiência vivida. A fenomenologia, como "elucidação do puro reino das essências" (Dartigues, 2006), começa sua tarefa pela experiência sensível, dado que é pelas vivências da consciência que essas essências se doam ao espírito. Por "**vivência**" designa-se tudo que transcorre, a cada momento, no âmbito subjetivo da consciência individual. A palavra "**vivência**" é um neologismo do alemão *Erlebnis*, do verbo *erleben* ("vivenciar"), e traz em seu bojo a questão da imediaticidade da experiência, isto é, como anterior a qualquer interpretação.

Ela aparece em Husserl quando este designa a fenomenologia como "doutrina eidética descritiva dos vividos puros" (1913/2006, §75, p. 161), e foi versada para as línguas latinas por José Ortega y Gasset (1913/2011), para designar esse fluxo de experiências que caracteriza o sujeito: "Tudo aquilo que chega com tal imediatez a meu eu, que entra formando parte dele, é uma vivência. Como o corpo físico é uma unidade de átomos, assim também o eu ou o corpo cônscio é uma unidade de vivências" (p. 228).

Para se alcançar esse objetivo, ou seja, para se atingir a experiência imediata, é preciso realizar uma operação, denominada vulgarmente "redução fenomenológica", e identificada com a palavra grega ἐποχή ("epoche")[33], como o meio pelo qual apreendemos metodicamente nosso eu puro e a vida da consciência "na qual e para a qual todo o mundo objetivo é para mim, e é tal como para mim é" (Husserl, 1929/1992, p. 15). É por meio da redução – ou da "colocação entre parênteses", ou, ainda, nas palavras de Husserl (1913/2006), da "colocação fora de circuito" – do já-sabido, do já-conhecido, do dado, que se pode acessar a experiência tal qual ela é, ou seja, abstendo-se de julgamentos, valores, ideias preestabe-

lecidas, é possível atingir o fenômeno em sua essência. Como encontramos noutra famosa epígrafe, do fenomenólogo italiano Enzo Paci (1963/1972), "o objetivo da *epoche* é o desocultamento. O mundo está sempre lá". Tal qual observamos na clínica: o mundo do cliente está sempre lá, por trás de toda uma teia de ideias, de valores, de expectativas, de anseios, de sensações as mais diversas.

Da redução chegamos à intersubjetividade. O mundo dado é também um mundo de sujeitos que nos são dados. Todo esse percurso, que nos remete ao nosso mundo-próprio, ao nosso "campo fenomenológico", nos dizeres de Kurt Lewin, defronta-nos com o outro que se encontra nesse mundo, diante de nós, como um correlato da nossa consciência, como um conjunto complexo de significados. É por isso que consideramos a fenomenologia como uma perspectiva essencialmente ética, que, radicalizada – ou seja, levada aos seus limites – se torna uma "filosofia da existência", e a partir da qual inúmeros pensadores partem para desenvolver suas perspectivas (bastando citar Sartre, Merleau-Ponty e Heidegger como exemplos diretos).

Em suma, o método fenomenológico pode ser entendido como o procedimento pelo qual, baseado nessas premissas da fenomenologia como crítica (epistemologia) e filosofia, pode-se alcançar o alicerce básico da experiência humana, a sua vivência. Em um contexto psicoterápico, por exemplo, o terapeuta lida com as vivências de seu cliente, dentro de seu contexto de experiências de uma consciência (subjetividade), carregadas de sentidos que só possuem razão de ser em seus próprios vividos. Numa perspectiva mais direta, é o que refere Perls, numa

---

33. Lê-se "êpoquê".

clássica epígrafe, ao dizer: "Uma rosa que me foi presenteada, não é mais uma rosa. Mas é a rosa que me foi presenteada". Com isso, pode-se dizer que o que caracteriza um método fenomenológico, na prática clínica, pode ser associado à ênfase na experiência imediata (que envolve um fluxo temporal de passado, presente e futuro, vividos no aqui-e-agora), e na busca de uma percepção de totalidade dessa experiência (contrariamente à sua fragmentação em nosso cotidiano).

Na literatura clássica da Gestalt-terapia, não há referências diretas à fenomenologia, embora esta seja – tradicionalmente – referenciada como "base" para a última. Perls se apropria do método fenomenológico indiretamente, via Gestalt Psychologie (a chamada "Escola de Berlim" ou "psicologia da forma", de Wertheimer, Köhler e Koffka, que toma a fenomenologia como via alternativa à ciência empírica clássica), como podemos observar por suas colocações em *EFA* (1942/2002, p. 44), ao sugerir a substituição da "psicologia da associação pela psicologia da Gestalt", mesmo assim, de forma particular, a partir de sua experiência com Kurt Goldstein. Posteriormente, no livro *Gestalt-terapia* (PHG, 1997), encontramos novas menções – ainda que pouco explicitadas – no prefácio, quando eles se referem a uma "fenomenologia da *awareness*" (p. 33), e mais à frente quando se busca determinar as estruturas do *self*. Em ambos os casos, a fenomenologia é referida como suporte para a nova abordagem, embora careça de desenvolvimento conceitual, o que pode levar inclusive a mal-entendidos.

Leituras mais diretas da Fenomenologia podem ser representadas pela influência significativa que adveio dos contatos de Laura com os psicólogos gestaltistas alemães – em especial de Wertheimer e de seus estudos de filosofia. Em *PHG*, observa-se a posterior influência que sofreu Fritz Perls tanto de Paul Goodman quanto de Isadore From. Este, à época que conheceu Fritz – era um estudante e um estudioso da fenomenologia que, embora principiante, ainda assim dominava mais fenomenologia que Perls (From, 1988).

Esta apropriação indireta da fenomenologia não é primazia da Gestalt – podendo ser estendida para inúmeras perspectivas psicológicas, tanto clínicas (como são os casos de Rogers e de Frankl, por exemplo) quanto não clínicas – mas é significativa, especialmente se levarmos em conta as críticas que o próprio Husserl direcionou ao movimento gestaltista, por ter adotado uma postura naturalista, embora essas críticas tenham sido de certa forma resgatadas por Merleau-Ponty.

Atualmente, o método fenomenológico vem sendo sucessivamente desenvolvido e aplicado nos mais diversos campos da pesquisa psicológica, sendo ainda fundamental para alicerçar importantes movimentos de revisão no contexto da psicopatologia e da saúde mental (Holanda, 2011).

Adriano Holanda

REFERÊNCIAS BIBLIOGRÁFICAS

BINSWANGER, L. *Artículos y conferencias escogidas*. Madri: Gredos, 1973.

CRITELLI, D. M. *Analítica do sentido: uma aproximação e interpretação do real de orientação fenomenológica*. São Paulo: Educ/Brasiliense, 1996.

DARTIGUES, A. *O que é fenomenologia?* São Paulo: Centauro, 2006.

FROM, I. "An oral history of Gestalt-therapy. Part two. A conversation with Isadore From". In: Wysong, Joe; Rosenfeld, Edward (eds.). *An oral history of Gestalt-therapy*. Nova York: The Gestalt Journal, 1988. p. 26-46.

HOLANDA, A. F. "Fenomenologia e psicologia. Diálogos e interlocuções". *Revista da Abordagem Gestáltica*, n. 15, v. 2, p. 87-92, 2009.

_____. "Gênese e histórico da psicopatologia fenomenológica". In: CAMON, V. A. A. (org.).. *Psicoterapia e brasilidade*. São Paulo: Cortez, 2011. p. 115-60.

HOLANDA, A. F.; FREITAS, J. L. "Fenomenologia e psicologia: vinculações. In: Peixoto, Adão J. (org.). *Fenomenologia. Diálogos possíveis*. Campinas: Alínea, 2011. p. 97-112

HUSSERL, E. (1911). *A filosofia como ciência de rigor*. Coimbra: Atlântida, 1965.

_____. (1929) *Conferências de Paris*. Lisboa: Edições 70, 1992.

_____. *Idées directrices pour une phénoménologie et une philosophie hénoménologique pures*. Paris: Gallimard, 1985.

_____. (1913). *Idéias para uma fenomenologia pura e para uma filosofia fenomenológica*. Aparecida: Ideias & Letras, 2006.

JASPERS, K. (1913) *Psicopatologia geral*. Rio de Janeiro: Atheneu, 1997.

MERLEAU-PONTY, M. *Phénoménologie de la perception*. Paris: Gallimard, 1945.

MOURA, C. A. R. (1989). *Crítica da razão na fenomenologia*. São Paulo: Nova Stella/Edusp, 1989.

ORTEGA Y GASSET, J. "Sobre o conceito de sensação". *Revista da Abordagem Gestáltica*, n. 17, v. 2, p. 223-9, 2011.

PACI, E. (1963). *The function of the sciences and the meaning of man*. Evanston: Northwestern University, 1972.

PERLS, F. S. (1942). *Ego, fome e agressão*. São Paulo: Summus, 2002.

PERLS, F. S.; HEFFERLINE, R.; GOODMAN, P. (1951). *Gestalt-terapia*. São Paulo: Summus, 1997.

RICOEUR, P. *Na escola da fenomenologia*. Petrópolis: Vozes, 2010.

SPIEGELBERG, H. *Phenomenology in psychology and psychiatry*. Evanston: Northwestern University, 1972.

VERBETES RELACIONADOS

Aqui e agora, Consciência, Corpo, corporeidade, Fenomenologia, Gestalt-terapia, Intercorporeidade

MUDANÇA (VER TEORIA PARADOXAL DA MUDANÇA/MUDANÇA)

n

NECESSIDADES, HIERARQUIA DE NECESSIDADES, EMERGÊNCIA DE NECESSIDADES

A noção de que a necessidade mais importante do organismo torna-se figura até que seja satisfeita e aí, então, recua para o fundo, dando lugar a outra *necessidade*, foi apresentada por Perls, em 1942, em seu primeiro livro, *EFA*. A teoria organísmica de Kurt Goldstein foi uma importante influência para a compreensão desse conceito.

Para Perls, os comportamentos são governados pelo processo de homeostase, também chamado de autorregulação organísmica – processo pelo qual o organismo satisfaz suas necessidades. Toda vez que o organismo tem qualquer tipo de necessidade, seu equilíbrio é perturbado e o organismo vai buscar no meio algo que o satisfaça a fim de retomar seu equilíbrio. Assim afirma Perls (1981, p. 20): "Uma vez que suas necessidades são muitas e cada necessidade perturba o equilíbrio, o processo homeostático perdura o tempo todo".

O conceito de saúde e doença vai estar diretamente relacionado às necessidades do organismo e à sua satisfação. Se o organismo for capaz de interagir com seu meio, satisfazer suas necessidades e retornar a seu equilíbrio, manter-se-á saudável; caso contrário, adoecerá. O organismo tem diferentes necessidades, sejam elas de natureza psicológica, fisiológica etc. No entanto, Perls (1981, p. 22) faz questão de dizer que "[...] necessidades psicológicas são agrupadas no que poderíamos chamar de correlato psicológico do processo homeostático. No entanto, *quero tornar bem claro* que este processo psíquico não pode ser divorciado do fisiológico; que cada um contém elementos do outro" (grifos nossos).

Ainda dentro do processo de autorregulação, vale reafirmar que "para que o indivíduo satisfaça suas necessidades, feche a Gestalt, passe para outro assunto, deve ser capaz de manipular a si próprio e ao seu meio, pois mesmo as necessidades puramente fisiológicas só podem ser satisfeitas mediante a interação do organismo com o meio" (Perls, 1981, p. 24).

Perls, no livro *Gestalt-terapia explicada*, contrapondo-se às teorias que postulavam os instintos, relaciona-os com as necessidades do organismo: "Assim abolimos toda a teoria do instinto e consideramos o organismo simplesmente como um sistema que está em equilíbrio e que deve funcionar adequadamente. Qualquer desequilíbrio é experimentado como necessidade a ser corrigida" (Perls, 1977, p. 33). Ainda para Perls, no livro *A abordagem gestáltica e testemunha ocular da terapia*, "[...] se pudéssemos classificar todas as perturbações do equilíbrio orgânico encontraríamos milhares de instintos, que se diferenciariam entre si em intensidade" (Perls, 1981, p. 24). E continua:

> [...] *podemos concordar que a necessidade de sobreviver age como força propulsora em todos os seres vivos e que todos mostram, sempre, duas tendências: sobreviver como indivíduo e espécie e crescer.* [...] *Mas os modos pelos quais se encontram variam de situação para situação, de espécie para espécie, de indivíduo para indivíduo.* (Perls, 1981, p. 22)

O organismo apresenta muitas e diferentes necessidades. Toda vez que o organismo tem qualquer tipo de necessidade, seu equilíbrio é perturbado e ele vai buscar no meio algo que a satisfaça a fim de retomar seu equilíbrio. Levando em conta esse processo, uma pergunta se impõe: como o organismo se "organiza" quando várias necessidades aparecem simultaneamente? A necessidade dominante, segundo a psicologia da Gestalt, torna-se "a figura de primeiro plano e as outras recuam, pelo menos temporariamente, para o segundo plano" (Perls, 1981, p. 23). Ao primeiro plano sempre caberá a necessidade que exija mais agudamente ser satisfeita.

É nesse contexto que Perls introduz o conceito de "hierarquia de necessidades" ou "escala de valores", afirmando que "o organismo saudável parece operar através do que poderíamos chamar uma escala de valores" (Perls, 1981, p. 23). E continua: "Se encarregará de satisfazer a necessidade de sobrevivência dominante, antes de cuidar de qualquer uma das outras; age, em primeiro lugar, de acordo com o princípio das coisas fundamentais" (Perls, 1981, p. 23).

Para Perls, enquanto o indivíduo saudável é capaz de se concentrar e guiar seu comportamento, obedecendo à sua própria e indispensável hierarquia de necessidades, o neurótico teria perdido essa habilidade ou sequer a teria desenvolvido. Ele argumenta que, quando temos nossa atenção dividida entre dois ou mais objetos de interesse, ou se nosso objeto de interesse não é claro, ficamos confusos e não conseguimos nos concentrar em nenhum deles. O neurótico é aquele que não consegue se concentrar em suas próprias necessidades. Na terapia é que vai aprender a discriminar entre várias de suas necessidades, distingui-las umas das outras e dedicar-se a uma de cada vez, de acordo com suas próprias prioridades. Aprenderá, assim, a reconhecer com clareza suas necessidades e a interagir com seu meio, obedecendo à sua hierarquia de necessidades (Perls, 1981, p. 33).

Importante salientar que Perls não estabelecerá nenhum tipo de hierarquia de necessidades "fixa", ou seja, que se adeque *a priori* a todos os seres humanos. Embora concorde que "a necessidade de sobreviver age como força propulsora em todos os seres vivos" (Perls, 1981, p. 22), o modo como até mesmo essa necessidade se apresentará em cada um vai variar, segundo Perls, de "situação para situação, de espécie para espécie, de indivíduo para indivíduo" (Perls, 1981, p. 22).

No livro de PHG, os autores afirmam que a relação figura e fundo tornar-se-á o centro da teoria apresentada. O termo "emergência" aparece nesse contexto, quando definem que, na saúde, a relação entre figura e fundo "é um processo de emergências e recuos permanentes, mas significativos" (PHG, 1997, p. 34). Mais tarde, em *Gestalt-terapia explicada*, Perls (1977, p. 33) enfatiza que "a formação da Gestalt, a emergência de necessidades, é um fenômeno biológico primário". Com essa afirmação, contrapõe-se à teoria dos instintos e passa a considerar o organismo como um sistema que está em equilíbrio, no qual qualquer desequilíbrio é experienciado como uma necessidade a ser corrigida. Entretanto, reconhece que temos muitas necessidades que buscam ser satisfeitas concomitantemente. E sobre isso acrescenta:

Esta é outra lei que descobri, que do ponto de vista da sobrevivência a situação mais urgente torna-se a controladora, a que dirige e se encarrega. A situação mais urgente emerge, e, em qualquer caso de emergência, você percebe que ela prevalece sobre qualquer outra atividade. (Perls, 1977, p. 34)

Perls (1977, p. 40) ainda afirma:

Se você fala em cinco emergências, direi que nenhuma delas é emergência, porque se uma fosse realmente uma emergência, ela emergeria, e não existiria nenhuma decisão a ser tomada ou computada. A emergência assumiria o comando.

Um aspecto importante do conceito de emergência que fica explícito nessa citação é que, nessas situações: "O organismo não toma *decisões*. A decisão é uma instituição feita pelo homem. O organismo trabalha sempre na base da *preferência*, e não de decisões" (Perls, 1977, p. 39). O termo "emergência", citado por Perls, coaduna-se com a definição encontrada em dicionários, nos quais se define a palavra "emergência" como um momento crítico ou fortuito – uma contingência –, isto é, fato imprevisível que escapa ao controle.

O conceito de emergência vincula-se diretamente ao processo de autorregulação organísmica e traz consequências claras e importantes para o processo terapêutico. Perls (1977, p. 41) acentua que "as situações emergentes, inacabadas, virão à tona". Ou seja, na terapia, as situações "em aberto", que precisam ser "fechadas", surgirão naturalmente, no momento certo, obedecendo ao processo de autorregulação do organismo.

PHG afirmam que na fronteira de contato existem dois processos de enfrentar emergências: ocultação e alucinação. Enfatizam, inclusive, que são "funções *temporárias* saudáveis num campo organismo/ambiente complicado" (PHG, 1997, p. 72). No entanto, quando falam sobre a possibilidade neurótica na fronteira de contato, referem-se à emergência crônica de baixo grau, que acontece quando "existe um desequilíbrio crônico de baixa tensão, um incômodo contínuo de perigo e frustração, entremeado de crises agudas ocasionais, e nunca completamente relaxado. [...] que cria uma sobrecarga crônica" (PHG, 1997, p. 73).

Em outro momento, citam que, em geral, vivemos em um estado de emergência crônico e que, em função disso, "a maior parte de nossas capacidades de amor e perspicácia, raiva e indignação" fica bastante comprometida (PHG, 1997, p. 64).

Thérèse Tellegen, em seu livro *Gestalt e grupos: uma perspectiva sistêmica* (1984), brinda-nos com contribuições críticas importantes a respeito do modelo biológico de Goldstein que foi absorvido por Perls. Ela faz algumas colocações bem contundentes e significativas sobre o limite conceitual desse modelo quando usado para abarcar capacidades complexas do ser humano: "Embora Perls afirme insistentemente que a interação organismo/meio é física, biológica, psicológica e sociocultural, a linguagem e os exemplos por ele usados frequentemente se referem ao que é *biologicamente vital*" (Tellegen, 1984, p. 39; grifos nossos).

Tellegen lança perguntas bastante significativas, que merecem ser estudadas com seriedade. Questiona-se sobre "a que se refere o termo 'necessidade'", usado por Perls (Tellegen, 1984, p. 58). Outras perguntas não menos significativas são colocadas: "Se a noção de Gestalt diferenciando-se em figura e fundo é uma metáfora descritiva válida para descrever a complexidade dos acontecimentos da motivação e ação humanas". E "[...] se o modelo (biológico) chega a elucidar o que Perls deseja, que é precisamente a *interação* de fatores físicos, biológicos, psíquicos e socioculturais" (Tellegen, 1984, p. 58).

Heloisa Costa

REFERÊNCIAS BIBLIOGRÁFICAS

PERLS, F. S. *A abordagem gestáltica e testemunha ocular da terapia*. Rio de Janeiro: Zahar, 1981.

_____. *Gestalt-terapia explicada*. 2. ed. São Paulo: Summus, 1977.

PERLS, F. S.; HEFFERLINE, R.; GOODMAN, P. (1951). *Gestalt-terapia*. São Paulo: Summus, 1997.

TELLEGEN, T. A. *Gestalt e grupos: uma perspectiva sistêmica*. São Paulo: Summus, 1984.

VERBETES RELACIONADOS

Autorregulação organísmica, Doença, saúde e cura, Figura e fundo, Fronteira de contato, Frustração, Gestalt, Homeostase, Organismo, Sistema, Teoria organísmica

NEUROSE

As pessoas com disfunções neuróticas sempre tiveram papel importante no desenvolvimento das psicoterapias. Foram elas, com seus sofrimentos e sua consciência deles, que, clamando por ajuda inquietamente, levaram os profissionais a se mobilizar para descobrir como lidar com suas expectativas e necessidades. Os criadores da Gestalt-terapia também traçaram esse caminho.

No livro de PHG (1997, p. 118), os autores concebem que "a neurose também é parte da natureza humana e tem sua antropologia". Apontam o quanto a neurose é sempre uma neurose social, mas sem deixar de levar em conta que a neurose tem um papel importante de produzir ajustamentos necessários para manter as funções de segurança do homem em funcionamento: "[...] nas neuroses, somente essas funções de segurança – de supressão, distorção, isolamento, repetição – que parecem 'malucas' [...] estão funcionando de maneira razoavelmente saudável. São as funções mais respeitáveis de orientação e manipulação dentro do mundo, especialmente no mundo social [...]" (PHG, 1997, p. 119). Perls (1977, p. 45) acreditava que "todos os distúrbios neuróticos surgem da incapacidade do indivíduo encontrar e manter o equilíbrio adequado entre ele e o resto do mundo [...]".

Vale a pena lembrar que o que Perls coloca sobre as neuroses, em suas últimas falas transcritas de exibições e entrevistas, data da década de 1970. Na época, os critérios convencionais de diagnóstico dos transtornos neuróticos, e até mesmo psicóticos, seguiam parâmetros da 9ª Revisão da Classificação Internacional das Doenças – CID-9 – e da 3ª Revisão do Manual de Diagnóstico e Estatística das Doenças Mentais – DSM III, mais conservadores que seus sucessores, os atuais CID-10 e DSM IV. Em *Gestalt-terapia explicada*, Perls (1977, p. 49) define a neurose "[...] como um distúrbio do desenvolvimento".

Em se falando de critérios diagnósticos, sob o ponto de vista clínico, não há um critério gestáltico próprio. O que a Gestalt-terapia traz de diferente é a discordância quanto à limitação do diagnóstico como uma mera identificação sindrômica.

Em tópicos, apresentam-se as principais contribuições para a compreensão das neuroses na Gestalt-terapia, segundo a organização de Buarque, autor deste verbete:

1) Do contato de Perls com Wilhelm Reich destaca-se o resgate da indivisibilidade mente–corpo, mais tarde substanciado por Kurt Goldstein na teoria organísmica.

2) Das ideias de Martin Heidegger destaca-se a noção de que os "sintomas neuróticos" e algumas outras disfunções não são decorrentes em "essência" de questões fisiológicas ou fisiopatológicas. Estes refletem as questões vividas pelo ser humano em sua existência e sua relação com o que desconhece o "nada", que o angustia por não poder defini-lo com clareza, quiçá dominá-lo.

3) Da fenomenologia veio a ideia do self, *que, numa sequência, nos leva à concepção de "fronteira de contato", esta última uma notável "gíria" para entendermos a intersubjetividade.*

4) Dos trabalhos dos psicólogos da Gestalt (Stumpf, Ehrenfels, Wertheimer, Koffka e Köhler) veio a "sacada" de que a percepção é um processo ativo e criativo, no qual se fazem presentes fortes elementos da pessoa que percebe, mais do que do objeto da percepção. A Gestalt traz a óbvia ideia de que mudanças na percepção e no comportamento, mesmo que voltadas para uma direção ética, estética e funcional de melhora e crescimento, são de responsabilidade maior (e mérito também) do cliente. Isso rompe definitivamente com o modelo alopático de cura como poder de quem "opera a cirurgia", "prescreve os remédios", as "vacinas" ou "suposto saber" e as "interpretações", unilateralmente.

5) O trabalho com o conteúdo, tão frisado por várias modalidades da psicanálise, dá lugar ao trabalho com a forma. O relato das experiências neuróticas foi substituído pela "nova" experimentação não como repetição dessas "vivências", e sim como uma nova forma de experimentar sequências de percepção, comportamento e atitude, que fluam em direção ao crescimento.

6) A genial noção de neurose como "distúrbio do crescimento" pessoal e não defeito de personalidade altera, na sua essência, a ideia anteriormente vigente de uma estrutura defeituosa ou de uma tipologia neurótica. Prevalece então a ideia de disfunção, que, pela contextualidade dinâmica e contínua, não se repete e sim se recria a cada instante. É aí que se percebe a pessoa podendo também a cada instante ser trabalhada. Rompe-se o mito do trauma como acontecimento original, o bigue-bangue transformador da psicoterapia numa "arqueologia".

7) O trabalho com o experimento como mostruário do privilégio da forma sobre o conteúdo e até a transformação de um em outro. O experimento passa a ser destacado como marco histórico da evolução das psicoterapias, não como um procedimento ou técnica a ser necessariamente realizada em cada sessão terapêutica.

8) A ruptura da maniqueísta noção de normal ou anormal, saudável ou patológico, atrelada por sua vez à desconstrução da rigidez das fronteiras entre neuroses e psicoses, entre procedimentos terapêuticos para um caso e outro ou teorias também para cada uma das situações, como coisas essencialmente distintas.

9) O abandono da elaboração de "estratégias de cura" ou "projetos terapêuticos" focando exclusiva e insistentemente os "sintomas", como se a cura fosse decorrente desse confronto "energia e boa ação externa" do terapeuta, *contra "energia e ação patológica dos sintomas" do cliente. A noção de cura passa a ser atrelada à de crescimento. Não há cura sem crescimento e não há nem um, nem outro, sem o envolvimento e a participação ativa do "cliente" como um todo.*

10) O trabalho com a resistência como fenômeno humano genuíno, a ser vivido, compreendido e tornado ativo e criativo.

Sérgio Buarque

REFERÊNCIAS BIBLIOGRÁFICAS

Perls, F. S. *Gestalt-terapia explicada*. São Paulo: Summus, 1977.

Perls, F. S.; Hefferline, R.; Goodman, P. *Gestalt-terapia*. São Paulo: Summus, 1997.

VERBETES RELACIONADOS

Consciência, Diagnóstico, Doença, saúde e cura, Existência, Experimento, Fronteira de contato, Gestalt-terapia, Necessidades, Psicose, Resistência, Responsabilidade, *Self*, Teoria organísmica, Vivência

NEUTRALIDADE

Este termo será tratado, aqui, como uma das condições idealizadas para o conhecedor em busca do conhecimento. O questionamento da concepção de "neutralidade" no que se refere à psicologia e à Gestalt-terapia, como ciência do humano, encontra-se presente, explícita ou implicitamente, em todos os escritos de Fritz Perls. Em Ferreira (1986, p. 1191) temos: "Neutralizar (De Neutral + izar) 1. Declarar ou tornar neutro; 2. Anular, inutilizar, eliminar; 3. Tornar inertes as propriedades de (uma coisa); 4. Tornar-se neutral, indiferente, inativo".

Nesses termos, sua utilização é proveniente de um modelo de estudo das ciências naturais, que prima por uma visão objetiva do mundo, no qual a psicologia, segundo Fritz Perls, não se adapta, o que deixa claro em seu primeiro livro, junto com Hefferline e Goodman, obra de PHG (1951): "Em outras palavras: não existe a chamada ciência objetiva [...] Em Psicologia, mais do que em qualquer outra ciência, observador e fatos observados são inseparáveis", ou ainda:

> Assumindo que somos "eventos espaço-tempo" dentro dos campos mutáveis de nossa existência, estou também de acordo com a tendência atual da ciência. Da mesma forma que Einstein obteve uma nova compreensão científica levando o self humano em consideração, também podemos obter nova compreensão psicológica ao entender a relatividade do comportamento humano. (PHG, 1997, p. 265)

Na obra de PHG (1997, p. 70) encontramos: "Se você se concentrar numa percepção 'próxima', por exemplo o paladar, é claro que o gosto da comida e sua boca que a degusta são a mesma coisa, e, portanto, essa percepção nunca é neutra no sentimento, mas é sempre agradável ou desagradável, sendo a insipidez uma forma de desagrado". A concepção de Perls de que a percepção não é neutra também é colocada de forma muito clara, quando diz:

> Cada teoria, cada filosofia, é um mapa de onde tiramos orientação para nossas ações. Um mapa adequado é aquele que representa a realidade tão fielmente quanto possível, em qualquer momento. Entretanto, ao abrirmos um Atlas encontraremos todos os tipos de mapa; alguns dão orientação sobre a geografia de um país, outros sobre a situação política e etnográfica. [...] Em outras palavras, a realidade em si não existe para o ser humano. É algo diferente para cada indivíduo, cada grupo e cada cultura. A realidade é determinada pelas necessidades e interesses específicos do indivíduo. (PHG, 1997, p. 76)

Como aponta Frazão (apud PHG, 1997, p. 10), na Apresentação à edição brasileira do livro de PHG:

> Em muitos aspectos, Perls e Goodman inovam e antecipam no tempo questionamentos que posteriormente alguns psicanalistas se fariam.
> Uma das importantes contribuições da Gestalt-terapia refere-se à visão holística do homem, o qual é concebido como ser biopsicossocial, sempre em interação com seu meio, isto é, leva-se em conta não apenas o que ocorre com a pessoa em sua totalidade, mas também o contexto no qual isto ocorre.

A concepção de que poderia existir neutralidade na abordagem de qualquer objeto, demanda das ciências naturais, há muito é questionada: "Qualquer pessoa que acompanhe, ainda que por alto, aquilo que se anda dizendo sobre a ciência, com certeza terá encontrado com frequência a afirmação de que a ciência não é neutra" (Oliveira, 2003, p. 161).

A neutralidade pressupõe uma divisão sujeito/objeto, acredita num observador separado do observado como premissa da objetividade científica. "Na concepção clássica da ciência, a ideia de sujeito perturba o conhecimento" (Schnitman, 1996, p. 14).

A ciência moderna questiona essa premissa; reconhece a interdependência sujeito/objeto e as implicações decorrentes dessa relação:

Não somos meros reprodutores passivos de uma realidade independente de nossa observação, assim como não temos liberdade absoluta para eleger de forma irrestrita a construção da realidade que levaremos a cabo. [...] Essa perspectiva permite perguntar sobre os conceitos de "verdade", "objetividade", "realidade". Sublinha uma posição ética fundada e enraizada simultaneamente na responsabilidade por nossas construções do mundo e as ações que as acompanham [...]. (Schnitman, 1996, p. 16)

Tratando-se da psicologia e, especialmente, das abordagens que se baseiam numa perspectiva existencial-fenomenológica, essa discussão se intensifica:

Dentre as muitas divergências encontradas em psicologia, uma delas se caracteriza pela oposição entre os defensores do método fenomenológico e aqueles que o consideram filosófico e anticientífico. Acreditamos que este conflito decorre, em grande parte, da não distinção entre fenomenologia como filosofia e o método fenomenoló-gico tal como é empregado em psicologia. (Garcia-Roza, 1974, p. 41)

Walter Ribeiro (2006, p. 1), ao lidar com o tema, coloca:

Uma das grandes "novidades" paradigmáticas que as ciências contemporâneas estão propondo é a inclusão do conhecedor no processo de conhecimento. [...] Este paradigma considera a impossibilidade ontológica de neutralidade objetiva, o que afetou a arrogância e prepotência daquele que está no papel de conhecedor.

E já nos alertava em seu livro *Existência→Essência: desafios teóricos e práticos das psicoterapias relacionais*:

Esse problema talvez seja maior nas abordagens inacabadas por vocação e essência, como a que abraçamos e defendemos, cujo paradigma científico-filosófico, além disso, ainda luta com resistências cientificistas, essencialistas, apesar de o modelo desses cientificistas ter sido superado em quase todas as frentes científicas, a começar pela física. (Ribeiro, 1998, p. 23)

Eleonôra Torres Prestrelo

REFERÊNCIAS BIBLIOGRÁFICAS

FERREIRA, A. B. de H. *Novo dicionário Aurélio*. São Paulo: Nova Fronteira, 1986.

FRAZÃO, L. "Apresentação à edição brasileira". In: PERLS, F. S.; HEFFERLINE, R.; GOODMAN, P. *Gestalt-terapia*. São Paulo: Summus, 1997.

GARCIA-ROZA, L. A. *Psicologia estrutural em Kurt Lewin*. Rio de Janeiro: Vozes, 1974.

OLIVEIRA, M. B. de. "Considerações sobre a neutralidade da ciência". *Revista Trans/form/ação*. São Paulo, v. 26, n. 1, p. 161-72, 2003.

PERLS, F. S.; HEFFERLINE, R.; GOODMAN, P. (1951). *Gestalt-terapia*. São Paulo: Summus, 1997.

RIBEIRO, W. *Existência→Essência: desafios teóricos e práticos das psicoterapias relacionais*. São Paulo: Summus, 1998.

_____. *Novos paradigmas de pensamento e sua incidência na teoria e prática gestálticas*. Centro de Estudos da Gestalt-terapia (Cegest). Brasília, 2006. Disponível em: <http://www.cegest.org.br>. Acesso em: 9 mar. 2007.

SCHNITMAN, D. F. (org.). *Novos paradigmas, cultura e subjetividade*. Porto Alegre: Artes Médicas, 1996.

VERBETES RELACIONADOS

Campo, Gestalt-terapia, Método fenomenológico, Responsabilidade, *Self*, Totalidade

O

ÓBVIO

Encontramos em *EFA* (1942) a seguinte observação de Perls (2002, p. 52): "Eu não seria fenomenologista se não conseguisse enxergar o óbvio, ou seja, a experiência do atoleiro. Eu não seria gestaltista se não conseguisse entrar nessa experiência de estar atolado tendo confiança de que alguma figura emergirá do fundo caótico".

Esse conceito assume uma importância ímpar no corpo teórico da Gestalt-terapia, quando Perls associa a perda de contato com o óbvio, isto é, com a realidade presente e com a experiência concreta como a forma de anunciar os sintomas neuróticos, os furos da personalidade. Essa impossibilidade de não enxergar o óbvio vai se construindo ao longo da vida de acordo com sucessivas tentativas de evitar tudo que confronta com esses "furos" da personalidade, tudo que não se quer enxergar. Perls aponta que a consequência é a neurose manifestada como a impossibilidade de a pessoa entrar em contato com o óbvio de cada situação, com aquilo que está no agora. Dessa forma, na Gestalt-terapia, a importância de considerar a estrutura da experiência concreta não é "como uma pista para um 'inconsciente' desconhecido ou um sintoma, mas como sendo ela mesma aquilo o que é importante" (PHG, 1997, p. 51).

Em *A abordagem gestáltica e testemunha ocular da terapia*, Perls (1981, p. 132) diz: "Não temos que cavar à maneira de Freud, no inconsciente mais profundo. Temos que nos dar conta do óbvio. Se compreendermos o óbvio, tudo está lá. Cada neurótico é uma pessoa que não vê o óbvio".

Na Introdução da obra de PHG (1951), os autores expõem a proposta de que é fundamental para o psicoterapeuta, na relação com o paciente, trabalhar "[...] com o que está mais à superfície..." em vez de buscar "[...] extrair expedientes do inconsciente", pois "é precisamente no óbvio que encontramos sua personalidade inacabada; e o paciente pode recobrar a vivacidade da relação elástica figura/fundo somente lidando com o óbvio [...]" (PHG, 1997, p. 36). Baseando-se nessa importância dada ao trabalho com o óbvio, eles definem qual seria a proposta da psicoterapia gestáltica:

> *A terapia consiste, assim, em analisar a estrutura interna da experiên-*

cia concreta, qualquer que seja o grau de contato desta; não tanto o que está sendo experienciado, relembrado, feito, dito etc., mas a maneira como o que está sendo relembrado é relembrado, ou como o que é dito é dito, com que expressão facial, tom de voz, sintaxe, postura, afeto, omissão, consideração ou falta de consideração para com a outra pessoa etc. (PHG, 1997, p. 46)

Cabe destacar a importância, na formação pessoal e profissional de Perls, da Escola de Teatro Expressionista de Max Renhardt. Todo o trabalho desse dramaturgo estava voltado para a valorização da experiência integral do ator, na qual era fundamental o foco na expressão total do personagem, abrangendo uma conscientização de todos os aspectos óbvios envolvidos na cena: a postura, o tom da voz, o gestual e a intenção experimentada em cada momento. Podemos perceber um pouco dessa influência quando Perls se refere ao gestalt-terapeuta no livro *A abordagem gestáltica e testemunha ocular da terapia*: "[...] temos mais facilidade do que os psicanalistas, porque vemos a pessoa total à nossa frente; e isso acontece porque a Gestalt-terapia usa olhos e ouvidos e o terapeuta permanece inteiramente no agora. [...] A Gestalt-terapia é estar em contato com o óbvio" (Perls, 1981, p. 82).

Outro aspecto importante em relação à valorização da experiência do óbvio pela Gestalt-terapia é a influência do pensamento oriental na construção das referências teóricas e da prática dessa abordagem. No livro *Isto é Gestalt* (1977), vários autores destacam a grande afinidade entre as práticas meditativas e a proposta de concentração na experiência presente da abordagem gestáltica. Stella Resnick, em capítulo de sua autoria, defende que: "Para aprendermos sobre nós mesmos, não só temos que ser o fazer, como também temos que nos observar. Psicoterapia deve ser uma prática de auto-observação, bem como de autoexpressão. [...] Todas as formas de meditação [...] possuem em comum o elemento de permanecer com a experiência do momento" (p. 297).

Na atualidade, os autores das ciências sociais refletem sobre as influências do processo de globalização e da extrema velocidade de desenvolvimento tecnológico sobre as experiências dos indivíduos. Tem sido dado especial destaque ao empobrecimento que o homem tem vivido em relação ao contato consigo mesmo e, consequentemente, com o(s) outro(s), seu(s) semelhante(s). Podemos pensar que o homem vem desenvolvendo um processo de dessensibilização da própria experiência, de anestesiamento de suas emoções e das sensações do próprio corpo. Cada vez mais, o homem se distancia de si próprio. Conforme Richard Sennett (1993), a vida pública esmaga a privada e o sentido de "íntimo" se perde, vivemos como se fôssemos meros reprodutores dos papéis sociais sem ter maior aprofundamento naquilo que sentimos em cada momento.

O resgate da experiência do óbvio me parece de fundamental relevância. Pelo óbvio entramos em contato com o momento presente, com o que está conosco, no aqui e agora de nossa existência. A neurose está instaurada na sociedade atual trazendo, como uma de suas principais consequências, aquilo que Perls já destacava – o distanciamento de nós mesmos. Quando deixamos de viver o aqui e agora, o óbvio de cada situação, deixamos de nos autor-regular, pois o contato se torna empobrecido e a *awareness*, interrompida.

Patricia Lima (Ticha)

REFERÊNCIAS BIBLIOGRÁFICAS

PERLS, F. *A abordagem gestáltica e testemunha ocular da terapia*. Rio de Janeiro: Zahar, 1981.

_____. (1942). *Ego, fome e agressão*. São Paulo: Summus, 2002.

_____. *Escarafunchando Fritz: dentro e fora da lata de lixo*. São Paulo: Summus, 1979.

PERLS, F. S.; HEFFERLINE, R.; GOODMAN, P. (1951). *Gestalt-terapia*. São Paulo: Summus, 1997.

SENNETT, R. *O declínio do homem público – as tiranias da intimidade*. São Paulo: Companhia das Letras, 1993.

STEVENS, J. O. (org.). *Isto é Gestalt*. São Paulo: Summus, 1977.

VERBETES RELACIONADOS

Aqui e agora, *Awareness*, Contato, Emoções, Existência, Figura e fundo, Gestalt-terapia, Mecanismos neuróticos, Neurose

ORGANISMO (VER TEORIA ORGANÍSMICA, ORGANISMO, CAMPO ORGANISMO/AMBIENTE)

p

PARTE E TODO

Mora (1982), em seu *Dicionário de filosofia*, destaca que as noções de parte e todo podem ser reconhecidas no campo da filosofia desde Aristóteles. Este chama de todo "àquilo no qual não falta nenhuma de suas partes constitutivas e àquilo que contém suas partes componentes de maneira que formem uma unidade" (Mora, 1982, p. 396).

Também Platão discute essas noções e distingue entre "o todo composto de partes" e "o todo antes das partes" (Mora, 1982, p. 396). Essa distinção engendrou as dificuldades apresentadas pelas noções de todo e parte que deram origem às diversas considerações filosóficas posteriores, entre cépticas e nominalistas, ou ainda outras, destinadas a provar que as partes não têm uma existência real.

Ainda segundo Ferrater Mora, Husserl retomará essa questão em sua investigação sobre o todo e as partes, definindo o todo como

um conjunto de conteúdos que estão envolvidos numa fundamentação unitária e sem auxílio de outros conteúdos. Os conteúdos de semelhantes conjuntos chamam-se partes. Os termos de fundamentação unitária significam que todo o conteúdo está, por fundamentação, em conexão direta ou indireta com qualquer outro conteúdo. (Mora, 1982, p. 396)

A relação entre parte e todo é um tema central para a compreensão da abordagem gestáltica. Essa fundamentação unitária caracteriza uma relação de interdependência estrutural que se dá entre parte e todo, ou a forma como um todo específico se configura como uma totalidade. Essa é a definição que mais se aproxima da noção alemã de "Gestalt" (PHG, 1997, p. 33).

Frederick Perls, em *EFA* (2002, p. 61-3), destaca que essa relação de interdependência estrutural pode ser observada por meio dos conceitos da Psicologia da Gestalt (Wertheimer in Ellis, 1923; Koffka, 1975; Köhler, 1959), da Teoria de Campo (Lewin, 1965) e do Holismo (Smuts, 1999). A caracterização dessa interdependência entre parte e todo foi demonstrada pelos principais autores dessas escolas.

As noções de parte e todo estão no cerne do desenvolvimento da Psicologia da Gestalt, em que Wertheimer teve o mérito de solucionar um dilema da psicologia, a saber, a oposição entre os princípios explicativos *versus* a compreensão (Koffka, 1975, p. 32). A generalidade da categoria Gestalt permitiu afirmar a interdependência entre os aspectos quantitativos e qualitativos dos fenômenos, e formular uma psicologia que permite integrar natureza, vida e mente (Koffka, 1975, p. 692). O valor do trabalho de Wertheimer para os fundamentos da Gestalt-terapia foi reconhecido por Perls (2002), que lhe dedica a primeira edição da obra *EFA*.

Partindo das proposições de Wertheimer (1923), Koffka (1975), em sua obra *Princípios de psicologia da Gestalt*, apresenta a integração das noções de "quantidade", "ordem" e "significado" por meio da categoria Gestalt, e mostra de que forma, com essa noção, o comportamento pode ser entendido em seu nível molar. Com isso, Koffka também faz uma crítica ao behaviorismo, dado que este se interessaria pelo nível molecular do comportamento, e destaca que a noção de "Gestalt" enfatiza o nível molar de um comportamento, isto é, seu significado ou sentido dentro do campo ambiental.

As noções descritas antes sobre "parte" e "todo" são claramente aplicadas em *EFA*. No Capítulo 7, no qual o ego é apresentado como uma função do organismo total, responsável pela formação de figura/fundo e, desse modo, responsável por discriminar (identificar e alienar) partes do ambiente para serem assimiladas ou não ao organismo (Perls, 2002, p. 205-14). E, no capítulo seguinte, quando se destacam também as funções integrativas do ego, conectando as ações do organismo total às suas principais necessidades e evocando aquelas funções do organismo que são necessárias para a gratificação da necessidade mais urgente (Perls, 2002, p. 215-23).

Com base nessa compreensão da relação entre parte–todo, a abordagem gestáltica desenvolveu uma atitude de atenção ao contexto, procurando corrigir o equívoco da perspectiva isolacionista. Assim sendo, segundo Perls (1981, p. 99): "O enfoque gestáltico me habilitou a buscar a situação total, a examinar a estrutura do campo, a ver o problema em seu contexto total, e tratá-lo de modo unificado".

Na técnica clínica isso se apresenta como uma terapia de concentração em *EFA* (Parte III), entendendo esta como uma concentração positiva, pela qual todas as funções são dirigidas a um objetivo, e, graças às leis do holismo, "somos capazes de nos concentrar totalmente nos objetivos que significam a completude de uma totalidade incompleta" (Perls, 2002, p. 270).

Essa concentração positiva objetiva permanece no campo da Gestalt incompleta (reprimida). Segundo Perls (2002, p. 269): "Perseverando nessa concentração, avançamos em direção ao centro do campo ou 'complexo'; durante este processo encontramos e reorganizamos as evitações específicas, por exemplo resistências".

Essa técnica de concentração, *awareness*, ou manter-se *aware*, está fundamentalmente alicerçada na noção de que a configuração completa de um todo possui uma força que impele na direção de sua completude ou totalização.

Na parte dedicada à teoria do *self*, na obra de PHG, os autores apresentam o modo como uma unidade de figura e fundo desenvolve-se no processo de ajustamento criativo. Lembrando que a noção de "unidade" está presente em todo o processo de contato, mas particularmente destacando que estaríamos conscientes da unidade subjacente entre as funções perceptivas, motoras e de sentimento somente no contato final

(PHG, 1997, p. 221-2), quando então o *self* pode sentir a si mesmo na interação entre o organismo e o ambiente.

Graça Gouvêa

REFERÊNCIAS BIBLIOGRÁFICAS

Koffka, K. *Princípios de psicologia da Gestalt.* São Paulo: Cultrix, 1975.

Köhler, W. 1959. "Gestalt psychology today". In: *Classics in the history of psychology an internet resource.* Developed by Christopher D. Green, York University, Toronto, Ontário, 1983. Disponível em: <http://www.ufrgs.br/faced/slomp/edu01135/kohler2.htm>. Acesso em: 12 jul. 2007 (fragmento em português); e disponível em: <http://psychclassics.yorku.ca/Kohler/today.htm>. Acesso em: 12 jul. 2007 (fonte original em inglês).

_____. *Psicologia da Gestalt.* 2. ed. Belo Horizonte: Itatiaia, 1980.

Lewin, K. *Teoria de campo em ciência social.* São Paulo: Pioneira, 1965.

Mora, J. F. *Dicionário de filosofia.* Lisboa: Dom Quixote, 1982.

Perls, F. S. *A abordagem gestáltica e testemunha ocular da terapia.* 2. ed. São Paulo: Summus, 1981.

_____. *Ego, fome e agressão.* São Paulo: Summus, 2002.

Perls, F. S.; Hefferline, R.; Goodman, P. *Gestalt-terapia.* São Paulo: Summus, 1997.

Smuts, J. C. *Holism and evolution: the original source of the holistic approach to life.* Califórnia: Sierra Sunrise, 1999.

Wertheimer, M. (1923). "Laws of organization in perceptual forms". In: Ellis, W. *Classics in the history of psychology and internet resource.* Developed by Christopher D. Green, York University, Toronto, Ontário, 1938. Disponível em: <http://psychclassics.yorku.ca/Wertheimer/Forms/forms.htm>. Acesso em: 12 jul. 2007.

VERBETES RELACIONADOS

Ajustamento criativo, *Awareness,* Campo, Contato, Figura e fundo, Gestalt, Gestalt-terapia, Holismo, Necessidades, Organismo, Resistência, *Self,* Teoria de campo, Teoria e técnica de concentração, Totalidade

PENSAMENTO DIFERENCIAL (VER INDIFERENÇA CRIATIVA, PENSAMENTO DIFERENCIAL, PONTO ZERO)

PERSONALIDADE, FUNÇÃO (VER FUNÇÃO ID, FUNÇÃO EGO, FUNÇÃO PERSONALIDADE)

POLARIDADES, OPOSTOS, FORÇAS OPOSTAS

No primeiro capítulo da obra *EFA* (1942), Perls fala de pensamento em *opostos,* reconhecendo-o como algo "profundamente enraizado no organismo humano", mas passível de levar a "dualismos arbitrários e equivocados" (Perls, 2002, p. 50). Apoiado no pensamento de Friedländer, propõe: "[...] os *opostos* passam a existir pela diferenciação de 'algo não diferenciado', para o qual sugiro o termo 'pré-diferente'. O ponto de onde a diferenciação começa é usualmente chamado ponto zero" (Perls, 2002, p. 50).

Essas ideias, presentes já nos primórdios da articulação do pensamento de Perls, são revalidadas por ele no Prefácio da edição de 1969, quando reafirma suas formulações anteriores a respeito da importância do pensamento em opostos, valorizando-o como ferramenta importante no processo terapêutico, no sentido de libertar o terapeuta para um trabalho de melhor qualidade. São suas palavras:

> [...] *sem perspectiva adequada, um terapeuta está perdido desde o início. O uso da melhor técnica ou do conceito mais engenhoso não impedirá o paciente de compensar os esforços do terapeuta* [...] *Ego, fome e agressão facilitará a aquisição dessa perspectiva. Como ela está baseada em* **polaridades** *e em focalização, o primeiro capítulo, embora de leitura difícil, é importante.* (2002, p. 36; grifo nosso)

Nota-se uma preocupação de Perls em estabelecer uma distinção: o conceito de "bi-polaridade", como característica básica do universo e do ser humano, deve ser distinguido de dualidade, que é a cisão do mundo ou do ser humano em duas metades incompatíveis e mutuamente dissociadas.

Perls encontra no pensamento de Friedländer uma validação desse modo simples de orientação primária, e em sua autobiografia, *Escarafunchando Fritz*, retoma a questão e reconhece a prevalência desse pensamento na filosofia oriental:

> [...] *qualquer coisa se diferencia em* opostos. *Se somos capturados por uma dessas* forças opostas, *estamos em uma cilada ou, pelo menos, desequilibrados. Se ficamos no nada do centro-zero, estamos equilibrados e temos perspectiva. Mais tarde percebi que este é o equivalente ocidental do ensinamento de Lao-Tse.* (Perls, 1979, p. 96)

Então, ao conceito de "polaridade" visto sob uma perspectiva dual, Perls, apoiado no pensamento de Friedländer, propõe uma perspectiva que privilegia uma tríade, com a introdução de um elemento central – o ponto zero –, que viabiliza a diferenciação diminuindo o risco do dualismo e apontando na direção de integração, e não simples oposição de polaridades.

Em termos de utilização do conceito, podemos citar a obra de PHG (1951), na qual a questão das polaridades é retomada no Capítulo IX, "Conflito e autoconquista": o conflito, como expressão de polaridades em antagonismo, é apresentado numa versão "criativa",

como meio para o crescimento e a expansão do *self*. Isso pode ocorrer desde que a perspectiva dualista seja transcendida e substituída por uma solução que evite a estagnação, a acomodação, e possibilite o vir-a-ser.

Joseph Zinker trabalha o tema no capítulo "Polaridades y conflitos" do livro *El processo creativo en la terapia guestáltica*. Zinker (1991, p. 161) fala em "muitas polaridades integradas e entrelaçadas que se fusionam entre si" e sugere que o trabalho terapêutico busque a ampliação do autoconceito, no sentido de incluir polaridades egodistônicas e refinar as egossintônicas, abrindo espaço para reavaliações do já estabelecido, a fim de adequá-lo às novas configurações do campo.

Podemos dizer que o conceito de "polaridades" ou "opostos polares" tem um papel-chave na teoria da Gestalt-terapia. Na prática, é sugerido um trabalho que se distancie de uma perspectiva dialética, que privilegia um movimento pendular constante de tese–antítese. Ao se definir o ponto zero, abre-se um espaço, um campo e uma possibilidade de equilíbrio e integração entre forças opostas. Em termos práticos, talvez possamos dizer que a Gestalt-terapia propõe uma passagem do *"ou isto ou aquilo"* para uma possibilidade ampliada e mais integradora do *"isto e aquilo"*.

Maria Cecilia Peres do Souto

REFERÊNCIAS BIBLIOGRÁFICAS

Perls, F. (1942). *Ego, fome e agressão*. São Paulo: Summus, 2002.

_____. *Escarafunchando Fritz: dentro e fora da lata de lixo*. São Paulo: Summus, 1979.

Perls, F. S.; Hefferline, R.; Goodman, P. (1951). *Gestalt-terapia*. São Paulo: Summus, 1997.

Zinker, J. *El processo creativo en la terapia guestáltica*. México: Paidós, 1991.

VERBETES RELACIONADOS

Campo, Conflito, Gestalt-terapia, Organismo, Ponto zero, *Self*

PONTO CEGO/ESCOTOMA

Escotoma (do grego *scotoma*, escuridão) é uma região do campo visual que não responde adequadamente aos estímulos externos. Corresponde a um ponto no interior do olho, descoberto pelo físico francês Edme Mariotte, em 1668. Esse termo é utilizado com frequência na oftalmologia, demonstrando que existe um ponto em que a imagem não se forma, conhecido como "ponto cego". A psicologia, por analogia, utiliza o termo para indicar algo não percebido pelo ser humano. Nos primórdios da Psicologia da Gestalt (Koffka, 1975), por ocasião do estudo da percepção, foram observados pontos cegos; para completá-los, a mente tende a formar figuras, por necessidade de fechamento.

Frederick Perls, em seu primeiro livro, *EFA* (1942), refere-se ao escotoma, estudado por W. Stekel, em relação ao indivíduo neurótico que, diante de certos problemas, apresenta sensações físicas, mas se mantém totalmente inconsciente com respeito à emoção em pauta. Há, portanto, uma total inconsciência emocional.

> *O neurótico não experiencia sensações em vez de emoções, mas à custa de ou até com a exclusão da consciência do componente emocional; tendo perdido* **parcialmente** *"a sensação de si mesmo" (a "awareness" senso-motora), experiencia uma situação incompleta – um escotoma (ponto*

cego) – para a manifestação psicológica da emoção. (Perls, 2002, p. 69; grifos do autor)

A Gestalt-terapia aproveita todo o conhecimento sobre os "pontos cegos", até a nomenclatura, ao demonstrar como uma pessoa, quando atingida por certo tipo de emoção, considerada negativa, torna-se totalmente incapaz de analisar o fato com isenção de julgamento, como se estivesse completamente cega para ele. Apoiada na ignorância do fato, a pessoa acaba criando situações realmente prejudiciais a si e aos outros.

O terapeuta, como está fora do problema, apresenta a possibilidade de entrar em contato com o acontecido e, com isenção de juízo de valor, pode ser mais eficiente no reconhecimento do evento e da emoção a ele agregada. Mediante um trabalho bem elaborado, possibilita ao cliente o reconhecimento do que realmente está ocorrendo. O próprio ponto de impasse aparece como ponto cego, impedindo o ser de perceber melhor a figura.

Todas as vezes que há negação de sentimentos, o corpo, de uma forma ou outra, demonstra o acontecimento, por intermédio de áreas perfeitamente conhecidas e outras com restrições que parecem modificar totalmente a estrutura do evento. A resistência ao reconhecimento de uma emoção cria verdadeiros problemas de relacionamento e de impossibilidades de percepção de determinados aspectos.

Um exemplo é quando o indivíduo se apresenta como extremamente sensível a variados problemas, porém é incapaz de detectar as emoções reais que o estão afligindo. Tal indivíduo é refém emocional, com total desconhecimento do que está se passando, apresentando no lugar da emoção adequada ao fato respostas sensoriais e físicas que atrapalham até mesmo o desenrolar da terapia.

Quando o ser demonstra incapacidade de viver a parte emocional da vida, fica cego para a totalidade, como tanto se preconiza na Gestalt-terapia.

Elysette Lima da Silva

REFERÊNCIAS BIBLIOGRÁFICAS

KOFFKA, K. *Princípios de psicologia da Gestalt*. São Paulo: Cultrix, 1975.

PERLS, F. S. (1942). *Ego, fome e agressão*. São Paulo: Summus, 2002.

VERBETES RELACIONADOS

Awareness, Camadas da neurose, Contato, Emoções, Gestalt-terapia, Sintoma

PORQUÊ (VER SEMÂNTICA, PORQUÊ, COMO)

PRESENTE

Frederick Perls introduz a noção do termo "presente" já em seu primeiro livro, *EFA*:

> *O centro temporal de nós mesmos como eventos espaço-tempo humanos conscientes é o presente. Não há outra realidade a não ser o presente. Nosso desejo de reter mais do passado ou de antecipar o futuro poderia encobrir completamente este senso de realidade. [...] O presente é o ponto zero em constante movimento dos opostos passado e futuro.* (2002, p. 146-151)

É um conceito básico da abordagem gestáltica, que nos leva à ideia de presentificação ou *awareness*. No livro de PHG (1951) assim se apresenta este conceito: "O presente é a experiência da especificidade em que nos tornamos ao nos dissolver em várias possibilidades significativas, e a reforma dessas possibilidades para produzir uma nova especificidade única e concreta" (1997, p. 114).

Culturalmente, somos induzidos a agir sob a influência do pensar, que se baseia no passado ou no futuro. Estar presente vai além do pensar, incluindo a consciência do corpo, do organismo, que é o ser-aí. O presente se evidencia pela qualidade de nossa presença. Ainda na obra de PHG (1997, p. 101):

> *Assim que não tenham mais um emprego presente, o organismo descarta os efeitos fixados do passado por meio de sua autorregulação; o conhecimento inútil é esquecido, o caráter se dissolve. A regra funciona em ambos os sentidos: não é pela inércia, mas pela função que uma forma persiste, não é pela passagem do tempo, mas pela falta de função que uma forma é esquecida.*

O presente é a fronteira e também a articulação entre o passado e o futuro. Chamamos presente o que nos é dado a presenciar, dependendo do lugar que ocupamos no espaço. Essa é a marca da atitude fenomenológica. Segundo Ribeiro (1985, p. 79-81): "Presente e aqui e agora se equivalem [...]. O presente e o aqui e agora convivem com o organismo e com o passado que são uma história, numa relação de figura e fundo, de todo e parte. [...]

O passado e o corpo estão presentes, aqui e agora, na pessoa como um todo".

O presente se movimenta, não pode ser aprisionado; o passado é irrecobrável e o futuro é incerto. Entretanto, quando nos referimos às vivências, algo ocorrido no passado pode ter força de influência no momento. Assim como um projeto futuro pode interferir consideravelmente nas escolhas que se faz no cotidiano, o passado, o presente e o futuro podem dialogar, negociar e redefinir os termos dessa relação. O presente lúcido não está dissociado do passado e do futuro.

A capacidade de presentificação é um remédio para a alienação da consciência. Está ligada ao prestar atenção a si, aos outros e à vida. É um exercício de honestidade consigo mesmo, com os sentimentos e as experiências, favorecendo uma ampliação do contato consigo, com os outros e com a vida.

Quando o tempo presente é rico, reparador, com sentido de totalidade, as pessoas podem se rever com mais facilidade e menos dor. Poderão, talvez, até se curar, pois curar-se não é função da temporalidade, mas do aqui e agora, tal como chega à awareness *do indivíduo.* (Ribeiro, 1999, p. 75-6)

O conflito entre as demandas do presente e as exigências do futuro é uma característica da condição humana. Todo ato de esperar envolve incerteza. Tanto o prazer quanto a dor nos ligam ao presente. A apreensão, a ambição e o sonho nos projetam no futuro. É um grande desafio a contínua e constante atenção para não se paralisar nos excessos de qualquer um dos lados. Quando necessidades inadiáveis estão em jogo, o aqui e agora governa as ações. O que puder ser feito para atender a essas necessidades, não importando os custos futuros, valerá a pena. O enfrentamento, como tomada de consciência, articula a liberdade e a responsabilidade pelo que pertence a cada pessoa, favorecendo a assunção do poder pessoal, distinguindo-se o que é necessidade, emergência e urgência.

Segundo Stevens (1976, p. 106): "O que traz a sensação de força e capacidade é a minha vontade de me identificar totalmente com as minhas experiências e as minhas ações, tornando-me responsável pelo que sinto e pelo que faço".

O futuro responde à força e à ousadia do nosso querer. A capacidade de sonhar nutre o nosso presente. A saúde aponta para a capacidade de identificar o que desejamos e de realizar, no tempo, esses desejos, articulando o que é provável e o que é possível. Agir no presente tendo em vista o futuro envolve antecipar consequências, delinear um caminho e atuar com coerência, consistência e com ampliação de consciência.

"O valor do presente em relação ao futuro – o desconto do futuro – aumenta de forma desproporcional à medida que o momento de saciar uma necessidade ou desejo se avizinha. O remoto convida à espera; o imediato exige e cobra satisfação – é o afã da natureza prestes à repleção" (Giannetti, 2005, p. 59).

Gláucia Rezende Tavares

REFERÊNCIAS BIBLIOGRÁFICAS

Giannetti, E. *O valor do amanhã*. São Paulo: Companhia das Letras, 2005.

Perls, F. S. (1942). *Ego, fome e agressão*. São Paulo: Summus, 2002.

PERLS, F. S.; HEFFERLINE, R.; GOODMAN, P. (1951). *Gestalt--terapia*. São Paulo: Summus, 1997.

RIBEIRO, J. P. *Gestalt-terapia: refazendo um caminho*. São Paulo: Summus, 1985.

_____. *Gestalt-terapia de curta duração*. São Paulo: Summus, 1999.

STEVENS, J. O. *Tornar-se presente: experimentos de crescimento em Gestalt-terapia*. São Paulo: Summus, 1976.

VERBETES RELACIONADOS

Aqui e agora, Autorregulação organísmica, *Awareness*, Conflito, Consciência, Contato, Emergência de necessidades, Figura e fundo, Fronteira de contato, Luto, Necessidades, Organismo, Parte e todo, Ponto zero (ver Indiferença criativa, pensamento diferencial e ponto zero), Presente, Responsabilidade, Saúde (ver Doença, saúde e cura), Vivência (ver Método fenomenológico), Prioridade (ver Necessidades, hierarquia de necessidades, emergência de necessidades), Proflexão (ver Mecanismos neuróticos)

PRIORIDADE (VER NECESSIDADES, HIERARQUIA DE NECESSIDADES, EMERGÊNCIA DE NECESSIDADES)

PROFLEXÃO (VER MECANISMOS NEURÓTICOS)

PROJEÇÃO

Importante conceito da psicologia e psiquiatria, Perls dedica ao tema um capítulo em seu primeiro livro *EFA* (1942), ainda numa perspectiva psicanalítica, embora já esboçasse sua teoria da personalidade, o metabolismo mental.

Nessa época, considerava a gênese da projeção ainda obscura, entretanto compreendia que, para um funcionamento saudável, era necessário o desenvolvimento da expressão das emoções e ideias, e não da projeção.

Um metabolismo mental saudável exige desenvolvimento na direção da expressão, e não da projeção [...] A projeção é essencialmente um fenômeno inconsciente. A pessoa que está projetando não pode distinguir satisfatoriamente entre os mundos interior e exterior. Visualiza no mundo exterior aquelas partes de sua própria personalidade com as quais se recusa identificar. (Perls, 2002, p. 230-1)

À medida que a Gestalt-terapia foi se delineando, percebeu que "por causa da nossa atitude fóbica, ou seja, evitando a tomada de consciência, muito material pertencente a nós mesmos, que é parte de nós mesmos, tem sido dissociado, alienado, rejeitado" (Perls, 1977a, p. 99). Essas partes alienadas compõem nosso potencial, porém estariam disponíveis como projeções. Perls achava incrível o quanto se projeta, impossibilitando, assim, de perceber o que realmente está acontecendo. Contrária à introjeção, a projeção, então, é designada como um mecanismo neurótico no qual existe uma "tendência a fazer o meio responsável pelo que se origina na própria pessoa [...]. A doença da paranoia, que é caracterizada pelo sistema altamente organizado de ilusões, é o caso extremo da projeção" (Perls, 1981, p. 49).

Basicamente, o "não deveria" é uma das formas de incorporação dos introjetos que levam o indivíduo ao conflito, de maneira tal que a negação de partes de sua personalidade é uma das formas possíveis de resolução. No entanto, não reconhecendo em si próprio sentimentos e ações, o indivíduo vincula-se à outra pessoa, resultando numa personalidade cindida entre "suas características reais e o que ele tem consciência a respeito delas. Enquanto isto, ele (indivíduo) está intensamente consciente dessas características em outras pessoas" (Polster; Polster, 2001, p. 93). "Em geral, são nossas introjeções que nos levam ao sentimento de autodesvalorização e autoalienação que produz a projeção... Projetando, espera se livrar de suas introjeções imaginárias que, de fato, não são de todo introjeções, e sim aspectos de si mesmo" (Perls, 1977a, p. 99).

Recuperar as partes alienadas é o ponto crucial do processo de elaboração e, à medida que o indivíduo que projeta consegue fantasiar sobre si mesmo, como uma pessoa com as mesmas características que vê nos outros, permite a expansão de sua identidade. Um trabalho em Gestalt-terapia que expressa essa compreensão da projeção é o trabalho com sonhos, uma vez que "assumimos que cada parte do sonho é uma projeção. Cada fragmento do sonho, cada pessoa, coisa, estado de espírito, é uma porção de *self alienado*" (Perls, 1977b, p. 25; grifo no original). "No Zen (Budismo) não se tem a permissão de pintar um único galho enquanto a pessoa não tiver se tornado o galho" (Perls, 1977a, p. 99). Assim, a arte é compreendida como a forma saudável da projeção: "O patológico é sempre a projeção parcial. A projeção total é chamada de experiência artística" (Perls, 1977a, p. 99).

Gladys D'Acri

REFERÊNCIAS BIBLIOGRÁFICAS

Perls, F. S. *A abordagem gestáltica e testemunha ocular da terapia*. Rio de Janeiro: Zahar, 1981.

_____. (1942). *Ego, fome e agressão*. São Paulo: Summus, 2002.

_____. *Gestalt-terapia explicada*. São Paulo: Summus, 1977a.

_____. In: Stevens. J. O. (org). *Isto é Gestalt*. São Paulo: Summus, 1977b.

Polster, E.; Polster, M. *Gestalt-terapia integrada*. São Paulo: Summus, 2001.

VERBETES RELACIONADOS

Camadas da neurose, Conflito, Consciência, Emoções, Gestalt-terapia, Introjeção, Mecanismos neuróticos, *Self*, Sonhos, Zen-budismo

PSICOSE

Em Prefácio à edição de *EFA* publicada em 1945, Perls comunica sua esperança em poder futuramente contribuir para a compreensão do funcionamento das psicoses:

> *No presente momento, estou envolvido num trabalho de pesquisa sobre o mau funcionamento do fenômeno figura/fundo nas psicoses em geral e na estrutura da esquizofrenia em particular. Ainda é cedo demais para dizer quais serão os resultados; parece que vai resultar em alguma coisa. Espero, portanto, que, num futuro não muito distante, eu seja capaz de lançar alguma luz sobre esta misteriosa doença.* (Perls, 2002, p. 38)

No entanto, os autores que criaram a Gestalt-terapia abordaram pouco o fenômeno das psicoses, e sem explicar suas razões. Até o desfecho do século XX, raros textos gestálticos foram produzidos sobre esse importantíssimo tema. Apesar disso, a visão da Gestalt sobre as psicoses é tão revolucionária quanto sua visão da psicoterapia, da educação, do convívio comunitário etc.

Na teoria da Gestalt-terapia, a elasticidade da formação figura/fundo é o ponto inicial para compreender a funcionalidade das neuroses e psicoses. À medida que essa dinâmica fica perturbada, encontra-se "frequentemente ou rigidez (fixação) [a psicose], ou uma falta de formação de figura (repressão) [na neurose]. Ambas interferem na completação normal de uma Gestalt adequada" (PHG, 1997, p. 34). Goodman (PHG, 1997, p. 235) compreendia a psicose como "distúrbios das funções de id".

Esse material transcrito do livro *Gestalt-terapia explicada* (1977), é de quando, perguntado o que teria a dizer sobre a psicose, Perls respondeu:

> *Eu tenho muito pouco, ainda, a dizer sobre a psicose. [...] O psicótico tem uma camada de morte muito grande, e esta zona morta não consegue ser alimentada pela força vital. Uma coisa que sabemos ao certo é que a energia vital, energia biológica [...], torna-se incontrolável no caso da psicose. [...] o psicótico nem mesmo tenta lidar com as frustrações; ele simplesmente nega as frustrações e se comporta como se elas não existissem.* (p. 173-5)

Em seu livro autobiográfico, *Escarafunchando Fritz*, Perls (1979, p. 332) distingue: "Na saúde estamos em contato com o mundo e com o nosso próprio *self*, isto é, com a realidade, e em contato com *maya*[34], um sistema

de ilusão essencialmente centrado em torno do ego, por exemplo, os frequentes sintomas de megalomania e inutilidade".

Diante dessa escassez de material sobre o tema "psicose", grande parte do conteúdo deste verbete é de minha responsabilidade e fruto da minha experiência. A seguir, pretendo apresentar, em tópicos, as contribuições sob uma perspectiva gestáltica, tendo como diretriz o olhar fenomenológico clínico com relação ao tema deste verbete.

1) Em Gestalt estão mantidos os "sinais e sintomas" que definem as psicoses, do ponto de vista psiquiátrico clínico. Não há "outros sintomas gestálticos" de psicoses. Vale salientar que o ponto de vista clínico é apenas um critério de identificação das disfunções denominadas em conjunto de psicoses, que não é usado como parâmetro para a estruturação de um projeto terapêutico, nem mesmo para nortear o que deve ser necessariamente trabalhado numa sessão. Prevalece a diretriz do que se convencionou chamar de "Aqui e Agora".

2) Os "sinais e sintomas" são vistos como vivências autênticas e genuínas, do campo da intersubjetividade, mesmo que aparentemente ilógicas e irreais, do ponto de vista positivista ou físico (de Física). O conceito de "psicose" não se sobrepõe à pessoa que o vivencia.

3) Há toda ênfase possível na contextualidade dos "sinais e sintomas" vividos por qualquer pessoa em situação psicótica e é fundamental trabalhar com essas vivências e sob esse prisma de contextualidade. Ignorá-las, evitá-las ou tentar anulá-las como iniciativa do terapeuta é ignorar, evitar ou anular uma relação terapêutica criativa, acolhedora e construtiva. Assim,

---

34. Palavra indiana que designa "a filosofia do 'como se'. Maya deve ser contrastada com a realidade, o mundo observável comum. Ambos podem estar a quilômetros de distância, que é a insanidade, ou podem estar integrados, que é arte" (Perls, 1979, p. 331).

nossa tendência é abandonar a obsoleta ideia de que pessoas psicóticas agem sem motivos, que suas condutas não têm sentido, nada significam ou nem sequer tenham que ver com as demais pessoas.

4) Cada pessoa em vivência psicótica é singular e peculiar. Não há duas "psicoses" iguais em duas pessoas diferentes, nem mesmo dois "surtos" iguais na mesma pessoa, em momentos diferentes de sua existência. A busca e o trabalho terapêutico com as diferenças e singularidades de cada pessoa é mais identificador, reconhecedor, estimulante e terapêutico do que a busca das similaridades, embora estas sejam importantes a ponto de nunca serem "perdidas de vista" como referência coletiva.

5) O enfoque clínico busca similaridades entre pessoas que sofrem disfunções psicóticas. O enfoque existencial é mais amplo e vai até as diferenças e singularidades. Assim, é melhor falar em psicoses como adjetivação, do que em psicoses como substantivo. Como adjetivo, o que se qualifica como psicótico é um conjunto de situações humanas de grave sofrimento, fragilidade, desestabilização e riscos de agravamento, cronificação e destruição, com prejuízo inclusive das possibilidades de avaliar essas condições.

6) Respeita-se a organicidade como possível componente da etiologia policausal das psicoses, como disfunções. Organicidade a ser identificada e cuidada, entretanto sem sobrepô-la ao enfoque existencial e fenomenológico já mencionado. Até porque não se têm elementos para pensar que deixar de valorizar as vivências de uma pessoa, seja em que condição orgânica e organísmica ela estiver, trate-se de um ato terapêutico ético e producente.

7) O uso adequado de medicações específicas (antipsicóticos, por exemplo) não se contrapõe a todos os fatos mencionados nesta abordagem, sendo preferencial, na medida do possível, considerar as possibilidades de esclarecimento e participação do "cliente" nessas escolhas e usos.

8) Há um mistério; é a ocorrência quase universal, principalmente nas fases de vivências afetivamente mais intensas (clinicamente denominadas agudas), de negação da condição do sofrimento e de dificuldade de adaptação ao convívio convencional em grupo. Esse mistério leva à condição de começar considerável parte dos cuidados terapêuticos com pessoas psicóticas de modo compulsório, contra suas próprias "vontades" e até supostamente colocando-as em oposição a quem lhes quer melhorar. Os organicistas compreendem este "prejuízo do senso crítico" como decorrente de afecções ou disfunções de regiões cerebrais específicas, o que nos parece um reducionismo. Além do que, essa questão nos põe diante de um dos mais sérios e polêmicos fenômenos do homem: a possibilidade de nos afirmarmos diante do outro, apesar da discordância que aparentemente os propõem ou impõem, quando dele dependemos.

9) Gostaria de citar alguns autores que muito contribuíram para uma compreensão maior da fenomenologia das pessoas que vivem transtornos psicóticos. Alguns deles não se identificaram como fenomenólogos, mas o foram até certo ponto. Outros se identificaram como tal, mas não permaneceram muito tempo com esse olhar (fenomenológico). Importantíssimo não perder de vista o que fizeram: Karl Jaspers, Eugen Bleuler, Ludwig Binswanger, Gregory Bateson, Don Jackman,

Ronald Laing, David Cooper, Maxwell Jones, Thomas Szasz, J. Eisenck, Fuller Torrey, John Rosen, Wilson van Dusen, Jan Foudraine, Michel Foucault, Kasanin, entre outros.

10) Mas vale também salientar que a partir do momento em que se valoriza a contextualidade, que é um reducionismo da "situação no mundo", quer se dizer que, em função desta, há uma dinâmica homem–meio — mesmo que suponhamos a existência de fatores genéticos e orgânicos — que é contínua e continuamente mutável. Que a forma e os conteúdos vivenciados por cada pessoa e que são disfuncionais, que podem ser chamados de psicóticos hoje, não o foram no passado recente ou remoto em determinadas culturas, e que provavelmente, pelo menos em parte, não o serão amanhã. E que os erros, preconceitos e distorções do mau uso do diagnóstico como instrumento humano de cuidado e crescimento não devam ser usados como arma contra ele, e sim a favor de seu melhoramento. Seria como destruir as psicoterapias em função de seus usos indevidos, praticados por alguns. Que se houver a viabilidade histórica de criarmos sociedades efetivamente inclusivas e tolerantes, teremos oportunidades de convívio menos disfuncional e menos patogênico.

Sérgio Buarque

REFERÊNCIAS BIBLIOGRÁFICAS

PERLS, F. S. (1945). *Ego, fome e agressão*. São Paulo: Summus, 2002.

_____. *Escarafunchando Fritz: dentro e fora da lata de lixo*. São Paulo: Summus, 1979.

_____. *Gestalt-terapia explicada*. São Paulo: Summus, 1977.

PERLS, F. S.; HEFFERLINE, R.; GOODMAN, P. *Gestalt-terapia*. São Paulo: Summus, 1997.

VERBETES RELACIONADOS

Aqui e agora, Diagnóstico, Fenomenologia, Figura e fundo, Frustração, Função id, função ego, função personalidade. Gestalt-terapia, Neurose, Saúde, Vivência

PSICOTERAPIA DE GRUPO E WORKSHOP[35]

Devemos lembrar que a Gestalt-terapia iniciou sua prática como psicoterapia individual e, apenas posteriormente, passou a aplicar suas propostas aos grupos, a ponto de vir a ser conhecida por alguns como uma abordagem eminentemente grupal. Conforme Shepard (1977), um dos biógrafos de Fritz Perls, as primeiras referências ao seu trabalho com grupos datam do período de dez anos (1946–1956) em que viveu em Nova York: "Fritz ainda recorria ao divã, mas começava a utilizar cada vez mais os encontros de cara a cara [...], assim como a explorar no campo da terapia de grupo" (p. 57). Seu trabalho mais sistemático com grupos parece efetivar-se no início da década de 1950, também em Nova York, quando fundou, com a esposa, Laura, o primeiro instituto de Gestalt-terapia, no qual ofereciam grupos de capacitação de psicoterapeutas.

Em 1967, Fritz publicou "Terapia de grupo versus terapia individual", texto hoje clássico, em que critica a psicoterapia individual, questiona a psicoterapia de grupo e propõe os *workshops* de Gestalt-terapia:

[...] *qual é a mensagem que recebemos da terapia de grupo? A terapia de gru-*

---

35. Algumas citações destes verbetes foram por mim traduzidas com o fim de proporcionar maior fluidez e melhor compreensão ao texto aqui apresentado.

po nos diz: "Sou mais econômica que a terapia individual". A terapia individual retruca: "Sim, mas você é menos eficiente". "Mas", pergunta a terapia de grupo, "quer dizer que você é eficiente?" Você notará que no meu íntimo estas duas terapias imediatamente começam a brigar e a entrar em conflito. Durante algum tempo, tentei resolver este conflito em Gestalt-terapia, pedindo a meus pacientes que se submetessem a ambas [...] ultimamente, entretanto, eliminei totalmente as sessões individuais, exceto nos casos de emergência. De fato, cheguei à conclusão que toda terapia individual é obsoleta e deveria ser substituída por workshops, *de Gestalt-terapia. Em meus* workshops *agora integro o trabalho individual e grupal. Entretanto, isto somente tem resultado com o grupo se o encontro do terapeuta com o* paciente individual dentro do grupo *for efetivo.* (Perls, 1977b, p. 29)

Mais adiante, acrescenta:

[...] Em meus workshops *de Gestalt, quem sentir necessidade pode trabalhar comigo. Estou disponível, mas não faço nada. Uma dupla é desenvolvida temporariamente entre mim e o paciente, mas o resto do grupo é totalmente envolvido, embora raramente como participantes ativos. Na maioria das vezes, eles agem como uma audiência, que é estimulada pelo encontro a fazer um pouco da autoterapia silenciosa.* (Perls, 1977b, p. 35)

Essas declarações de Fritz revelam muito de sua concepção sobre o trabalho com grupos. Inicialmente, percebemos que ele restringe as vantagens do trabalho grupal sobre o individual pelo fato de ser mais econômico, além de ser igualmente ineficiente. Entretanto, a "economia" do trabalho grupal não se limita ao seu preço, geralmente mais barato, mas ao fato de poder mais facilmente ser usufruído por um maior número de pessoas e de tratar de questões mais amplas e compatíveis com a realidade sociocultural. Sua ineficiência e superficialidade também são questionáveis, dependendo da disponibilidade dos participantes grupais de se aprofundar em suas questões e da habilidade facilitadora e cooperativa do psicoterapeuta. A profundidade da psicoterapia grupal requer maior confiança, tempo e habilidade, pois lidamos com as atualidades existenciais dos vários participantes.

Fritz também destacava, em seus *workshops*, a prioridade da relação interindividual entre o psicoterapeuta e o participante grupal sobre qualquer outra. Essa é uma perspectiva isolacionista e concentradora, várias vezes criticada por ele mesmo em outros profissionais. Perls parecia não confiar na capacidade "terapêutica" e facilitadora do grupo (que frequentemente sobrepuja as intervenções do psicoterapeuta), e deixava de aproveitar as qualidades potenciais do grupo como vivência comunitária, dialógica e cooperativa.

Por outro lado, avançou numa perspectiva comunitária e cooperativa com a fundação da comunidade de Cowichan, no Canadá (da qual infelizmente pouco usufruiu por conta de sua morte, em 1970), criando um espaço propício à vivência psicoterápica e ao trabalho conjunto, visando à manutenção e ao cuidado das necessidades coletivas: "A divisão entre a equipe e os participantes será superada. O principal é o espírito de comunidade propiciado pela terapia – vamos chamá-la assim por enquanto, na falta de uma expressão melhor" (Perls, 1977a, p. 106).

Posteriormente, reconheceu parcialmente os limites de sua proposta de trabalho grupal: "Basicamente, o que eu estou fazendo é uma terapia individual em contexto de grupo, mas não se limita a isto. Muitas vezes, o que acontece num grupo acontece por acontecer" (Perls, 1977a, p. 105).

Ainda no tocante à crítica à prática de Fritz com grupos, podemos destacar as palavras de Yontef (1987), que questionou sua proposta e atitude em relação aos participantes de seus grupos:

[...] A awareness *cândida e ingênua do paciente e o comportamento resultante dessa* awareness *parcamente desenvolvida eram frequentemente considerados com desrespeito e suspeita. [...] A terapia era muitas vezes encarada não como uma aventura cooperativa do terapeuta e do paciente, mas, sim, como uma aventura entre adversários.* (p. 9)

Consequentemente,

[...] *a Gestalt-terapia foi muitas vezes erroneamente igualada a um estilo e ponto de vista específicos sobre terapia de grupo. O estilo que Fritz usou nos últimos dez anos de sua vida era estritamente um modelo de trabalho um-a-um com o terapeuta no grupo (modelo da "cadeira quente"), com*

os outros participantes como meros observadores [...]. Os modelos de relação com o grupo eram como os raios de uma roda, com o terapeuta no centro e toda interação passando por ele. (Yontef, 1987, p. 12-3)

Especialmente após a morte de Perls, em 1970, a proposta de trabalho com grupos em Gestalt-terapia vivenciou uma crise, pois:

[...] *embora a teoria básica da Gestalt-terapia enfatize o contato e o apoio, isto é, o auto-suporte para o contato e a relação interpessoais, a falta de clareza e consistência da definição frequentemente conduziram à confusão teórica e prática. O autossuporte era frequentemente discutido de uma maneira que o confundia com a autossuficiência, e pregava-se uma atitude excessivamente negativa com relação a qualquer indício de confluência. Isso obscureceu a importância da interdependência e cooperação no funcionamento sadio e normal. Essa confusão pode ter sido instigada pela negação de Fritz e de outros Gestalt-terapeutas de sua interdependência.* (Yontef, 1987, p. 8)

Partindo de uma perspectiva de grupo individualmente orientado, essa limitação foi cada vez mais reconhecida e, consequentemente, foram sendo propostas mudanças na concepção dos grupos gestálticos. Os grupos de modelo um-a-um passaram a ser percebidos como muito tensionantes e extensos para que a experiência intrapessoal fosse assimilada e integrada; muitos participantes, mais do que uma cura para suas neuroses, desejavam apenas conhecer-se um pouco mais e se relacionar melhor entre si. Kepner (1980, p. 15) conclui que "este tipo de processo de grupo, [...] entre outras coisas, reforça o *culto do indivíduo*, e cria no relacionamento entre membros e líderes uma dependência do líder" (grifos do original).

Com base nessas constatações, nasceu o modelo de crescimento pessoal, que incluía experiências de aprendizagem e mudança psicológica. A ênfase passou, cada vez mais, dos indivíduos aos relacionamentos interpessoais dentro do grupo. Entretanto, nesse modelo, o líder ainda mantém um papel central durante o processo grupal, e os membros tendem a sair dessas experiências com a crença de que é suficiente expressarem-se e serem responsáveis por si mesmos com o fim de criar uma vida pessoal, uma família, uma equipe de trabalho ou uma comunidade melhores. Essa crença é não apenas ingênua, mas disfuncional, porque negligencia a realidade do meio social em que estamos insertos (Kepner, 1980, p. 15-6).

Nesse contexto, deve-se destacar o papel do grupo como instância humana, como mediador entre a particularidade individual e a totalidade social, bem como, dentro do grupo, o papel do psicoterapeuta como facilitador de atitudes cooperativas entre os participantes, propiciando sua detecção e inclusão na comunidade ou totalidade grupal.

Sem dúvida, os grupos como comunidades de aprendizagem cooperativa não são uma panaceia para todos os males. Entretanto, são uma forma efetiva de atuação para psicólogos, educadores, psicoterapeutas e outros profissionais comprometidos com a transformação social, a fim de facilitar a essas comunidades humanas, os grupos, a conscientização de sua alienação e vitimação à manipulação consumista e às relações de dominação. Ou seja, quando bem conduzido por facilitadores conscientes desses riscos e perigos, podem vir a ser formas de resistência às tendências sociais desagregadoras. O trabalho grupal exige toda nossa atenção, afeto, dedicação, estudo e conhecimento acerca dos seres humanos e dos fenômenos característicos aos grupos e à sua realidade sócio-histórica concreta.

Portanto, devemos ter claro que

> [...] *encaminhar o processo grupal em direção à realização do projeto grupal básico, a sua razão de ser explícita (o que não exclui a existência de objetivos implícitos concordantes ou conflitantes com a tarefa básica) requer uma série de decisões. É preciso estabelecer quem participa, como se estruturam os trabalhos e qual o tipo de intervenções que podem favorecer a produtividade do grupo. São decisões que devem se nortear sobretudo pela correspondência com a tarefa e só secundariamente por teorias e técnicas.* (Tellegen, 1984, p. 76)

Creio que o grande dado novo a respeito do processo de grupo gestáltico é a confiança no poder do grupo como outro cofacilitador que interfere, intervém, interrompe e transforma, assumindo um papel que, de início, é privativo do líder, mas, pouco a pouco, transforma-se em um fundo disponível às necessidades grupais e em um efetivo facilitador de uma verdadeira comunidade de aprendizagem cooperativa.

Georges Daniel Janja Bloc Boris

REFERÊNCIAS BIBLIOGRÁFICAS

KEPNER, E. "Gestalt group process". In: FEDER, B.; RONALL, R. (orgs.). *Beyond the hot seat: Gestalt approaches to group*. Nova York: Brunner/Mazel, 1980, p. 1-39.

PERLS, F. S. *Gestalt-terapia explicada*. 3. ed. São Paulo: Summus, 1977a.

_____. (1967). "Terapia de grupo versus terapia individual" In: STEVENS, J. O. (org.). *Isto é Gestalt*. São Paulo: Summus, 1977b, p. 29-36.

SHEPARD, M. *Fritz Perls – la terapia guestáltica*. Buenos Aires: Paidós, 1977.

TELLEGEN, T. A. *Gestalt e grupos: uma perspectiva sistêmica*. São Paulo: Summus, 1984.

YONTEF, G. M. "Gestalt-terapia 1986: uma polêmica". *The Gestalt Journal*. Trad. de L. F. F. Ribeiro. v. X, n. 1, p. 1-17, primavera 1987.

VERBETES RELACIONADOS

Awareness, Cadeira quente, Confluência, Contato, Cura, Gestalt-terapia, Necessidades, Resistência

r

RESISTÊNCIA E EVITAÇÃO

Mesmo antes de a Gestalt-terapia se consagrar como uma abordagem psicoterápica, Fritz Perls, um de seus criadores, emprega o termo "evitação" para indicar a fuga ou escusa ao contato com alguém ou com alguma coisa. Ele defende que "a neurose é caracterizada por diversas formas de evitação, principalmente a evitação de contato" (Perls, 2002, p. 39). Em outro momento, na mesma obra, ele destaca que a evitação é "a característica principal da neurose [...]" (Perls, 2002, p. 268). Nas duas citações, o vocábulo em questão tem uma conotação referida à psicopatologia. Contudo, a evitação pode ser vista também como uma forma de autopreservação: "Tudo que ameaça enfraquecer o todo ou partes da personalidade é sentido como um perigo, como algo hostil que precisa ser aniquilado pela destruição ou pela evitação" (Perls, 2002, p. 109). Na realidade, as diversas formas de evitação são utilizadas como proteção e comumente chamadas de mecanismos de defesa.

Em outro livro seu, Perls (1988) deixa claro que nem toda evitação (ou fuga) é patológica, fazendo-se necessário verificar sempre o que se evita e em que circunstâncias algo é evitado. As evitações, mesmo quando não são saudáveis, são adaptativas porque representam a melhor maneira que o indivíduo encontrou para agir em determinada situação. Entretanto, elas conduzem a padrões cristalizados de funcionamento, sendo utilizadas sempre da mesma forma em situações semelhantes, mas não iguais, sem discriminação de quando elas são úteis e quando não são. Sem diferenciação, qualquer mecanismo de evitação, embora seja um ajustamento criativo, não permite que a pessoa satisfaça suas necessidades e, dessa forma, traz sofrimento.

"Esses mecanismos de defesa ou de evitação do contato podem ser saudáveis ou patológicos, conforme sua intensidade, sua maleabilidade, o momento em que intervêm e, de uma maneira mais geral, sua oportunidade" (Ginger; Ginger, 1995, p. 132). As evitações foram chamadas por diferentes autores de mecanismos neuróticos ou mecanismos de resistência. Elas são evidenciadas na fronteira de contato do indivíduo com o ambiente que o cerca.

Perls (1947) afirma que as resistências podem ser sensomotoras ou somáticas, intelectuais ou emocionais. As primeiras são expressas no corpo físico, como tensões, escotomas, frigidez etc. As segundas envolvem justificativas, racionalizações, cobranças, censuras. Já as resistências emocionais são mecanismos que restringem ou impedem expressões emocionais consideradas pelo indivíduo como desagradáveis ou perigosas.

PHG (1951) definem as resistências como perturbações das funções do ego no processo de contato. Dependendo do momento em que houve a interrupção, observa-se um tipo de mecanismo com denominação própria: confluência (ocorre antes da excitação); introjeção (ocorre durante a excitação); projeção (ocorre no momento de confrontar o meio); retroflexão (ocorre durante o conflito e o processo de destruição); e egotismo (ocorre no contato final). Outros autores acrescentam outras denominações, como proflexão e deflexão.

> *Cabe especificar, porém, logo a princípio, que a Gestalt-terapia, contrariamente a certas outras abordagens, não visa atacar, vencer ou "superar" as resistências, mas, principalmente, torná-las mais conscientes, mais adaptadas à situação do momento [...] essas resistências podem ser normais e necessárias ao equilíbrio psicossocial: elas são, no mais das vezes, uma reação saudável de adaptação. Somente suas exacerbações e, principalmente, sua cristalização em momentos impróprios constituem um comportamento neurótico.* (Ginger; Ginger, 1995, p. 132-3)

Tal é a importância do significado do verbete que Polster e Polster (2001, p. 67), na tentativa de tirar o caráter patológico das evitações, explicam que "o que normalmente é considerado resistência não é apenas uma barreira inerte que deve ser removida, mas uma força criativa para administrar um mundo difícil". E acrescentam: "Em vez de procurar remover a resistência, é melhor focalizá-la, supondo que, no melhor dos casos, uma pessoa cresce ao resistir, e, no pior, a resistência ainda é uma parte de sua identidade" (Polster; Polster, 2001, p. 68).

Teresinha Mello da Silveira

REFERÊNCIAS BIBLIOGRÁFICAS

GINGER, S.; GINGER, A. *Gestalt: uma terapia do contato.* São Paulo: Summus, 1995.

PERLS, F. S. *A abordagem gestáltica e testemunha ocular da terapia.* 2. ed. Rio de Janeiro: Guanabara, 1988.

_____. (1947). *Ego, fome e agressão.* São Paulo: Summus, 2002.

PERLS, F. S.; HEFFERLINE, R.; GOODMAN, P. (1951). *Gestalt-terapia.* São Paulo: Summus, 1997.

POLSTER, E.; POLSTER, M. *Gestalt-terapia integrada.* São Paulo: Summus, 2001.

VERBETES RELACIONADOS

Ajustamento criativo, Confluência, Contato, Deflexão, Egotismo, Escotoma, Fronteira de contato, Gestalt-terapia, Introjeção, Mecanismos neuróticos, Necessidades, Neurose, Proflexão, Projeção, Retroflexão, Sintoma, Vergonha

RESPONSABILIDADE

Devido à influência da visão existencialista de homem na Gestalt-terapia, entende-se o particular significado que o conceito de "responsabilidade" assume nessa abordagem. Para o existencialismo sartriano, os seres humanos são livres e responsáveis pela condução de suas próprias vidas: "No caso do homem, o existencialismo postula que: a existência precede a essência. Por isso, só ele, ao contrário dos outros entes, não está predeterminado quanto ao seu sentido, só ele é livre" (Sá, 2005, p. 324). No entanto, no primeiro livro de Gestalt-terapia, os autores PHG não fazem quaisquer referências ao existencialismo ou a algum autor específico desse movimento filosófico, nem à noção de responsabilidade.

Em *Gestalt-terapia explicada* (1977), encontra-se o conceito de responsabilidade definido por Perls (1977, p. 96) como "habilidade de responder: de ter pensamentos, reações, emoções numa determinada situação". Em nota de rodapé da tradução brasileira dessa obra, é destacada a impossibilidade de tradução exata para o português da palavra "responsabilidade", no sentido que Perls a confere. No original inglês, *responsability* (responsabilidade) pode ser desmembrada em dois termos: *response-hability* (habilidade de responder por), jogo de palavras que Perls passou a utilizar após esse livro.

Em relação ao processo da psicoterapia, Perls destacava a importância de desenvolver um movimento de integração e da tomada da consciência, por meio do qual surgiriam: "Autenticidade, maturidade, responsabilidade pelos próprios atos e pela própria vida, capacidade para responder e viver no agora, ter a criatividade do agora disponível [...]" (Perls, 1977, p. 80). Ele diz que os mecanismos neuróticos fazem que as pessoas esquivem-se da responsabilidade por suas próprias ações: "Se o neurótico se dissocia de si mesmo através da projeção, introjeção, confluência ou retroflexão, encontra-se numa posição em que, tendo abdicado da responsabilidade, também abandonou sua ha-

bilidade de resposta e sua liberdade de escolha" (Perls, 1981, p. 91). Para o neurótico, assumir responsabilidade é correr o risco de ser acusado, é como se ele dissesse: "Não sou responsável por minhas atitudes, é tudo culpa da minha neurose" (Perls, 1981, p. 91).

Perls enfatizava a importância de que o psicoterapeuta trabalhasse de modo responsável para poder ajudar o cliente a assumir responsabilidade por suas próprias ações e pela sua vida. Ele dizia: "A responsabilidade fundamental do terapeuta é não deixar sem questionamento qualquer afirmação ou atitude que não sejam representativas do si-mesmo, que sejam evidência da falta de responsabilidade do paciente" (Perls, 1981, p. 92). Na busca por promover o processo de reintegração por parte do cliente, "temos que usar qualquer parcela de responsabilidade que ele deseje assumir. O mesmo se aplica ao terapeuta. Este tem que assumir inteira responsabilidade por suas reações ao paciente" (Perls, 1981, p. 91).

Assumir responsabilidade por nossas atitudes e poder funcionar na vida de modo coerente com quem realmente somos é o caminho na busca da "re-integração" de nós mesmos. Ser quem realmente somos é o que nos permite alcançar a verdadeira mudança, segundo os pressupostos da teoria paradoxal da mudança de Beisser (1980, p. 110), que afirma: "A mudança não ocorre através de uma tentativa coercitiva por parte do indivíduo ou de uma outra pessoa para mudá-lo, mas acontece se dedicarmos tempo e esforço a ser o que somos – a estarmos plenamente investidos em nossas posições correntes".

O que nos faz nos distanciar de nós mesmos é a tentativa desesperada de sermos aceitos na vida social. Perls, em sua autobiografia (1979), dizia haver uma grande diferença entre podermos ser responsáveis por nossas ações e o sentido moralista do termo "responsabilidade" como aquele em que precisamos "assumir obrigações ditadas pelo dever" (Perls, 1979, p. 139). O verdadeiro sentido de responsabilidade, dentro do ponto de vista da Gestalt-terapia, entende a responsabilidade como uma consequência do processo de reflexão sobre si mesmo e sobre nosso papel no mundo, uma atitude espontânea e consequente à *awareness*. Ser responsável é algo muito além de agirmos de acordo com as regras e convenções sociais; diz respeito a um sentido holístico de integração com a natureza e pertencimento ao *holos*, à totalidade.

O resgate desse sentido de responsabilidade é hoje fundamental para que a humanidade possa "re-pensar" sobre o alcance de suas ações na realidade em que estamos vivendo. Passamos por momentos em que a perda do sentido de ligação em relação à natureza e à vida social mais ampla tem gerado atitudes destrutivas e de total desconsideração com a ecologia do mundo biológico e social. Boff (1999, p. 24) nos alerta para a necessidade de buscarmos uma nova concepção filosófica que seja "holística, ecológica e espiritual. Ela funda uma alternativa ao realismo materialista, com capacidade de devolver ao humano o sentimento de pertença à família humana, à Terra, ao universo e ao próprio divino". De acordo com esse autor, a consequência mais grave da perda desse sentido de conexão com o Todo é a falta de cuidado que assumimos com aquilo que nos envolve, a falta do sentido de responsabilidade pelo que fazemos a nós mesmos e causamos ao outro.

Para fechar este verbete sobre o sentido de responsabilidade na visão da Gestalt-terapia, uso as palavras de Shakespeare, em um trecho do soneto "Você aprende":

Depois de algum tempo você aprende...
Aprende que as circunstâncias e os ambientes têm influência sobre nós, mas nós somos responsáveis por nós mesmos.
Começa a aprender que não se deve comparar com os outros, mas com o melhor que você pode ser.
Descobre que se leva muito tempo para se tornar a pessoa que quer ser, e que o tempo é curto...
Aprende que o tempo não é algo que possa voltar para trás.
Portanto, plante seu jardim e decore sua alma, em vez de esperar que alguém lhe traga flores [...].[36]

Patricia Lima (Ticha)

REFERÊNCIAS BIBLIOGRÁFICAS

BEISSER, A. In: FAGAN, J.; SHEPHERD, I. L. (orgs.). *Gestalt-terapia: teoria, técnica e aplicações*. Rio de Janeiro: Zahar, 1980.

BOFF, L. *Saber cuidar – ética do humano – compaixão pela terra*. Petrópolis: Vozes, 1999.

PERLS, F. S. *A abordagem gestáltica e testemunha ocular da terapia*. Rio de Janeiro: Zahar, 1981.

_____. *Escarafunchando Fritz: dentro e fora da lata de lixo*. São Paulo: Summus, 1979.

_____. *Gestalt-terapia explicada*. São Paulo: Summus, 1977.

SÁ, R. "As influências da fenomenologia e do existencialismo na psicologia". In: JACÓ-VILELA, A. M.; FERREIRA, A. A. L.; PORTUGAL, F. T. (orgs.). *História da psicologia – rumos e percursos*. Rio de Janeiro: Nau, 2005.

36. Disponível em: <www.vidaempoesia.com.br/williamshakespeare>.

VERBETES RELACIONADOS

Awareness, Confluência, Consciência, Emoções, Existência, Existencialismo, Gestalt-terapia, Introjeção, Neurose, Projeção, Retroflexão, Teoria paradoxal da mudança/mudança, Totalidade

RETROFLEXÃO

Entendendo-se a retroflexão como curvar-se para trás, pode-se dizer que o sentido desse termo já aparece com o filósofo existencialista Kierkegaard ao referir-se à relação do eu com o eu: "[A] comunicação não vai do eu para o outro, ou do outro para o eu, mas do eu para o eu" (Perls, 1979, p. 248).

Em *EFA*, quando Perls (2002, p. 181) ainda nomeia os mecanismos neuróticos como "inibições essenciais", define a retroflexão como "alguma função, que originalmente é dirigida do indivíduo para o mundo, muda sua direção e se volta para o originador". Em outras palavras, a pessoa é um agente ativo e passivo da ação; embora pareçam partes separadas, elas continuam em ativa ligação.

No livro de PHG (1997, p. 255-6), os autores consideram que "as energias comprometidas voltam-se contra os únicos objetos seguros disponíveis no campo: sua própria personalidade e seu próprio corpo. Estas são as retroflexões".

Com o desenvolvimento da Gestalt-terapia, as inibições essenciais passam a ser definidas como mecanismos neuróticos. Em *A abordagem gestáltica e testemunha ocular da terapia* (1981), Perls diz que:

> O quarto mecanismo neurótico *pode ser chamado* retroflexão, *o que significa literalmente voltar-se rispidamente contra. O retroflexor sabe*

> *como traçar uma linha divisória entre ele e o mundo, e a esboça nítida e clara, justamente no meio – mas no meio de si próprio.* (p. 54, grifo nosso)

É importante salientar que esse mecanismo se origina no processo de contato quando há perturbações das funções do ego, mais precisamente no contato final. Na retroflexão, a interrupção ocorre "durante o conflito e o processo de destruição" (PHG, 1997, p. 252).

Na prática clínica observa-se que esse mecanismo aparece por meio, por exemplo, do uso do pronome reflexivo "si mesmo"; das palavras "auto" e "próprio", tais como autocontrole e autopunição; das somatizações, entre outros. Durante o processo terapêutico, verifica-se que as retroflexões estão sendo desfeitas quando as partes alienadas começam a se integrar. Segundo os Ginger (1995), o que facilita essa integração é o incentivo à expressão das emoções. A partir daí, o contato se estabelece e a expressão volta a fluir.

Gladys D'Acri e Sheila Orgler

REFERÊNCIAS BIBLIOGRÁFICAS

GINGER, S.; GINGER, A. *Gestalt: uma terapia do contato*. São Paulo: Summus, 1995.

PERLS, F. S. (1977). *A abordagem gestáltica e testemunha ocular da terapia*. São Paulo: Zahar, 1981.

_____. (1947). *Ego, fome e agressão*. São Paulo: Summus, 2002.

_____. *Escarafunchando Fritz: dentro e fora da lata de lixo*. São Paulo: Summus, 1979.

PERLS, F. S.; HEFFERLINE, R.; GOODMAN, P. *Gestalt-terapia*. São Paulo: Summus, 1997.

VERBETES RELACIONADOS

Campo, Conflito, Contato, Emoções, Função id, função ego, função personalidade, Mecanismos neuróticos

S

SATORI

"*Satori*" é um termo citado na bibliografia gestáltica, principalmente por Fritz Perls, em sua autobiografia, como alternativa de *awareness*. Assim, poderia ser definido como a capacidade de conscientizar a dinâmica do absoluto, uma dinâmica transcendental na qual estamos imersos; a condição de sermos *uno* com o universo, um tipo de *awareness* que temos concomitante ou simultaneamente com outras dinâmicas que estamos vivendo no aqui e agora, como a de nossas potencialidades (corpo/organismo), a dinâmica mental (referencial mental e simbólico), a individual, a microdinâmica de grupo, a dinâmica de grupo, a macrodinâmica de grupo etc.

Fritz Perls relata uma experiência ocorrida com um paciente, quando ainda morava na África do Sul, que ele denomina *satori*:

> *Este soldado tinha um profundo desespero nos olhos e estava um tanto atordoado. No exército, é claro, não tínhamos tempo para brincar de psicanálise ou qualquer outra forma de psicoterapia extensiva. Coloquei-o sob efeito de Pentotal e fiquei sabendo*

que ele tinha estado num campo de concentração. Falei alemão com ele, e conduzi-o de volta aos momentos de desespero, removendo o bloqueio do choro. Ele realmente chorou os olhos, ou melhor, talvez possamos dizer que ele chorou a pele. Despertou num estado de confusão, e depois despertou realmente e teve a experiência típica do SATORI, de estar completo e livre no mundo. Pelo menos deixara atrás o campo de concentração e estava conosco. Os vergões desapareceram [...]. (Perls, 1979, p. 137)

Perls, talvez influenciado pela mentalidade e movimentos culturais dos anos 1960, procura uma saída para o niilismo existencialista que parece asfixiá-lo por intermédio de métodos espirituais e das disciplinas filosóficas ou religiosas do mundo oriental. Para tanto, vai ao Japão, buscando ser iniciado na prática do Zen budismo.

Pouco tempo depois, desiste do budismo zen, justificando que, "assim como o estudo da psicanálise cria psicanalistas, o estudo do Zen cria monges Zen" (Perls, 1979, p. 136).

Conclui que o valor dessas disciplinas "reside no aumento da tomada de consciência e na liberação do potencial humano" (Perls, 1979, p. 136), porém a eficiência desses métodos deve ser negada: o zen não pode ser eficiente porque "não é centrado nas polaridades de contato e retraimento, o ritmo da vida" (Perls, 1979, p. 136).

"*Satori*" é uma palavra japonesa que faz referência ao momento em que o praticante do zen consegue atingir a *iluminação* por meio da prática do *Zazen*, do *Koans* ou outras práticas, sendo sempre uma experiência única e individual. Uma vez atingido o *satori*, consegue-se entender também a essência do zen, o qual passa a ser praticado 24 horas por dia; o próprio Ser passa a ser zen, e o zen integra-se no Ser. É um acontecimento religioso na verdadeira acepção da palavra latina "*religare*", que significa religar entidades afastadas: o microcosmos (Ser Humano) religa-se ao macrocosmos (Universo)[37].

Nas recomendações do mestre Taisen Deshimaru Rôshi, percebemos a proposta de uma vida ascética para atingir o *satori* ou os *oito satoris*, aos quais se refere como condição *sine qua non* para transformar-se no *Grande Homem*. A seguir:

> 1) Shôyoku *ou desejar pouco. Trata-se de renunciar às honrarias, proventos e necessidades, em suma, desejar pouco ou nada. Não ser ambicioso. Tal é o primeiro* satori. *Ter poucos desejos ou limitá-los. Este, o mais alto desejo.*
>
> 2) Chisoku: *compreender suficien-temente. Quando recebemos alguma coisa, se a aceitarmos, será o bastante. É o segundo* satori.
>
> 3) Gyô: *a alegria tranquila, sem ruído. É o terceiro* satori.
>
> 4) Shôjin: *o esforço. O hábito é necessário. Fazer* Zazen *cada dia. O quarto* satori.
>
> 5) Fumonen: *sem ilusão. Proteger a verdadeira verdade, o* Dharma. *O contrário é ilusão. A verdadeira meditação é voltar à condição normal, tranquila, do corpo e do espírito. Se o poder da consciência for vigoroso, não seremos dominados pelos cinco ladrões: o sexo, a incontinência no comer, a obtenção de honras, a presença de desejos, o ensandecimento. É o quinto* satori.
>
> 6) Shûzenjô: samadhi *na prática do* zazen. Shû: *prática;* Zen: *zen de zazen;* Jô: samadhi, *estabilidade, imobilidade. Permanecer no* dharma, *nunca em* sanran, *nunca distraído, assim é* zenjô. *Assim se atinge o sexto* satori.
>
> 7) Jôriki: *a energia produzida por* zazen. Jô: samadhi, *estabilidade do* zazen; Riki: *o poder, a força. Quando praticamos o* zazen, *o poder aumenta. Não se trata de um poder mágico, mas da verdadeira energia, da energia justa. Sétimo* satori.
>
> 8) Fukero: *a não discussão. Compreender e aceitar os ensinamentos do Buddha, separar-se das próprias categorias racionais, da consciência pessoal. Compreender verdadeiramente o aspecto verídico do cosmos. Compreender que a vida e o nosso mundo não são mais do que* Mujô, *impermanên-*

---

37. Disponível em: <http://www.wikipedia.com/>. Acesso em: 12 jul. 2007.

cia. Tal é o verdadeiro aspecto da vida e do mundo: o oitavo satori. (Rôshi, 1995, p. 71-4)

É provável que essas ideias, acrescidas pelas preocupações ecológicas, transcendentais e espirituais, tenham dado base para o desenvolvimento da psicologia transpessoal que retira, existencialmente falando, o Ser Humano da sua condição de Centro ou Rei da Criação para torná-lo parte do misterioso Todo que é o Universo, onde estamos imersos. Nessa visão, o Universo é um grande organismo vivo e age intencionalmente. Para essa corrente teórica, nós, seres humanos, fazemos parte dessa natureza cósmica e somos o topo da cadeia de elementos autoconscientes desse Universo – em outras palavras, fomos "premiados" com o maior nível de consciência organizada.

Mil flores de plástico
Não fazem um deserto florescer.
Mil rostos vazios
Não podem uma sala vazia preencher.

(Perls, 1979, p. 111)

Hugo Ramón Barbosa Oddone

REFERÊNCIAS BIBLIOGRÁFICAS

PERLS, F. S. *Escarafunchando Fritz: dentro e fora da lata de lixo*. São Paulo: Summus, 1979.

RÔSHI, T. D. *O anel do caminho: palavras de um mestre zen*. São Paulo: Pensamento, 1995.

VERBETES RELACIONADOS

Aqui e agora, *Awareness*, Consciência, Contato, Organismo, Zen-budismo

SAÚDE (VER DOENÇA, SAÚDE E CURA)

SELF

Este conceito, cujo sentido comum em língua inglesa é "a personalidade de alguém; a natureza-base de alguém" (Oxford, 1978, p. 788), é utilizado em psicologia e psicoterapia como referência conceitual geral ao "si mesmo". Em Gestalt-terapia, remete ao cerne da concepção fenomenológica da constituição da subjetividade. Encontramos as primeiras alusões ao conceito na obra de autoria de Perls que marca a origem da Gestalt-terapia, o livro *EFA* (1947). Ali já se anunciava a perspectiva diferenciada de *self* em relação à forma como é concebido em outras abordagens teóricas e práticas no campo da clínica psicoterapêutica, ou seja, a relação intrínseca entre *self* e campo que cria a base para a concepção de uma subjetividade desde e para sempre enraizada nas relações. Assim se compreende quando Perls (1969, p. 38) anuncia:

Nenhum organismo é autossuficiente. Ele requer o mundo para a gratificação de suas necessidades. Considerar um organismo por ele mesmo implica olhar para ele como uma unidade artificialmente isolada, já que existe sempre uma interdependência do organismo e seu ambiente. (tradução nossa)

Tal noção se alinha com a da psicologia da Gestalt, que postula que "existe primariamente uma formação compreensiva – chamada 'Gestalt' (formação de figura) – e que as partes e pedaços isolados são formações secundárias" (Perls, 1969, p. 27; tradução nossa). Naquele texto, não há ainda uma descrição sistematizada do *self*, mas o termo já aparece na afirmação de que "apenas onde e quando o *self* encontra o 'estranho' é que o Ego começa a funcionar, a existir, a determinar a fronteira entre o 'campo' pessoal e o impessoal" (Perls, 1969, p. 143; nossa tradução).

Essa formulação inicial cria as condições necessárias para a posterior caracterização do *self* como processo de fronteira e função de contato. É essa a concepção que toma corpo quando a teoria do *self* é proposta por PHG, em 1951. Paul Goodman é, entre os três, aquele que se dedica especialmente ao desenvolvimento da teoria do *self*, agora então concebido como "a função de contatar o presente transiente concreto" (PHG, 1997, p. 177), "sistema complexo de contatos necessários ao ajustamento no campo imbricado" (p. 179), "força que forma a Gestalt no campo" (p. 180), "processo de figura/fundo em situações de contato" (p. 180), "espontâneo – nem ativo, nem passivo – (como fundamento da ação e da paixão) e engajado na sua situação" (p. 181), e finalmente como "função-*self*" que é "o processo figura/fundo nos contatos-fronteira no campo organismo/ambiente" (p. 190).

O conceito de *self* é então diferenciado das ideias de entidade fixa, instância intrapsíquica, núcleo, estrutura ou essência encapsulada dentro do organismo ou da personalidade. Na parte do texto que faz a crítica de teorias psicanalíticas do *self*, encontramos como advertência que "o sentido de *self* tem de ultrapassar a propriocepção de nossa individualidade" (PHG, 1997, p. 194), e que "o *self*, consciente no modo médio (nem passivo, nem ativo), rompe a compartimentalização entre mente, corpo e mundo externo" (p. 195). Essas advertências são completadas pela conclusão sobre o processo de ajustamento criativo, quando se afirma que:

Em circunstâncias ideais o self *não tem muita personalidade. [...] O incremento de crescimento e aprendizagem após um bom contato é indiscutível, mas é pequeno. O* self *encontrou e produziu sua realidade, mas, reconhecendo o que assimilou, vê-o novamente como parte de um vasto campo.* (p. 230)

Essas advertências nos levam aos desenvolvimentos mais recentes do conceito em Gestalt-terapia. Autores contemporâneos têm destacado a complexidade e a riqueza embutidas na concepção do "si-mesmo" de Goodman, como é o caso de Wheeler (2005, p. 149):

Em vez de considerar o si mesmo e seus processos como um pequeno agente ou subpessoa imerso em algum lugar "dentro" de nós, entende-o como nosso processo básico para integrar o campo total da experiência. Portanto, resulta mais útil pensar neste processo como ocorrendo, metaforicamente, "no limite" da experiência, e não nas profundezas privadas e preexistentes do indivíduo. [...] O "contato" produz o "si mesmo", e não o contrário. Fora desse processo, que inclui a memória ou o "si mesmo narrado", como o estamos chamando aqui, não há si mesmo. O eu é o processo integrador no e de todo o campo do viver. (tradução nossa)

Também Robine (2003) critica a posição clássica e individualista enfatizando o legado de Goodman na deslocalização e descentralização do *self* e privilegiando seu reposicionamento como fenômeno de campo, pois "é no vínculo com uma situação, qualquer que seja ela, que o *self* será levado a se desenvolver – ou não" (Robine, 2003, p. 32).

Távora (2005) também desenvolve o conceito de *self* fazendo a distinção entre este e as noções de substância, individualidade, interioridade, eu, consciência, identidade. Em visão contrastante com as tradicionais, essa autora propõe que o *self* só pode ser visualizado, para efeitos de sistematização teórica, como um tracejado sem fechamento. Sua visão enfatiza a

> *concepção de subjetividade como fenômeno, para o qual não existe estado de contorno ou equilíbrio a priori ou permanente, mas sim tensões que representam a extensão ativa da forma, sua capacidade de relacionar-se, como totalidade, com outras formas, criando regiões em um campo de potencialidades.* (Távora, 2005, p. 121)

Claudia Baptista Távora

REFERÊNCIAS BIBLIOGRÁFICAS

Oxford advanced learner's dictionary of current English. Oxford University Press, 1978.

Perls, F. S. (1947). *Ego, hunger and aggression*. Nova York: Random House, 1969.

Perls, F. S.; Hefferline, R.; Goodman, P. (1951). *Gestalt--terapia*. São Paulo: Summus, 1997.

Robine, J.-M. "Do campo à situação". *Revista de Gestalt*, São Paulo, n. 12, 2003.

Távora, C. B. "Do self ao selfing: o estrutural e o processual na emergência da subjetividade". In: Holanda, A. F.; Faria, N. J. *Gestalt-terapia e contemporaneidade*. Campinas: Livro Pleno, 2005.

Wheeler, G. *Vergüenza y soledad: el legado del individualismo*. Santiago do Chile: Cuatro Vientos, 2005.

VERBETES RELACIONADOS

Ajustamento criativo, Campo, Consciência, Ego, Figura e fundo, Fronteira de contato, Função e disfunção de contato, Gestalt-terapia, Intercoporeidade, Necessidades, Organismo, Presente, Totalidade, Vergonha

SEMÂNTICA, PORQUÊ E COMO

SEMÂNTICA

Perls, desde 1942 com a obra *EFA*, manifesta sua preocupação com o uso das palavras no contato entre os homens. Nesse livro, ele diz: "A maior parte do contato humano é feita por meio da linguagem. Esta excelente ferramenta é geralmente tão mal usada, as palavras contêm tantos significados múltiplos, que se torna difícil uma compreensão dos eventos cotidianos" (Perls, 2002, p. 292). Aponta a semântica como uma ciência revolucionária que pode ajudar a resolver a confusão que é muitas vezes ocasionada pelo uso incorreto das palavras. Quanto à importância da função linguística, encontramos:

> *A linguagem não é mero conglomerado, mas uma organização de significados, e seu esqueleto é a gramática. A desordem mental e emocional produz distorção de significado e aplicação incorreta da gramática. Compreender o significado de certas partes da gramática vai ajudá-lo consideravelmente na anulação de evitações neuróticas.* (Perls, 2002, p. 292-3)

Na obra de PHG (1997), os autores dão grande destaque ao papel da fala para o homem. Eles buscam evidenciar que a neurose também se manifesta no modo como o indivíduo se comunica e se expressa: "Da mesma maneira que com outros aperfeiçoamentos, o abuso neurótico consiste em usar uma forma de fala que 'é em lugar de' em vez de 'junto com' as faculdades subjacentes. Isso é o isolamento da personalidade verbal" (PHG, 1997, p. 128).

A semântica é apontada por Perls (1979, p. 83) como uma ciência que poderia contribuir para a área de conhecimento da psicoterapia, pois é aquela se propõe a estudar "[...] o significado do significado". Em seu livro autobiográfico, ele fala sobre a dubiedade que há na comunicação verbal: "Geralmente, se pensamos no significado, temos duas opiniões opostas – a objetiva e a subjetiva. A objetiva diz que uma coisa ou palavra tem um ou vários significados que podem ser fixados através de uma definição – do contrário, não haveria lugar para os dicionários" (Perls, 1979, p. 83). Conclui dizendo:

> *O significado não existe. O significado é um processo criativo, um desempenho no aqui e agora. [...] um significado se cria relacionando-se uma figura, o primeiro plano, com o fundo no qual a figura aparece. O fundo é frequentemente chamado de contexto, conexão ou situação. Tirar uma afirmação do seu contexto facilmente conduz a uma falsidade.* (Perls, 1979, p. 83)

Yontef (1998) destacou o papel da semântica como uma das três maiores influências intelectuais na vida de Perls. Ele diz, destacando a obra de Friedländer e de Smuts também como influências importantes, que: "[...] A terceira influência foi a de Alfred Korzybski, o semanticista que influenciou o desenvolvimento intelectual de Perls" (Yontef, 1998, p. 24).

Quanto à importância das comunicações verbais no processo terapêutico, Perls (1977, p. 81) afirma que: "[...] um bom terapeuta não escuta o conteúdo do blá-blá-blá que o paciente produz, mas o som, a música, as hesitações. A comunicação real está além das palavras". Continuando, ele faz um alerta: "[...] não escutem as palavras, escutem apenas o que a voz lhe conta, o que os movimentos contam, o que a postura conta, o que a imagem conta" (Perls, 1977, p. 81).

Tellegen (1984) credita parte dessa preocupação de Perls com "cuidados semânticos" à influência de Goldstein em sua vida profissional. Ela diz que, no acompanhamento dos pacientes com lesões cerebrais, "[...] Goldstein constatou que a perda da capacidade de abstrair e classificar resulta em limitação e distúrbios da orientação e ação" (Tellegen, 1984, p. 40). Citando trecho de Perls retirado do livro *EFA*, Tellegen coloca:

> *Se você quiser melhorar [...], estude semântica, o melhor antídoto contra a frigidez do paladar mental. Aprenda a assimilar o núcleo das palavras, o sentido e o significado da linguagem. [...] Aprenda a mastigar, degustar, saborear o poder contido do logos de cada palavra [...] Desordem mental e emocional produz distorção de significado e uso errado de gramática.* (Perls, 1984, p. 40)

Duas palavras, em especial, foram particularmente tratadas na obra da Gestalt-terapia: "Como" e "Porquê". Diante da importância que esses termos adquiriram na reflexão de Perls sobre o uso das palavras no contato humano, vamos expô-los a seguir na forma de verbetes.

PORQUÊ

Em todos os seus livros, Perls dá destaque à diferença entre o sentido da palavra "porquê" ou do "o quê" e da palavra "como". O "porquê" é apontado como propício para um padrão de fala neurótica em que a pessoa busca explicar, de forma causalista, o seu comportamento, em vez de entender "como" ela funciona nas diferentes situações da vida. Perls entendia o porquê como uma armadilha neurótica, correspondente a este modo de falar "em lugar de" em vez de "junto com". A atitude explicativa dos porquês pode distanciar o indivíduo de sua própria experiência, buscando reduzi-la em lugar de compreendê-la existencialmente: "[...] o que temos de fazer é perceber e lidar com os *comos* de cada interrupção, mais que com o censor – que é o *porquê* da interrupção postulado por Freud" (Perls, 1981, p. 82).

Perls faz uma referência à importância do uso de "perguntas autoapoiadoras" por parte do terapeuta, em vez de perguntas do tipo "por quê". Ele defendia que essas perguntas estimulam o processo de conscientização por parte do cliente, em vez de afastá-lo de sua experiência, o que muitas vezes acontece com as explicações do tipo "porque isso... então". Entre essas perguntas autoapoiadoras, ele aponta três: "O que você está fazendo? O que você sente? O que você quer?", sendo que "[...] o paciente só pode respondê-las à medida que seu próprio conscientizar-se se torna possível [...] elas o ajudam a conscientizar-se mais" (Perls, 1981, p. 87).

Diferenciando esse tipo de perguntas das perguntas usadas por grande parte dos "terapeutas mais ortodoxos", Perls (1981, p. 89) dizia:

Há, entretanto, um modo de fazer perguntas [...] que me parece de pouco valor terapêutico. São as perguntas que começam com "por quê?" [...] As perguntas "por quê?" só produzem respostas no passado, defesas, racionalizações, desculpas e ilusão de que um evento pode ser explicado por uma causa única. O porquê não discrimina finalidade, origem ou motivo [...] sob a máscara da averiguação, contribui para a confusão humana [...].

Patricia Lima (Ticha)

REFERÊNCIAS BIBLIOGRÁFICAS

PERLS, F. S. *A abordagem gestáltica e testemunha ocular da terapia*. Rio de Janeiro: Zahar, 1981.

_____. (1942). *Ego, fome e agressão*. São Paulo: Summus, 2002.

_____. *Escarafunchando Fritz: dentro e fora da lata de lixo*. Summus: São Paulo, 1979.

_____. *Gestalt-terapia explicada*. São Paulo: Summus, 1977.

_____. In: TELLEGEN, T. A. *Gestalt e grupos: uma perspectiva sistêmica*. São Paulo: Summus, 1984.

PERLS, F. S.; HEFFERLINE, R.; GOODMAN, P. (1951). *Gestalt-terapia*. São Paulo: Summus, 1997.

TELLEGEN, T. A. *Gestalt e grupos: uma perspectiva sistêmica*. São Paulo: Summus, 1984.

YONTEF, G. *Processo, diálogo e awareness*. São Paulo: Summus, 1988.

COMO

Em *Gestalt-terapia explicada*, Perls (1977, p. 68-9) fala do "como" em Gestalt-terapia:

Nós não olhamos mais para o mundo em termos de causa e efeito: olhamos o mundo como um processo contínuo em andamento... Em outras palavras, fizemos a transição da causalidade li-

near para a concepção de um processo do porquê? *para o* como. *[...] Se você* pergunta como, *você olha a estrutura e vê o que está se passando agora, tem o entendimento mais profundo do processo. O* como *é tudo que necessitamos para entender como nós ou o mundo funcionamos. O* como *nos dá a perspectiva, orientação [...]. Estas são as duas bases sobre as quais a Gestalt--terapia caminha:* Aqui e Como [...]. Como *engloba tudo que é estrutura, comportamento, tudo que realmente está acontecendo – o processo.*

Perls encontrou na orientação de Reich alguns elementos que estão solidamente representados na terapia gestáltica, por exemplo a sugestão de Reich de que a resistência do caráter é mais bem revelada no *como* das comunicações do paciente do que no *o quê* dessas comunicações. A ideia aqui expressada é a de que a forma ou o estilo da comunicação reflete o caráter e, portanto, é mais importante do que o conteúdo (Reich, 1949). Várias pessoas podem dizer ou fazer as mesmas coisas, e, desse modo, a individualidade e a unicidade não são reveladas no teor do comportamento, mas cada pessoa se porta de acordo com seu próprio consistente "estilo", traduzindo sua unicidade. Seguindo essa linha de pensamento, Perls fez das questões iniciadas com "por que" um tabu. O paciente que pergunta "por quê" está geralmente tentando "fisgar o meio ambiente para lhe dar apoio" (Perls, 1997, p. 68-9); ele está pedindo a outra pessoa que pense por ele. O terapeuta que pergunta "por quê" está convidando o paciente a racionalizar, justificar, ceder, pedir desculpas ou falar tautologias.

Como disse Perls, não existem respostas definitivas para o porquê. As perguntas relevantes podem ser respondidas pelo "como, onde e quando" (Perls, 1969).

A Gestalt-terapia caminha sobre duas pernas, segundo Perls (1977): "Agora e Como". A fim de ouvir o como, o terapeuta deve ouvir o som, a música das comunicações do paciente. O foco apropriado está na qualidade da voz, na postura, nos gestos, na linguagem psicossomática, com o conteúdo colocado em segundo plano, visto que Perls sugeriu que, em terapia, "a comunicação verbal do paciente (o conteúdo) é usualmente uma mentira" (Smith, 1997, p. 7).

Maria Cristina Frascaroli

REFERÊNCIAS BIBLIOGRÁFICAS

PERLS, F. S. *Ego, hunger and aggression*. Nova York: Vintage, 1969.

_____. *Gestalt-terapia explicada*. São Paulo: Summus, 1977.

REICH, W. *Character analysis*. Nova York: Noonday Press, 1949.

SMITH, E. W. L. *The growing edge of Gestalt therapy*. Nova York: The Gestalt Journal, 1997.

VERBETES RELACIONADOS

Conscientização, Contato, Figura e fundo, Gestalt-terapia, Neurose

SER-NO-MUNDO[38]

O termo refere-se ao homem concebido pelo existencialismo como um ser concreto,

---

38. Levando-se em conta o grande destaque que o pensamento de Heidegger tem alcançado nas abordagens psicológicas de bases fenomenológica e existencial, consideramos de fundamental relevância a inclusão deste verbete neste dicionário de Gestalt-terapia.
No corpo de sua obra, Perls faz referências, em diversos momentos, a essa noção de interdependência do ser e do mundo, sem, no entanto, se aprofundar nas implicações da utilização deste termo. (Nota das organizadoras)

responsável, consciente e compreendido, com base em si próprio, seu mundo, visto como rede articulada de significações e sentido, e não somente como meio geográfico ou ambiente.

A origem deste termo (*In-der-Welt-sein*), assim utilizado, deve-se a Martin Heidegger, que o empregou em toda a sua obra, mas principalmente em *Ser e tempo* (Heidegger, 2001), (*Sein und Zeit*). Em *Vom Wesen des Grundes*, Heidegger apresenta a história do conceito de "mundo", "[...] através da palavra alemã *Welt*, da grega *Kosmos* e da latina *Mundus* [...]" (Inwood, 2002, p. 120), desde os pré-socráticos até Kant, em que conclui existirem: "[...] três noções de mundo: a) ENTES como um todo; [...] b) a comunidade dos homens; [...] c) os homens em relação aos entes como um todo" (Inwood, 2002, p. 120).

Ser-no-mundo (*In-der-Welt-sein*) é quase equivalente a Dasein (ser aí), em que "aí" significa propriamente mundo. Somente ao homem é aplicável o adjetivo "mundano". Entidades não humanas estão "dentro do mundo" ou são "pertencentes a um mundo", mas nunca são "mundanas" ou "no mundo". Em preleções anteriores, Heidegger fala de três submundos: *Umwelt* (ambiente, o mundo à nossa volta), *Mitwelt* (mundo com as pessoas) e *Selbstwelt* (mundo próprio, o precursor do posterior Dasein). O homem (Dasein ou ser-no-mundo) não é algo simplesmente dado. Primariamente é a possibilidade de ser. Todo homem é o que pode ser e o modo que é sua possibilidade. O homem é a possibilidade de ser livre para o seu próprio poder ser (Inwood, 2002, p. 120).

Na Gestalt-terapia há uma referência à liberdade e singularidade daquele que contesta uma estrutura de ser inconsciente, em que todo ato humano deve ser compreendido de acordo com a relação entre o ser e seu mundo.

Ari Rehfeld

REFERÊNCIAS BIBLIOGRÁFICAS

HEIDEGGER, M. *Ser e tempo*. v. 2. Petrópolis: Vozes, 2001.

_____. *Vom Wesen des Grundes* [*A essência do fundamento*]. Frankfurt am Main: Biblioteca de Filosofia Contemporânea, 1949 (edição bilíngue).

INWOOD, M. *Dicionário Heidegger*. Rio de Janeiro: Zahar, 2002.

VERBETES RELACIONADOS

Existencialismo, Gestalt-terapia

SINTOMA

No livro *EFA* (1942), Perls esboçou sua concepção de sintoma deixando evidentes as influências sofridas do holismo de Jan Smuts e da teoria organísmica de Kurt Goldstein. Segundo ele, a análise de um sintoma pode "demonstrar como a mobilização das funções egoicas [alienação e identificação] é necessária para o restabelecimento do funcionamento saudável de toda a personalidade" (Perls, 2002, p. 222). Para isso, propõe que não se deve "perder o fio que leva do sintoma à Gestalt oculta", reconhecendo na concentração o meio pelo qual trabalhar as evitações: "Pela concentração no sintoma permanecemos no campo (embora na periferia) da Gestalt reprimida. Perseverando nessa concentração, avançamos em direção ao centro do campo" (*Ibidem*, p. 269) e só assim podem-se reorganizar as resistências encontradas nesse processo.

Isso denota que Perls já se diferenciava do pensamento psicanalítico da época, à medida que questionava como uma defesa pode ser acionada sem alguma consciência sobre o conteúdo reprimido inicialmente. Dessa forma, concluiu que "sem assumir total responsabilidade, sem transformar os sintomas neuróticos em funções egoicas conscientes, nenhuma cura é possível" (2002, p. 305).

A posteriori, com a Gestalt-terapia lançada como uma abordagem psicológica, PHG (1951) definiram que "o sintoma neurótico é uma estrutura intrínseca de elementos vitais e embotadores, e que o melhor do self do paciente está investido nela" (PHG, 1997, p. 95).

Nessa época, reconheceram uma importante observação de Freud, a da natureza dupla do sintoma neurótico. Nos termos de PHG (1997, p. 93), "o sintoma é tanto uma expressão de vitalidade quanto uma 'defesa' contra a vitalidade", o que revela a sua funcionalidade. Em outras palavras, em um primeiro momento, o sintoma é uma resposta do organismo na busca da autorregulação e, por isso, pode ser considerado um ajustamento criativo. Entretanto, essa resposta será caracterizada como sintoma se mantiver o caráter repetitivo e habitual, evidenciando a cristalização e a disfunção.

Cabe salientar a força da manutenção do sintoma. Uma vez que a proteção contra o sofrimento é uma potente função do sintoma, tal "funcionalidade contribui para esta resistência e, neste ponto, a proposta de trabalho da Gestalt-terapia é torná-la consciente e não combatê-la" (D'Acri, 2007, p. 120).

Autores contemporâneos como Frazão (1991, p. 42) contribuem explicando que o sintoma é um padrão que se repete e que pede novamente, na tentativa de ser atendido, ou seja, que em busca do fechamento da situação inacabada, e a cada tentativa frustrada, gera sofrimento e angústia. O que move esta engrenagem é a procura do equilíbrio constante do organismo que acaba por promover uma "adaptação insatisfatória, que causa sofrimento, impede o contato".

Sintoma é uma forma, uma expressão que possui um sentido. É um pedido de socorro, mas quando não escutado, intensifica cada vez mais seu chamado e, por isso, exige atenção, quer se queira ou não. Considerar a hermenêutica do sintoma como linguagem permite compreender o seu desvelamento como uma "fala" (D'Acri, 2009).

Segundo De Lucca (2012, p. 208), o que é revelado como sintoma é um caminho para nosso autoconhecimento, conforme possamos ouvi-lo, enfrentá-lo e ultrapassá-lo. "Sob essa perspectiva, um sintoma é um fenômeno biopsicossocioespiritual que apresenta alternativas e contribuições para a realização da própria existência".

É por intermédio da percepção do sintoma que muitas vezes o cliente chega para a terapia. Ao terapeuta caberá amplificá-los para melhor escutá-los, pois, desse modo, o cliente poderá reconhecê-los como sua forma de comunicação e integrá-los à medida que aumenta sua awareness. Por conseguinte, aumentando a awareness, aumentam as possibilidades de acesso ao fundo de situações inacabadas, reconfigurando-as, o que é diferente de remissão ou alívio de sintoma (Frazão, 1991; D'Acri, 2007). Com isso, "a cura não é necessariamente uma vitória sobre o sintoma ou a recuperação da saúde, mas o amadurecimento, a transformação, a transmutação do adoecimento" (Nunes, 2007, p. 71).

Gladys D'Acri

REFERÊNCIAS BIBLIOGRÁFICAS

D'ACRI, G. "A concepção de sintoma à luz da Gestalt--terapia". *Revista IGT na Rede*, Rio de Janeiro, v. 4, n. 7, p.117-20, 2007. Disponível em: <http://www.igt.psc.br/ojs/>. Acesso em: 16 abr. 2009.

_____. "O desvelar do sintoma em Gestalt-terapia: contribuições à psicossomática contemporânea". Artigo científico de conclusão do curso de Especialização em Psicossomática Contemporânea da Universidade Gama Filho. Rio de Janeiro, 2009.

DE LUCCA, F. *A estrutura da transformação*. São Paulo: Summus, 2012.

FRAZÃO, L. M. "Pensamento diagnóstico em Gestalt-terapia". *Revista de Gestalt*, v.1, n.1, p. 41- 4, 1991.

PERLS, F. S. (1942). *Ego, fome e agressão*. São Paulo: Summus, 2002.

PERLS, F. S.,; HEFFERLINE, R.; GOODMAN, P. (1951). *Gestalt--terapia*. São Paulo: Summus, 1997.

NUNES, A. L. "Compreendendo transtornos alimentares sob a óptica da Gestalt-terapia". In: FUKUMITSU, K.; ODDONE, H. (org.). *Transtornos alimentares: uma visão gestáltica*. Campinas, SP: Edora Livro Pleno, 2007.

VERBETES RELACIONADOS

Awareness, Autorregulação organísmica, Contato, Figura e fundo, Função id, função ego, função personalidade, Funcionamento saudável e funcionamento não saudável, Holismo, *Self*, Situação inacabada, Teoria Organísmica, organismo, campo organismo/ambiente

SISTEMA

Este termo já aparece no livro *EFA* (1947) substituindo a palavra "organismo", palavra esta que designa um tipo específico de sistema, uma organização biológica que tem limites bem definidos e é capaz de interagir com seu meio, ajustar-se e manter seu equilíbrio. "Se chamamos a quantidade total de líquido requerida pelo organismo equilibrado de A e a parte perdida de X [...] ele experiencia como sede [...] um desejo de incorporar a seu sistema a quantidade de X" (Perls, 2002, p. 70).

Em *Gestalt-terapia explicada*, Fritz (1977, p. 70) se refere a partes funcionais do corpo quando utiliza os termos "sistema sensorial" e "sistema motor".

No *Minidicionário Aurélio* encontramos as seguintes definições para a palavra "sistema": "1. Conjunto de elementos, entre os quais se possa encontrar ou definir alguma relação. 2. Disposição das partes ou dos elementos de um todo, coordenados entre si, e que funcionam como estrutura organizada. 3. Plano, método. 4. Modo. 5. Costume" (Holanda, 1985, p. 507).

Quando nos referimos ao uso dado à palavra "sistema" no campo semântico específico da Gestalt-terapia, uma boa definição para a palavra é:

> *Um sistema é um conjunto de componentes e relações que formam um determinado todo, uma unidade que possui alguma eficácia na interação com seu meio e é capaz de manter uma certa organização diante de alterações internas e externas a que é submetido".* (Araújo, 2007)

Thérèse Tellegen (1984, p. 56), em seu texto *Gestalt e sistemas*, afirma:

> *Não só a psicologia da Gestalt, mas também a teoria do campo e as teorias organísmicas representam os primeiros modelos sistêmicos em psicologia. Preocupando-se com a dinâmica inter-relacional de conjuntos complexos, sua organização, regulação e direção, estas teorias representam enfoque novo, distinto dos modelos clássicos da*

relação causa–efeito e da transforma-
ção de energia. Lei de pregnância ou
boa forma, equalização, homeostase
são alguns dos termos usados para
referir-se a processos tendentes a um
equilíbrio dinâmico.

A afirmação de que algumas das principais bases de sustentação da Gestalt-terapia
constituem as primeiras expressões de uma
perspectiva sistêmica no campo da psicologia
faz eco com as colocações de outros autores,
como Serge e Anne Ginger, que classificam a
Gestalt-terapia como uma das abordagens hu-
manistas com perspectiva sistêmica.

[...] a psicologia humanista renun-
ciaria também à clivagem cartesiana
causa/consequência, para adotar um
ponto de vista sistêmico, em que to-
dos os fenômenos são considerados em
interdependência circular: o homem
é um sistema global aberto que inclui
subsistemas (órgãos, células, molécu-
las etc.). (Ginger; Ginger, 1995, p. 99)

Essa afirmação diz respeito a alguns aspectos próprios à perspectiva da Gestalt-terapia,
e não a seu caminho histórico, visto que existe uma série de linhas psicoterapêuticas que
compõem o que vem a ser conhecido como
abordagem sistêmica, e a Gestalt-terapia
não está incluída entre elas. As abordagens
que compõem esse universo comungam de
uma ligação histórico-epistemológica, tendo
se desenvolvido apoiadas em determinadas
crenças teóricas surgidas a partir das transformações paradigmáticas ocorridas em várias
áreas do pensamento científico ocidental ao

longo do século XX[39]. Vale ressaltar que as
contribuições que serviram de base epistemológica para a Gestalt-terapia[40] certamente
também tiveram grande influência nas mudanças paradigmáticas citadas anteriormente.
Dessa forma, podemos afirmar que a proximidade dessas duas vertentes não é casual
– está ligada à existência de raízes comuns
entre elas.

Marcelo Pinheiro

REFERÊNCIAS BIBLIOGRÁFICAS

ARAÚJO, O. *Teoria geral dos sistemas*. Página pessoal de
Osnaldo Araújo. Disponível em: <http://www.dea-
raujo.ecn.br/cgi-bin/asp/gst02.asp>. Acesso em: 11
abr. 2007.

GINGER, S.; GINGER, A. *Gestalt: uma terapia do contato*.
São Paulo: Summus, 1995.

HOLANDA, A. B. de *Minidicionário Aurélio da língua portuguesa*. Rio de Janeiro: Nova Fronteira, 1985.

PERLS, F. S. (1947). *Ego, fome e agressão*. São Paulo: Summus, 2002.

_____. *Gestalt-terapia explicada*. São Paulo: Summus,
1977.

TELLEGEN, T. A. *Gestalt e grupos: uma perspectiva sistêmica*.
São Paulo: Summus, 1984.

VERBETES RELACIONADOS

Gestalt-terapia, Homeostase, Sistema sensoriomotor, Teoria de campo, Teoria organísmica

---

39. Entendemos como bases epistemológicas da Gestalt-
-terapia parte do pensamento filosófico e científico de
língua predominantemente germânica característica da
virada do século XIX para o século XX.

40. Ao longo do século XX, ocorreu uma grande mudança
paradigmática em várias áreas do pensamento científico.
Essas mudanças foram impulsionadas sobremaneira pelas contribuições de Albert Einstein e pelas descobertas
realizadas por físicos quânticos que evidenciaram as limitações do modelo causal linear característico da ciência
clássica, apontando para a necessidade de construção de
um modelo de compreensão menos simplista, que se
aproximasse mais das sutilezas dos objetos de estudo.
A partir de então, surgiram várias linhas de pensamento
que buscavam dar conta dessa problemática, e essas linhas de pensamento contribuíram para dar base às abordagens atualmente conhecidas como sistêmicas.

SISTEMA SENSORIOMOTOR

Em Prefácio à edição de 1945 de *EFA*, Perls (2002, p. 38) comenta que, com base no conceito de "couraça" de Wilhelm Reich, compreendeu "um aspecto importantíssimo da medicina psicossomática – a função do sistema motor".

É por meio dos sistemas sensorial e motor que interagimos com o mundo externo. Como afirma Goldstein, "tanto os nervos sensoriais quanto os motores se estendem do organismo para o meio" (Perls, 1977, p. 75).

Enquanto o sistema sensorial nos provê de orientação, ou seja, como vemos e sentimos o mundo, o sistema motor nos dá o sentido de manipulação, atuação e controle. Uma vez que organismo e meio mantêm uma relação de reciprocidade, esses sistemas, numa relação de interdependência, assumem funções distintas na satisfação das necessidades. Ritmo, vibração, tremor e afeto são manifestações da excitação, esta se transforma em emoções específicas de acordo com as quais o sistema sensorial discrimina o que queremos e o motor manipula o objeto de que necessitamos, "de modo que o equilíbrio orgânico seja reinstaurado e a Gestalt se complete" (Perls, 1981, p. 32).

A sensação não é um fenômeno passivo, mecânico, mas, ao contrário, denota que somos ativos e seletivos em nosso sentir.

A sensação e o movimento são ambos atividades que emergem, não respostas mecânicas, sempre e onde quer que o organismo encontre situações novas [...]. Manipulação é o nosso termo (um tanto deselegante)

para toda atividade muscular. Inteligência é a orientação adequada, eficiência é a manipulação adequada. Para recuperá-las, o neurótico dessensibilizado e imobilizado tem que recobrar sua awareness *total; isto é, seu sentir, contatar, excitamento e formação de Gestalten.* (PHG, 1997, p. 37)

Considerando o *self* como um sistema de contatos, ele abrange o sistema sensoriomotor, bem como as necessidades orgânicas; sente emocionalmente a adequação entre ambiente e organismo, e, dessa forma, o *self* é percebido como a força que forma a Gestalt no campo. Como afirmam PHG (1997, p. 180): "[...] é o órgão sensorial que percebe, é o músculo que se movimenta, é o órgão vegetativo que sofre de um excedente ou de um déficit; mas é o organismo-como-um-todo em contato com o ambiente que é consciente, manipula e sente".

Gladys D'Acri e Sheila Orgler

REFERÊNCIAS BIBLIOGRÁFICAS

PERLS, F. S. *A abordagem gestáltica e testemunha ocular da terapia*. Rio de Janeiro: Zahar, 1981.

_____. (1945). *Ego, fome e agressão*. São Paulo: Summus, 2002.

_____. In: STEVENS, J. O. (org.). *Isto é Gestalt*. São Paulo: Summus, 1977.

PERLS, F. S.; HEFFERLINE, R.; GOODMAN, P. *Gestalt-terapia*. São Paulo: Summus, 1997.

VERBETES RELACIONADOS

Awareness, Contato, Emoções, Excitação/excitamento, Necessidade, Organismo, *Self*, Sistema

SITUAÇÃO INACABADA

Este conceito aparece na obra de PHG (1951) e, posteriormente, no livro de Perls, *Escarafunchando Fritz*, publicado pela primeira vez na Real People Press em 1969. Neste segundo livro, de cunho autobiográfico, ele diz:

A minha relação com os psicólogos da Gestalt era muito peculiar. Eu admirava muita coisa no trabalho deles, especialmente o trabalho inicial de Kurt Lewin. [...] Não li nenhum dos seus livros-texto, só alguns artigos de Lewin, Wetheimer e Köhler. Para mim, mais importante era a ideia da situação inacabada, a Gestalt incompleta. (Perls, 1979, p. 65-6)

Na obra de PHG, temos como o nome mais adequado para a Gestalt incompleta o de "situação inacabada", ou seja, quando a premência de uma situação assume a dominância e "mobiliza todo o esforço disponível até que a tarefa seja completada" (Perls, 1979, p. 84). As interrupções no fluxo natural de formação de figuras tornam-se situações inacabadas, que dão lugar à aparição dos comportamentos neuróticos e psicóticos:

Parece-me que o desequilíbrio surge quando, simultaneamente, o indivíduo e o grupo vivenciam necessidades diferentes, e quando o indivíduo é incapaz de distinguir qual é a dominante. [...] Na situação de conflitos de necessidades, o indivíduo tem que ser capaz de tomar uma decisão clara. Se o faz, ou fica em contato, ou foge; sacrifica tem-

porariamente a necessidade menos dominante à mais grave. Mas quando não pode discriminar, quando não pode tomar uma decisão, ou se sente insatisfeito com a decisão que tomou, não faz um bom contato, nem uma boa fuga, tanto ele quanto o meio ficam afetados. (Perls, 2001, p. 174)

Quando as interrupções dos processos se dão de forma contínua na vida do indivíduo, acabam por sobrecarregá-lo, impedindo que se estabeleçam figuras cristalinas e seu correspondente fechamento:

Todos os distúrbios neuróticos surgem da incapacidade do indivíduo encontrar e manter o equilíbrio adequado entre ele e o resto do mundo [...] sua neurose é uma manobra defensiva para protegê-lo contra a ameaça de ser barrado por um mundo esmagador. Trata-se de sua técnica mais efetiva para manter o equilíbrio e o sentido de autorregulação numa situação em que sente que as probabilidades estão todas contra ele. (Perls, 2001, p. 177)

Quando há dificuldade para alcançar o equilíbrio na relação do indivíduo com seu ambiente, acontece que:

[...] a situação inacabada mais premente assume a dominância e mobiliza todo o esforço disponível até que a tarefa seja completada. [...] Deliberação, seleção e planejamento estão implicados no completamento da situa-

ção inacabada, mas a consciência não tem de encontrar o problema; mais exatamente, ela é igual ao problema. A consciência espontânea da necessidade dominante e sua organização das funções de contato é a forma psicológica da autorregulação organísmica. (PHG, 1997, p. 84)

Ante uma situação inacabada, é a sabedoria do nosso próprio organismo que nos mostra o que é mais importante em cada ocasião: "[...] o que parece espontaneamente importante de fato organiza realmente a maior parte da energia do comportamento; a ação autorreguladora é mais vívida, mais intensa e mais sagaz" (PHG, 1997, p. 84).

Os autores acrescentam que: "A compulsão neurótica à repetição é sinal de que uma situação inacabada no passado ainda está inacabada no presente. Todas as vezes que uma tensão suficiente se acumula no organismo para tornar a tarefa dominante, tenta-se novamente encontrar uma solução" (PHG, 1997, p. 84). Quando a tensão neurótica não se completa, "tem de ser completada antes de se dar atenção a qualquer outra coisa; desse modo, o organismo que não cresceu pelo êxito e pela assimilação assume a mesma atitude para fazer o mesmo esforço de novo [...] é somente por meio da assimilação, do acabamento, que aprendemos algo e estamos preparados para uma nova situação" (PHG, 1997, p. 101).

O trauma também é entendido como uma situação inacabada:

O trauma não atrai a repetição, como pensava Freud. É o esforço repetido do organismo para satisfazer sua necessidade que causa a repetição; mas esse esforço é repetidamente inibido por um ato deliberado presente. À medida que a necessidade obtém expressão, ela utiliza técnicas desatualizadas ("o retorno daquilo que foi reprimido"). Se o sentimento for liberado, poderá ou não reviver momentaneamente uma cena antiga; mas de qualquer modo buscará de imediato uma satisfação presente. (PHG, 1997, p. 104)

De acordo com Yontef (1998, p. 98): "Qualquer Gestalt incompleta é um assunto pendente que exige resolução. Normalmente, isso assume a forma de sentimentos não resolvidos, expressos de maneira incompleta".

Loffredo (1994, p. 51) observa que, de acordo com PHG:

Apenas o intercâmbio organismo meio [...] constitui a situação psicológica, que não pode ser concebida tomando qualquer um deles de forma isolada. Dela se deriva que a noção de contato é central e em torno dela gravitam as concepções de desenvolvimento e da psicopatologia. [...] Como a formação de Gestalten completas e compreensivas é "condição de saúde mental e crescimento", a situação inacabada subjacente à Gestalt incompleta – dependendo da sua relevância para o indivíduo – atrapalhará a formação de novas e fortes Gestalten, impedindo o crescimento e o desenvolvimento do indivíduo.

Para Wallen (1977, p. 22), nas interrupções do processo natural de formação de figura/fundo:

[...] está operando um tipo de autorregulação que, no momento, é a melhor organização disponível para o indivíduo. Isto se relaciona diretamente ao "princípio de pregnância", que diz estar um campo psicológico tão bem organizado quanto as condições da estrutura total permitem nesse momento. Um sintoma é, portanto, uma forma de ajustamento.

Durante o processo terapêutico, "pretende-se facilitar a fluidez da relação figura/fundo para que os elementos que estejam no fundo possam emergir permitindo-se que Gestalten incompletas sigam seu ciclo de fechamento. E, dessa forma, abram caminho ao surgimento de novas Gestalten" (Wallen, 1977, p. 23).

Para que o fechamento e formação de novas Gestalten aconteçam e o indivíduo não permaneça com situações inacabadas:

[...] a pessoa deve poder funcionar no here-and-now. As experiências relativas ao passado e ao futuro diminuem o montante de energia que a pessoa pode gastar here-and-now, e, quando o indivíduo insiste em investir nelas uma energia, bloqueia o processo de contato direto com a realidade imediata. [...] Estamos a todo instante formando novas gestalten, porque sendo seres em permanente mudança, estamos também criando e descobrindo necessidades. Tal fato em si poderia

se transformar num caos, se não fosse uma também natural necessidade do ser humano de fechar, de completar coisas. Lidamos muito mal com o incompleto, com o inacabado, porque provoca em nós a sensação do não-eu, de uma identidade buscada e nunca encontrada. (Ribeiro, 1994, p. 20-1)

Miguel Angel Liello

REFERÊNCIAS BIBLIOGRÁFICAS

LOFFREDO, A. M. *A cara e o rosto: ensaio sobre Gestalt--terapia*. São Paulo: Escuta, 1994.

PERLS, F. S. *Escarafunchando Friz: dentro e fora da lata de lixo*. São Paulo: Summus, 1979.

_____. In: MEZZARA, A. M. K. *E a Gestalt emerge. Vida e obra de Frederick Perls*. São Paulo: Altama, 2001.

PERLS, F. S.; HEFFERLINE, R.; GOODMAN, P. (1951). *Gestalt--terapia*. São Paulo: Summus, 1997.

RIBEIRO, J. P. *Gestalt-terapia. O processo grupal*. São Paulo: Summus, 1994.

WALLEN, R. "Gestalt-terapia e psicologia da Gestalt". In: FAGAN, J.; SHEPHERD, I. (orgs.). *Gestalt-terapia – teoria, técnicas e aplicações*. Rio de Janeiro: Zahar, 1977.

YONTEF, G. *Processo, diálogo e awareness*. São Paulo: Summus, 1998.

VERBETES RELACIONADOS

Ajustamento criativo, Assimilação, Autorregulação organísmica, Conflito, Consciência, Contato, Dominâncias, Figura e fundo, Função e disfunção de contato, Luto, Necessidades, Neurose, Organismo, Presente, Sintoma

SONHOS

Depreende-se do conjunto da obra de Perls que os sonhos são tomados como manifestações espontâneas da psique, como é o caso dos atos falhos, das fantasias e dos gestos. Ainda assim, uma vez que Perls prescinde do conceito de inconsciente, genericamente atribui ao sonhador a criação das situações retratadas pelos sonhos – donde se supõe que, à noção de inconsciente, ele contrapõe a concepção de extratos de consciência, que se colocariam em relação de reciprocidade: um, como o autor, o produtor e o diretor do material onírico em sua peculiar dramaticidade; outro, como receptor da mensagem existencial nele contida, isto é, o sonhador, tal como se concebe no momento presente. Diz o autor:

> *O sonho é, possivelmente, a expressão mais espontânea do ser humano, uma peça de arte que cinzelamos a partir de nossas vidas. E cada parte, cada situação no sonho, é criação do próprio sonhador. É claro, algumas das peças provêm da memória ou realidade, mas a questão importante é o que faz que o sonhador selecione essa peça em particular. (Perls, 1973, p. 44-5)*

Enquanto Freud, fundador da psicanálise, considerou o sonho a via régia para o inconsciente, Perls o tomou como o caminho real para a integração. O que se pode deduzir dessa colocação é que o material onírico deveria conter polaridades significativas que, uma vez trazidas ao plano da *awareness*, resultariam em uma transformação da posição do sujeito no mundo e em suas múltiplas relações. Considerando-se que a integração não decorre automaticamente do sonhar, deverá incidir sobre o sonho uma intervenção terapêutica capaz de colocar em movimento a energia psíquica bloqueada em razão de um conflito, ou aprisionada na unilateralidade da orientação da consciência.

Para Perls, cada elemento de um sonho é portador da projeção de uma parte alienada ou dissociada da personalidade. A finalidade do trabalho terapêutico é a reapropriação, por parte do sonhador, das parcelas projetadas, com vistas à intensificação da *awareness* e à associação do conteúdo ao plano da sensorialidade, sustentáculo do funcionamento saudável. Segundo Perls, há um potencial oculto nos elementos dissociados, que, se retomados, maximizam a *awareness* e recapacitam o sonhador a lidar com as situações emergenciais de sua vida atual.

Perls acredita que podemos reassimilar e recuperar as projeções, bastando que, para isso, nos identifiquemos com a pessoa ou objeto que recebem a projeção. O sonhador dá voz ao objeto, fazendo-o na primeira pessoa. A crença subjacente é a de que o processo de identificação tem maior eficácia do que o método psicanalítico de associações livres, visto por Perls como método de dissociação livre, ou mero jogo intelectual (Perls, 1974, p. 55). A identificação com as partes do sonho permitiria que o sonhador presentificasse a situação onírica, a ela imprimindo uma espécie de compromisso pessoal, ativando, consequentemente, a energia psíquica inerente ao conteúdo dramático.

O que se deve ressaltar é que, na literatura primordial da abordagem gestáltica, as formulações teóricas a respeito dos sonhos resultam empobrecidas quando comparadas com a infinita beleza do método gestáltico de exploração do material onírico. A riqueza dos resultados e o impacto da intervenção terapêutica sobre o sonhador atestam a impressionante eficácia do método terapêutico proposto por Perls, além de prover elementos para uma sistematização teórica consistente. Evidências disso podem ser encontradas em *Gestalt e sonhos* (2002), de minha autoria. O texto descreve rigorosamente o método de experimentos com sonhos na concepção de Frederick Perls e busca honrar as proposições do fundador da abordagem gestáltica, mesmo quando se considera a liberdade que assumi no tratamento do tema, examinando-o sob a perspectiva da psicologia profunda. Foram considerados tanto os aspectos estáveis e uniformes da estrutura de um experimento, como "nuanças e variantes que diversificam o procedimento e sinalizam as múltiplas possibilidades de repertório e recursos reservadas ao condutor do experimento" (Lima Filho, 2002).

Alberto Pereira Lima Filho

REFERÊNCIAS BIBLIOGRÁFICAS

PERLS, F. S. In: FAGAN, J.; SHEPHERD, I. (orgs.). *Gestalt-terapia: teoria, técnica e aplicações.* Rio de Janeiro: Zahar, 1973.

_____. *Gestalt therapy Verbatim.* Nova York: Bantam Books, 1974.

LIMA FILHO, A. *Gestalt e sonhos.* São Paulo: Summus, 2002.

VERBETES RELACIONADOS

Awareness, Conflito, Consciência, Experimento, Fantasia, Funcionamento saudável, Polaridades, Presente, Projeção

SUPORTE

Encontramos o termo "suporte", na literatura gestáltica, intimamente relacionado às funções de contato e à fronteira de contato, considerados conceitos-chave na teoria da Gestalt-terapia.

Fritz Perls refere-se ao *autossuporte,* principalmente, em seus escritos dos anos 1960, publicados na década de 1970, nos Estados Unidos e, posteriormente, no Brasil. Relaciona o desenvolvimento do autossuporte

(*self-support*) ao potencial da pessoa, à independência pessoal e ao processo de amadurecimento, equiparando o funcionamento neurótico à falta do autossuporte:

Amadurecimento é o desenvolvimento que se dá de um apoio ambiental à independência pessoal (self-support). À medida que a criança vai crescendo, ela aprende, cada vez mais, a manter-se sobre seus pés, a criar o seu próprio mundo, a ganhar seu próprio dinheiro, a tornar-se emocionalmente independente. Mas, no neurótico, esse processo não ocorre adequadamente. A criança – ou o neurótico infantiloide – usará seu potencial não para conquistar sua independência, mas para desempenhar papéis postiços. Estes têm a finalidade de mobilizar o meio para que lhe forneça apoio, em vez de mobilizar o seu próprio potencial. (Perls, 1978, p. 33)

Em *A abordagem gestáltica e testemunha ocular da terapia,* Perls (1988, p. 122) refere-se ao autoapoio (*self-support*) como uma das *premissas principais* da terapia: "A terapia gestáltica estabelece o postulado básico de que falta ao paciente autoapoio, e que o terapeuta simboliza o si-mesmo incompleto do paciente. O primeiro passo na terapia, portanto, é descobrir o que o paciente necessita".

Equipara o autoapoio aos recursos disponíveis no presente para lidar com problemas e como condição para aquisição da autoestima; afirma que o objetivo do processo terapêutico está relacionado ao desenvolvimento de tais recursos:

O objetivo da terapia, então, deve ser lhe dar [ao paciente] *meios para que possa resolver seus problemas atuais e qualquer outro problema que surja amanhã ou no próximo ano. Este instrumento é a autoestima e ele a adquire lidando consigo e seus problemas, com todos os recursos de que dispõe no momento.* (Perls, 1988, p. 75)

Laura Perls, em 1978, no trabalho publicado com o título "Concepts and misconceptions of Gestalt therapy" (1978), define o conceito de suporte:

Suporte começa pela fisiologia básica como respiração, circulação e digestão, continua com o desenvolvimento do córtex, a dentição, a postura ereta, coordenação, sensibilidade e mobilidade, linguagem e sua utilização, hábitos e costumes, até particularmente defesas que na época de sua formação serviam de suporte. Todas as experiências plenamente assimiladas e integradas constituem o fundo da pessoa, que dão sentido às Gestalten que vão emergindo e desta forma dão suporte a uma determinada maneira de viver na fronteira com excitação.

Fritz Perls, em *Isto é Gestalt* (Perls, 1977, p. 23), volta a reafirmar a correlação entre autossuporte e maturidade: "Eu defino a maturidade como a transição do apoio ambiental para o autoapoio". Mas lembra que autossuporte é diferente de autossuficiência: "Ninguém é autossuficiente; o indivíduo só pode existir num campo circundante [...]" (Perls,

1977, p. 31). "A pessoa saudável não desconsidera as necessidades dos outros nem permite que as suas sejam desconsideradas" (Perls, 1988, p. 117).

Na literatura contemporânea, Thérèse Tellegen (1982, p. 85-6), em *As psicoterapias hoje*, oferece importantes contribuições relativas ao conceito de suporte:

[O homem] [...] *é um todo composto de partes ou dimensões que podemos chamar de orgânica, emocional, cultural, intelectual. Ele tem memória, i.e., acesso a experiências passadas, ele tem imaginação, i.e., acesso ao abstrato, ao simbólico. Ele é um sistema onde as partes são inter-relacionadas dinamicamente numa perspectiva de organização e autorregulação que visa um equilíbrio também dinâmico. Suporte é a inter-relação deste todo.* [...] *Suporte inclui fisiologia, postura, coordenação, equilíbrio, sensibilidade, mobilidade, linguagem, hábitos e costumes, habilidades, aprendizagens, experiências vividas e defesas adquiridas ao longo da vida. Este é o suporte, o autossuporte, essencial para o contato. E é óbvio que a qualidade da presença do interlocutor também* [...].

Tellegen (1982, p. 86) menciona ainda como é experienciada a falta do suporte:

[...] *como ansiedade, que se manifesta nas alterações respiratórias, rubor, incômodo, vergonha, desajeitamento, senso de ridículo, rigidez, redução de energia etc. São as descoordenações das funções de suporte e das funções de contato. Se o contato sempre se dá no aqui e agora, o suporte se fundamenta no conjunto de recursos desenvolvidos ao longo da história pessoal de cada um. O contato se passa na fronteira eu/não-eu; o suporte é tudo que se tem à disposição para esse contato ser pleno e vivificante.*

E finalmente enfatiza que "o foco do trabalho em Gestalt é precisamente a articulação das dimensões de suporte e contato" (Tellegen, 1982, p. 86).

Beatriz Helena Paranhos Cardella

REFERÊNCIAS BIBLIOGRÁFICAS

PERLS, F. S. (1973). *A abordagem gestáltica e testemunha ocular da terapia*. Rio de Janeiro: Guanabara, 1988.

_____. In: FAGAN, J.; SHEPHERD, I. (orgs.). (1971). *Gestalt-terapia: teoria, técnicas e aplicações*. Rio de Janeiro: Zahar, 1978.

_____. In: STEVENS, J. O. (org.). (1975). *Isto é Gestalt*. São Paulo: Summus, 1977.

_____. "Concepts and misconceptions of Gestalt therapy". *Voices*, v. 14, n. 3, 1978. (traduzido por T. Tellegen)

TELLEGEN, T. "Atualidades em Gestalt-terapia". In: PORCHAT, I. (org.). *As psicoterapias hoje*. São Paulo: Summus, 1982.

VERBETES RELACIONADOS

Aqui e agora, Autoapoio, Autorregulação organísmica, Contato, Fronteira de contato, Função e disfunção de contato, Gestalt-terapia

t

TEORIA DE CAMPO

Frederick Salomon Perls (1977, p. 99) expressa claramente: "Minha ambição tem sido criar uma teoria de campo unificada na psicologia". Quando Perls declara seu desejo em realizar tal criação, já existia o trabalho consagrado de Kurt Lewin, publicado em vários livros como: "Princípios de psicologia topológica", "Teoria dinâmica da personalidade", "Teoria de campo em ciencia social" e "Problemas de dinâmica de grupo". Tais livros fundamentaram o que Lewin denominou "teoria de campo". No entanto, Perls não menciona, em nenhum de seus livros, a utilização desta.

Perls esclarece em seu livro autobiográfico, *Escarafunchando Fritz* (1979, p. 81):

A minha relação com os psicólogos da Gestalt era muito peculiar. Eu admirava muita coisa no trabalho deles, especialmente o trabalho inicial de Kurt Lewin. Não pude concordar com eles quando se tornaram positivistas lógicos. Não li nenhum de seus livros-texto, só alguns artigos de Lewin, Wertheimer e Köhler. Para mim, mais importante era a ideia da situação
inacabada, a Gestalt incompleta. Os gestaltistas acadêmicos obviamente nunca me aceitaram. Eu não era certamente um gestaltista puro.

Dessa forma, não é possível afirmar que Perls se apoiou na utilização da Teoria de Campo específica de Kurt Lewin e que ele próprio pretendia criar uma Teoria de Campo, porém não chegou a fazê-lo de forma sistematizada, como o fez Lewin. Posteriormente, outros notáveis autores da Gestalt-terapia destacam a importância da utilização de uma Teoria de Campo, mas já se referindo ao uso específico da teoria construída por Kurt Lewin. Tal utilização é corroborada por alguns proeminentes Gestalt-terapeutas atuais como Jorge Ponciano Ribeiro (1985), Gary Yontef (1998), Serge Ginger (Ginger; Ginger, 1995) e Margherita Spagnuolo Lobb (2002).

Considerando então os dados anteriores, a definição de Teoria de Campo se baseará naquela construída por Kurt Lewin (1965, p. 51): "A Teoria de Campo provavelmente se caracteriza melhor como um método, isto é, um método de analisar relações causais e de criar construções específicas".

Como "campo", Lewin considera o espaço de vida da pessoa, onde "todo comportamento (incluindo ação, pensamento, desejo, busca, valorização, realização etc.) é concebido como uma mudança de algum estado de um campo numa determinada unidade de tempo" (Lewin, 1965, p. XIII).

Lewin nos explica que o sentido principal de sua teoria é lidar concretamente com as pesquisas das situações vivenciadas pelo(s) indivíduo(s), descrevendo tais pesquisas com uma linguagem mais precisa (operacionalizando conceitos abstratos por meio de uma linguagem baseada na topologia[41]), focalizando a situação presente e considerando-a como uma Gestalt, na qual cada parte do todo só pode ser relacionada a esse todo, de modo que qualquer acontecimento nessa Gestalt influenciará todo o campo. Em resumo, para Lewin (1965, p. 29):

As afirmações básicas de uma teoria de campo são (a) o comportamento deve ser derivado de uma totalidade de fatos coexistentes, (b) esses fatos coexistentes têm caráter de um "campo dinâmico" enquanto o estado de qualquer parte desse sistema depende de cada uma das partes do campo. A proposição (a) inclui a afirmação de que temos que lidar em psicologia, também, com um conjunto, cujas inter-relações não podem ser representadas sem o conceito de espaço.

Dessas proposições anteriores, depreende-se sua famosa equação: $C = F(P \cdot M)$, na qual "C" significa o comportamento da pessoa; "F", função; "P", pessoa; e "M", meio. Portanto, o comportamento é uma função da relação da pessoa com seu meio.

A pessoa pode ser representada esquematicamente como um campo – por exemplo, um círculo – dentro de outro campo maior, que é o seu espaço de vida, onde psicologicamente podem ocorrer situações que a influenciam. Ambos os campos, porém, não são homogêneos, havendo limitações tanto no ambiente quanto na própria pessoa, em relação ao alcance dos objetivos desejados.

Em seu espaço de vida, a pessoa experimenta forças que podem ser representadas esquematicamente como vetores ou setas, que terão um ponto de aplicação, uma direção e uma intensidade. Essas forças são experimentadas internamente como tensões, que buscarão ser atendidas no meio. Quando minha ação visa a algo desejado, Lewin dirá que há uma valência positiva (as ações convergem para aquele ponto). Na situação contrária, quando minhas ações se distanciam daquilo que não desejo ou daquilo que me impede de alcançar o desejado, ocorre a valência negativa. Essa situação sempre será focada em seus aspectos presentes. Segundo Lewin (1965, p. 31-2):

De acordo com a teoria de campo, o comportamento não depende nem do passado e nem do futuro, mas do campo presente. (Este campo presente tem uma determinada dimensão de tempo. Inclui "passado psicológico" o "presente psicológico", e o "futuro psicológico" que constituem uma das

---

41. Segundo Garcia-Roza (1972, p. 25): "A topologia é um ramo não quantitativo da matemática, que estuda as propriedades das figuras que se mantêm invariantes apesar das deformações métricas por elas sofridas. As alterações quantitativas não são levadas em conta, importam apenas as características estruturais da relação parte-todo".

dimensões do espaço de vida existindo num determinado momento).

Essa representação espacial, entretanto, não se refere ao espaço físico. Para Lewin (1965, p. 30), "[...] as relações espaciais dos dados psicológicos não podem ser adequadamente representadas por meio do espaço físico, mas devem ser consideradas [...] como um espaço psicológico".

Um resumo dos principais atributos da Teoria de Campo nos é apresentado por Garcia-Roza (1972, p. 20):

a) a utilização de um método de construções e não de classificações; b) um interesse pelos aspectos dinâmicos dos acontecimentos; c) uma perspectiva psicológica e não física; d) uma análise que começa com a situação como um todo; e) uma distinção entre problemas sistemáticos e históricos; f) uma representação matemática do campo.

Acredito que a Teoria de Campo, embora filosoficamente questionável por alguns autores[42], é importante para uma prática clínica que utiliza experimentos ou trabalhos psicodramáticos. Tal ajuda se configura na facilitação em traduzir questões afetivas, inter--relacionais ou intra-relacionais abstratas, de uma forma mais precisa em relação ao que o cliente efetivamente estava querendo nos dizer. Com base em tal precisão, torna-se

---

42. Sartre chamará o trabalho de Lewin, assim como de todos os gestaltistas, de "fetichismo da totalização", que "confina-se em uma complexidade horizontal" (Sartre, 2002, p. 62).

mais fácil elaborar propostas psicodramáticas ou experimentos que efetivamente atendam às necessidades dos clientes.

Hugo Elídio

REFERÊNCIAS BIBLIOGRÁFICAS

GARCIA-ROZA, L. A. *Psicologia estrutural em Kurt Lewin.* Petrópolis: Vozes, 1972.

GINGER, S.; GINGER, A. *Gestalt: uma terapia do contato.* São Paulo: Summus, 1995.

LEWIN, K. *Princípios de psicologia topológica.* São Paulo: Cultrix, 1973.

_____. *Problemas de dinâmica de grupo.* São Paulo: Cultrix, 1973.

_____. *Teoria de campo em ciência social.* São Paulo: Pioneira, 1965.

_____. *Teoria dinâmica da personalidade.* São Paulo: Cultrix, 1975.

LOBB, M. S. *Psicoterapia de la Gestalt.* Barcelona: Gedisa, 2002.

_____. "Resolução". In: STEVENS, J. O. (org.). *Isto é Gestalt.* São Paulo: Summus, 1977.

PERLS, F. S. *Escarafunchando Fritz: dentro e fora da lata de lixo.* São Paulo: Summus, 1979.

RIBEIRO, J. P. *Gestalt-terapia: refazendo um caminho.* São Paulo: Summus, 1985.

SARTRE, J. P. *Crítica da razão dialética.* Rio de Janeiro: DP&A, 2002.

YONTEF, G. M. *Processo, diálogo e awareness.* São Paulo: Summus, 1998.

VERBETES RELACIONADOS

Gestalt, Gestalt-terapia, Intercorporeidade, Parte e todo, Presente, Situação inacabada

TEORIA ORGANÍSMICA, ORGANISMO, CAMPO ORGANISMO/AMBIENTE

Esses conceitos estão entrelaçados e foram introduzidos na Gestalt-terapia a partir do livro *EFA*, no qual Perls propõe uma revisão da psicanálise, que inclui a passagem de um paradigma que preconizava o intrapsíquico para outro, que tinha como centro a noção de organismo.

O contato com a teoria organísmica de Kurt Goldstein, médico neuropsiquiatra, foi um divisor de águas no trabalho de Perls e dirigiu seu interesse para o paradigma organísmico. Ele trabalhou com Goldstein em 1926, na Alemanha. Laura Perls, colaboradora direta na concepção e escrita de *EFA*, assim como da criação da futura Gestalt-terapia, foi aluna e assistente de Goldstein. A teoria organísmica de Goldstein, compendiada em sua obra *The organism* (1939/2000), propõe a consideração da totalidade como a premissa básica para a compreensão do funcionamento humano.

Identificado parcialmente com a Psicologia da Gestalt, Goldstein amplia algumas de suas concepções e princípios, focando-se no organismo como um todo. Concebe o organismo como um sistema organizado baseado em leis de funcionamento intrínsecas ao todo e propõe que qualquer sintoma deva ser avaliado de acordo com a compreensão de que o que afeta uma parte afeta o todo. Supõe uma unidade corpo e mente e afirma que não há um domínio independente ou supremacia das partes, tampouco do corpo ou da mente (Goldstein, 1939/2000). Ao tratar das relações do organismo com o meio, Goldstein atribui ao organismo um caráter de atividade, ao qual denomina "comportamento preferido" (Goldstein, 2000, p. 265), indicando que o organismo, tomando como referência uma sensação subjetiva de conforto e segurança, elege, diante das condições do meio, maneiras próprias e criativas de reagir, visando à regulação.

A proposta apresentada em *EFA* é o embrião daquilo que seria a Gestalt-terapia, a qual tomaria como ponto de partida a noção de "campo organismo/ambiente" para descrever a experiência humana no mundo. Perls busca nesse livro reorientar a teoria freudiana das pulsões para um ponto de vista organísmico, apoiando-se na noção de "autorregulação organísmica".

> [...] *autorregulação organísmica que, como W. Reich destacou, é muito diferente da regulação de instintos por princípios morais ou autocontrole. A regulação moral deve levar à acumulação de situações inacabadas em nosso sistema e à interrupção do ciclo organísmico. Esta interrupção é obtida pela contração muscular e pela produção de anestesia.* (Perls, 2002, p. 85)

Agregando as contribuições da teoria organísmica de Goldstein e da teoria reichiana de autorregulação organísmica, Perls (2002, p. 90) argumenta que o sistema sensoriomotor é dominado por uma tendência centrífuga, o que significa atribuir atividade ao organismo na direção da satisfação da necessidade dominante, uma intencionalidade que o dirige ao mundo. Já na África do Sul, e tendo conhecido o holismo de Jan Smuts com sua noção de ecologia que considera um "organismo-como-um-todo-imbricado-no-ambiente", Perls consolida sua compreensão do organismo inseparável do mundo. Ele reafirma mais tarde essa concepção, quando define organismo como "qualquer ser vivo que possua órgãos, que tenha uma organização e que se autorregule. Um organismo não é independente do ambiente. Todo organismo necessita do ambiente para trocar materiais essenciais [...]" (Perls, 1977, p. 19).

O tempo presente é apontado por ele como fator indispensável para pensar em termos organísmicos (Perls, 1942/2002, p. 147), já que não considera o ego uma substância, mas uma função (temporal) exercida quando em contato com o diferente. "Apenas onde e quando o *self* encontra o 'estranho', o ego começa a funcionar, passa a existir" (Perls, 2002, p. 212). A função egoica de identificação é uma função holística que expressa uma tendência a formar uma unidade (Perls, 2002, p. 212) com base no encontro com aquilo que é estranho e se dá a partir da agressão — considerada por Perls, de acordo com o pensamento diferencial de Salomon Friedländer, uma função biológica que possibilita o trabalho de assimilação ou alienação.

Partindo dessas ideias e agregando as contribuições de Paul Goodman, a Gestalt-terapia de PHG (1997) propõe conceber o ser humano como uma totalidade organísmica que não pode ser considerada isoladamente, o que está expresso na noção de "campo organismo/ambiente".

Em toda e qualquer investigação biológica, psicológica ou sociológica temos de partir da interação entre o organismo e seu ambiente. Não tem sentido falar, por exemplo, de um animal que respira sem considerar o ar e o oxigênio como parte da definição deste [...]. O significado da raiva compreende um obstáculo frustrante; o significado do raciocínio compreende problemas de prática. Denominemos esse interagir entre organismo e ambiente em qualquer função o "campo organismo/ambiente", e lembremo-nos de que qualquer que seja a maneira pela qual teorizamos sobre impulsos, instintos etc., estamos nos referindo sempre a esse campo interacional e não a um animal isolado. (PHG, 1997, p. 42)

Os autores tomam como referência a *estrutura da experiência*, uma unidade figura/fundo formada por organismo e ambiente em interação na fronteira de contato. Ao discutir a noção de campo organismo/ambiente com base na noção de estrutura em Merleau-Ponty (Alvim, 2007), ressaltamos que, para ser compreendida, a proposta gestáltica de campo organismo/ambiente não pode tomar como perspectiva o substancial ou físico. A estrutura da experiência ou do comportamento, como propôs Merleau-Ponty, é perceptiva, uma configuração da experiência de acordo com a percepção, uma forma assumida pelo campo que não é realidade física, mas objeto de percepção, ou seja, ato de *significação*.

Mônica Botelho Alvim

REFERÊNCIAS BIBLIOGRÁFICAS

Alvim, M. B. *Ato artístico e ato psicoterápico como experiment-ação: diálogos entre a fenomenologia de Merleau-Ponty, a arte de Lygia Clark e a Gestalt-terapia.* 2007. Tese (Doutorado) – Instituto de Psicologia, Universidade de Brasília (UnB), Brasília.

Goldstein, K. (1939).*The organism: a holistic approach to biology derived from pathological data in man.* Nova York: Zone Books, 2000.

Perls, F. S. (1942). *Ego, fome e agressão.* São Paulo: Summus, 2002.

_____. *Gestalt-terapia explicada*. São Paulo: Summus, 1977.

PERLS, F. S.; HEFFERLINE, R.; GOODMAN, P. (1951). *Gestalt--terapia*. São Paulo: Summus, 1997.

VERBETES RELACIONADOS

Agressão, Assimilação, Autorregulação organísmica, Experiência, Figura e fundo, Fronteira de contato, Função id, função ego, função personalidade, Gestalt-terapia, Holismo, Intercorporeidade, Necessidades, Pensamento diferencial, Presente, Sintoma, Sistema sensoriomotor, Situação inacabada, Totalidade

TEORIA PARADOXAL DA MUDANÇA/ MUDANÇA

Escrita em 1970 por Arnold Beisser, e tendo aparecido pela primeira vez no livro de Fagan e Shepherd, *Gestalt-terapia: teoria, técnicas e aplicações* (1980), a "teoria paradoxal da mudança" é uma das teorias mais frequentemente referenciadas na literatura da Gestalt-terapia.

Beisser (*apud* Fagan; Shepherd, 1980, p. 110) define resumidamente essa teoria: "Eu chamo-lhe a *teoria paradoxal da mudança* por motivos que se tornarão óbvios. Em poucas palavras, consiste nisso: *a mudança ocorre quando uma pessoa se torna o que é, não quando tenta converter-se no que não é*" (grifos do original).

Em relação à mudança propriamente dita, acrescenta ainda: "A mudança não ocorre através de uma tentativa coerciva por parte do indivíduo ou de outra pessoa para mudá-lo, mas acontece se dedicarmos tempo e esforço a ser o que somos" (Fagan; Shepherd, 1980, p. 110).

Segundo Beisser (*apud* Fagan; Shepherd, 1980). Perls não faz uma definição clara de teoria da mudança, contudo esta aparece na maior parte de seu trabalho e está implícita nas técnicas gestálticas.

Tellegen (1984) concorda com Beisser que o paradoxo, embora não fique explícito em Perls, na realidade está presente em toda a sua linguagem. E sobre a mudança diz ela:

Mudar é tornar-se o que já é; o árido é fértil. Não tentar dominar uma dor pela supressão, mas acompanhá-la atentamente, é um meio para não ser dominado por ela; permanecendo no vazio, encontra-se o pleno; o momento do caos prenuncia uma nova ordenação desde que não se tente impor ordem. (Tellegen, 1984, p. 42)

Cardella (2002) comenta a influência do pensamento oriental na obra de Perls, principalmente no que diz respeito aos processos de desenvolvimento e mudança. Segundo essa autora:

Um tema comum às religiões orientais presente na Gestalt-terapia é o paradoxo. Para a Gestalt-terapia, a pessoa é capaz de crescer tornando-se cada vez mais o que é, e não quando tenta ser o que não é... É preciso aceitar afetos, pensamentos e desejos, mesmo que sejam desagradáveis e dolorosos, para que a mudança ocorra e para que se experiencie a harmonia e a paz. (Cardella, 2002, p. 42)

Gary Yontef (1998) relaciona a possibilidade de mudança ao desenvolvimento do autossuporte. Ter autossuporte significa reconhecer-se e aceitar-se como se é. Diz ele:

Quanto mais você tentar ser quem não é, mais você permanece o mesmo. Cres-

cimento, incluindo a assimilação da ajuda e do amor dos outros, requer autossuporte. Tentar ser quem não se é não é autossuporte. (Yontef, 1998, p. 138)

Quando a pessoa chega à terapia, muito frequentemente vem com um conflito básico entre o que ela "deveria ser" e como ela percebe que é. É o papel do terapeuta encorajá-la a ser o que é. A partir daí, ela passa a ter uma base sólida para se movimentar.

Na prática, o Gestalt-terapeuta estimula a pessoa a experimentar esses papéis conflituosos (o que é e o que gostaria de ser), para que ela possa chegar ao que é; para que lhe seja possível escolher o rumo a seguir na vida.

Outra questão que não pode ser esquecida é a de que toda mudança implica um risco; o risco de sair de uma situação que, embora possa até ser desconfortável, é familiar; o risco de "não dar certo" e, até, paradoxalmente talvez, o risco de "dar certo".

Sobre isso, Ribeiro (2006, p. 149) comenta de forma muito apropriada:

Trabalhar paradoxalmente é colocar o cliente diante de suas possibilidades reais para, ao vivenciar suas contradições internas, descobrir que o risco é o cotidiano da existência, e que a palavra "fácil" não pertence ao vocabulário dos adultos, e sim ao das crianças.

Zinker (1978, p. 34) também nos aponta para essa questão do risco, para a dificuldade de abrirmos mão do que nos é familiar e a consequente resistência a isso:

Todo movimento origina resistência. Eu experimento esta minha resistên-cia interna como uma relutância em mudar o modo como faço as coisas, do modo como me comporto tipicamente no cotidiano. Esta constância me dá conforto. (tradução nossa)

Também cabe ressaltar a importância do respeito do terapeuta ao ritmo, às possibilidades e aos limites do cliente no processo terapêutico. Lima (2005, p. 144) nos diz a esse respeito que:

Se o outro nos chega usando uma armadura pesada, que restringe seus movimentos e sua espontaneidade, não é nosso dever retirá-la. Até porque, neste ato, podemos no mínimo invadir ou machucar a outra pessoa. Podemos sim é apontá-la, funcionar um pouco como espelho, um pouco como mímico e ir deixando a outra pessoa "se dar conta" de que está "armada". Só ela pode fazer a escolha se quer continuar assim, ou seja, continuar sendo sempre do mesmo modo, ou se irá se permitir ser diferente.

Sheila Orgler

REFERÊNCIAS BIBLIOGRÁFICAS

BEISSER, A. In: FAGAN, J.; SHEPHERD, I. L. *Gestalt-terapia: teoria, técnicas e aplicações.* Rio de Janeiro: Zahar, 1980.

CARDELLA, B. H. P. *A construção do psicoterapeuta – uma abordagem gestáltica.* São Paulo: Summus, 2002.

FAGAN, J.; SHEPHERD, I. L. *Gestalt-terapia: teoria, técnicas e aplicações.* Rio de Janeiro: Zahar, 1980.

LIMA, P. V. A. *Psicoterapia e mudança – uma reflexão.* 2005. Tese (Doutorado) – Instituto de Psicologia, Universidade Federal do Rio de Janeiro (UFRJ), Rio de Janeiro.

RIBEIRO, J. P. *Vade-mécum de Gestalt-terapia: conceitos básicos.* São Paulo: Summus, 2006.

TELLEGEN, T. A. *Gestalt e grupos: uma perspectiva sistêmica.* São Paulo: Summus, 1984.

Yontef, G. M. *Processo, diálogo e awareness*. São Paulo: Summus, 1998.

Zinker, J. *Creative process in Gestalt-therapy*. Nova York: Vintage Books, 1978.

VERBETES RELACIONADOS

Conflito, Crescimento, Gestalt-terapia, Resistência e evitação, Suporte

TEORIA E TÉCNICA DE CONCENTRAÇÃO

Fritz Perls utilizou pela primeira vez o termo "terapia da concentração" em *EFA* (1942). Nessa obra, propõe uma revisão da teoria e do método de Freud, dedicando a terceira parte do livro para explicar a terapia da concentração: penetrar exatamente na essência de uma situação com interesse espontâneo e atenção. A concentração perfeita tem um apoio natural e organísmico, pois surge como figura no campo perceptual do sujeito (aquilo que em dado momento é do seu interesse para satisfazer a necessidade percebida como dominante): "A concentração correta é mais bem descrita pela palavra 'fascinação'; aqui, o objeto ocupa o primeiro plano sem nenhum esforço, o resto do mundo desaparece, o tempo e os arredores deixam de existir, não surge nenhum conflito interno ou protesto contra a concentração" (Perls, 2002, p. 268).

O que é aparentemente fácil, o estar consciente do que estamos experimentando a cada momento, não é o que geralmente acontece. O que realmente acontece é que interrompemos nossa concentração sempre que surge algo desagradável. Para Perls (1977, p. 33), "o neurótico perdeu a habilidade (ou talvez nunca a tenha desenvolvido) de organizar seu comportamento de acordo com uma hierarquia de necessidades. Literalmente, não

pode se concentrar". O neurótico evita o contato com o que está fluindo, interrompendo a concentração, perdendo-se em suas fantasias, recordações etc. Essa evitação é a característica principal das neuroses, assim como a concentração doentia das pessoas obsessivas. Segundo Perls, em *EFA* (2002, p. 269):

> *O método de associações livres não é confiável e se presta facilmente a todos os tipos de evitações. Pela concentração no sintoma permanecemos no campo e avançamos em direção ao centro do complexo, e durante este processo encontramos e reorganizamos evitações específicas, por exemplo resistências.*

Nesse livro, Perls ensina vários exercícios simples, como comer mastigando cada bocado, percebendo o sabor e o material a ser ingerido para a intensificação da concentração. Tornar-se *aware* do ato de comer é o passo inicial para perceber como a mente divaga, e lentamente você poderá se concentrar na avaliação de situações vitais de sua existência.

A terapia gestáltica tem uma perspectiva holística visando ao desenvolvimento e à manutenção do bem-estar, e não somente à cura das doenças, portanto os exercícios propostos por Perls visam ficar atento ao fluxo permanente das sensações físicas (exteroceptivas e proprioceptivas) dos sentimentos, da sucessão de imagens que surgem na mente, enfim, do conjunto – o que ocorre no plano corporal, emocional, racional ou comportamental.

Para ajudar o cliente a fazer contato, Fritz colocava quatro questões: "O que você está fazendo agora? O que você sente neste momento? O que você quer? O que espera de mim?"

A essa concentração contínua, os gestaltistas atuais preferem dar o nome de *awareness*, utilizando a palavra inglesa, ou *continuum* de conscientização. John Stevens, em *Tornar-se presente* (1971), criou vários experimentos visando ao crescimento pelo desenvolvimento da concentração, atenção, percepção etc. Para tornar-se mais profundamente consciente de seu próprio experienciar, Stevens divide a experiência em três tipos de consciência ou zonas de consciência:

1) Consciência do mundo exterior, ao fazer contato sensorial por meio dos cinco sentidos, percebendo com concentração o que vejo, escuto, cheiro, toco e sinto o gosto.

2) Consciência do mundo interior, fazendo contato sensorial com eventos interiores: o que sinto dentro de mim, as tensões musculares, os movimentos, o que sinto quando me emociono e as sensações corporais que acompanham os sentimentos.

Esses dois tipos de conscientização englobam a realidade presente, o que experiencio aqui e agora.

3) A consciência da atividade da "fantasia", que diz respeito à minha consciência de imagens, de coisas que não existem na realidade presente e inclui toda a atividade mental: explicar, planejar, recordar o passado, antecipar o futuro etc. (Stevens, 1971).

Enright (1971) dizia que grande parte do conteúdo da conscientização é um fluxo de imagens de fantasia e fala subvocal[43]. Muitas vezes, esses produtos de pensamento são divagações que distorcem a conscientização da experiência real e concreta, dificultando a percepção correta da realidade. O que temos disponível no momento presente é aquilo com que podemos entrar em contato: são nossos movimentos, gestos, forma de falar, postura e expressões que nos colocam em contato com a superfície da conduta — o óbvio, como dizia Perls. Yontef (1998) define e completa o sentido dessa terapia de concentração:

> *A* **awareness** *total é o processo de estar em contato vigilante com eventos mais importantes do campo indivíduo/ambiente com total apoio sensoriomotor, emocional, cognitivo e energético. É o estar em contato com a própria existência.* (Yontef, 1998, p. 31)

A percepção correta do campo, por meio dos cinco sentidos, e o conhecimento das necessidades pessoais do indivíduo – suas crenças, vivências passadas e atitudes – conduzem a uma escolha criativa e integrada de ações no campo vivencial.

Margaret Joode

REFERÊNCIAS BIBLIOGRÁFICAS

ENRIGHT, J. "Uma introdução às técnicas 'Gestalt'". In: FAGAN, J. (org.). *Gestalt-terapia: teoria, técnicas e aplicações*. Rio de Janeiro: Zahar, 1971, p. 149-73.

PERLS, F. S. *A abordagem gestáltica e testemunha ocular da terapia*. Rio de Janeiro: Zahar, 1977.

_____. (1942). *Ego, fome e agressão*. São Paulo: Summus, 2002.

STEVENS, J. *Tornar-se presente*. São Paulo: Summus, 1971.

YONTEF, G. M. *Processo, diálogo e awareness*. São Paulo: Summus, 1998.

VERBETES RELACIONADOS

Aqui e agora, *Awareness*, Consciência, Contato, Doença, saúde e cura, Existência, Experiência, Experimento, Fantasia, Figura e fundo, Hierarquia de necessidades, Holismo, Neurose, Óbvio, Presente, Resistência, Sintoma, Sistema, Sistema sensoriomotor

---

43. Segundo Perls (2002, p. 59), "[...] o falar subvocal é apenas uma forma [...] de pensar".

TOMADA DE CONSCIÊNCIA (VER CONSCIENTIZAÇÃO, DAR-SE CONTA, TOMADA DE CONSCIÊNCIA)

TOTALIDADE

O aparecimento da palavra "totalidade" na literatura da Gestalt-terapia remonta ao primeiro livro escrito por Frederick S. Perls, *EFA* (1947). Nesse primeiro momento, Perls faz uso da palavra "totalidade" (do inglês *whole*, no original) como sinônimo do termo "holismo", tal qual cunhado por Jan Smuts em seu livro *Holism and Evolution* (1926): "Holismo (όλος – totalidade) é o termo [...] para uma atitude que compreende que o mundo consiste *per se* não apenas em átomos, mas em estruturas que têm um significado diferente da soma de suas partes" (Perls, 2002, p. 63). Ao se referir ao livro de Smuts, Perls recomenda sua leitura por apresentar "um exame muito abrangente da importância das totalidades" (Perls, 2002, p. 63).

Poucas páginas antes, no entanto, Perls já havia citado uma formulação de M. Wertheimer, ao fazer referência à psicologia da Gestalt: "Existem totalidades cujo comportamento não é determinado pelo de seus elementos individuais, mas onde os processos parciais são determinados pela natureza intrínseca dessas totalidades. A esperança da teoria da Gestalt é determinar a natureza de tais totalidades" (Perls, 2002, p. 61).

Posteriormente, na obra de PHG, os autores, ao abordarem o tema "Gestalt-terapia e psicologia da Gestalt", afirmam: "Esta é naturalmente a tese principal da psicologia da Gestalt: que se tem de respeitar a totalidade de fenômenos que surgem como todos unitários" remetendo-se à visão do "contexto *total* da si-

tuação concreta ou do *todo* estruturado definido" (PHG, 1997, p. 52; grifos nossos).

Dessa forma, a palavra "totalidade", no que diz respeito à Gestalt-terapia, parece-nos, sem sombra de dúvida, apresentar sua vinculação à herança recebida da psicologia da Gestalt por meio de porta-vozes como Smuts e Goldstein: "Perls foi introduzido à Psicologia da Gestalt por Kurt Goldstein, de quem foi assistente [...]. A Goldstein se deve a concepção do *organismo como um todo*" (Loffredo, 1994, p. 49).

Mas, se caminharmos um pouco mais para trás, chegaremos à provável nascente de tal sentido: as ideias de Franz Brentano, que acabaram por influenciar Edmund Husserl. Brentano, em sua investigação sobre a natureza dos atos psíquicos, constatou a distinção entre fenômenos físicos e fenômenos psíquicos, relacionando a estes últimos a:

> [...] *experimentação de uma totalidade, que, espontaneamente, se estabelecia, antes mesmo que um ato dela se ocupasse* [...] *e eis aqui uma primeira formulação da noção fenomenológica de Gestalt.* [...] *e o rudimento programático daquilo que, na pena de Husserl, transformar-se-á em fenomenologia: descrição dessas vivências que, espontaneamente, configuram-se para nós como totalidades anteriores às partes.* (Müller-Granzotto; Müller-Granzotto, 2004, p. 70-1)

Assim sendo, tomando-se a história do nascimento do método fenomenológico (Brentano e Husserl), bem como do percurso trilhado pelos psicólogos da Gestalt, já por estes influenciados, não é difícil entender porque a palavra "totalidade" pode encontrar equivalência no próprio termo "Gestalt"; ou, ainda melhor, porque totalidade serve como uma das possíveis opções à delicada tarefa de traduzir a palavra alemã "Gestalt": "[...] a psicologia eidética de Husserl havia legado, a saber, as essências ou intuições (de totalidades), que eles melhor preferiram tratar como estruturas objetivas chamadas Gestalten" (Müller-Granzotto; Müller-Granzotto; 2004, p. 7).

Burow e Scherpp (1985, p. 58), em *Gestaltpedagogia: um caminho para a escola e a educação*, nos dizem: "A suposição básica da Gestalt-terapia é ver o ser humano como um todo. [...] Como sinônimo da palavra totalidade, utilizamos os termos unidade, entidade, estrutura e Gestalt".

Ribeiro (1994, p. 16-7), em *Gestalt-terapia: o processo grupal*, também assume essa equiparação, propondo-nos a seguinte definição:

A palavra Gestalt sugere uma ideia de totalidade, de partes que se unem em um todo convergente e significativo. [...] Wholeness and Holism significam que as pessoas são muito mais que a simples soma de suas partes. Em cada um de nós existe um movimento para a completeza, para a totalidade.

Na qualidade de ilustração, podemos citar ainda um capítulo intitulado "Totalidade e autossustentação", escrito por Stephen A. Tobin, em *Isto é Gestalt*, no qual, entre outras considerações, encontramos a ideia de que: "De fato, [penso que] atingir a totalidade, a harmonia interna do corpo, mente e espírito, pode ser a tarefa mais importante do homem" (Stevens, 1977, p. 182).

Finalizamos com algumas palavras de Perls (1980, p. 49) acerca da totalidade intrínseca à humanidade que somos e temos:

Somos parte do universo, não distintos dele. Nós e o nosso meio somos uma só coisa. Não podemos olhar sem ter algo para onde olhar. Não podemos respirar sem ar. Não podemos viver sem ser parte da sociedade. Portanto, não podemos, certamente, observar um organismo como se ele fosse capaz de funcionar em isolamento.

Luciana Bicalho Cavanellas

REFERÊNCIAS BIBLIOGRÁFICAS

BUROW, O.-A.; SCHERPP, K. (orgs.) *Gestaltpedagogia: um caminho para a escola e a educação*. São Paulo: Summus, 1985.

LOFFREDO, A. M. *A cara e o rosto*. São Paulo: Escuta, 1994.

MÜLLER-GRANZOTTO, M. J.; MÜLLER-GRANZOTTO, R. L. "Gênese fenomenológica da noção de Gestalt". *Revista do X Encontro Goiano da Abordagem Gestáltica*. Goiânia: ITGT, v. 10, p. 69-82, 2004.

PERLS, F. S. (1947). *Ego, fome e agressão*. São Paulo: Summus, 2002.

_____. *Ego, hunger and aggression*. Nova York: The Gestalt Journal, 1992.

_____. In: FAGAN, J.; SHEPHERD, I. L. *Gestalt-terapia: teoria, técnicas e aplicações*. Rio de Janeiro: Zahar, 1980.

PERLS, F. S.; HEFFERLINE, R.; GOODMAN, P. *Gestalt-terapia*. São Paulo: Summus, 1997.

RIBEIRO, J. P. *Gestalt-terapia: o processo grupal*. São Paulo: Summus, 1994.

SMUTS, J. *Holism and evolution*. Nova York: Gestal Journal, 1996.

STEVENS, J. O. (org.). *Isto é Gestalt*. São Paulo: Summus, 1977.

VERBETES RELACIONADOS

Gestalt, Gestaltismo, Gestalt-terapia, Holismo, Método fenomenológico, Organismo, Parte e todo

V

VAZIO FÉRTIL

O conceito de vazio fértil surge pela primeira vez em 1951, na obra de PHG, que apresenta os fundamentos teóricos da Gestalt-terapia e marca seu início oficial como uma abordagem psicoterápica.

Com base no pensamento de Salomon Friedländer, e sua concepção de "indiferença criativa", Perls inicia a gestação do conceito de vazio fértil, em sua primeira obra, *EFA*, quando o define como "algo não diferenciado", para o qual sugere o termo "pré-diferente" (Perls, 2002, p. 50).

O Zen Budismo e o Taoismo foram também fontes que influenciaram o desenvolvimento deste conceito. No Zen budismo maaiana, o estado de vacuidade, ku, *é a matriz de todos os fenômenos, o momento que antecede a criação. A vacuidade é o potencial oculto de tudo que em si não é bom ou mau; qualquer objeto no universo é vazio, e seu significado lhe é atribuído por quem o percebe.*
Vácuo, o Nada, berço de todos os Possíveis.

Para além de palavra e pensamento está Tao, origem sem nome nem forma [...]. (Lao Tse, 1990, p. 78)

PHG, ao discutirem a pacificação prematura dos conflitos, referem-se ao vazio fértil relacionando-o ao conceito de *self*. "O contrário do excitamento do conflito é a insensibilidade da resignação. O contrário do "vazio fértil" que há quando alcançamos um nível de desinteresse (esse vazio é a criatividade do *self*) é o espaço vazio da resignação, onde o *self* costumava estar" (PHG, 1997, p. 168). O *self* só pode ser sentido como potencialidade, já que o campo existente no momento seguinte é sempre rico de novidades potenciais e o *self* não sabe, *a priori*, o que irá inventar. Esse potencial criativo do *self* é o vazio fértil.

Estar vazio é estar aberto a todas as possibilidades, garantindo que a Gestalt emirja livremente e possa atrair ao campo o que lhe for pertinente.

É isto a que Perls se referiu como "o vazio fértil". É um vazio cheio de potencialidade, esperando pelo desequilíbrio inevitável. Se estamos conscien-

tes dele, irá se dissolver, à medida em que as necessidades da situação forem aparecendo. Se lhe prestamos atenção, se o atendemos, mantemos a vitalidade da nossa experiência. Se não o fazemos, perdemos as nossas chances.
(Latner, 1972, p. 69; tradução nossa)

O vazio fértil é a fase intermediária entre o pós-contato e o pré-contato subsequente: "[...] a Gestalt é fechada, um ciclo está terminado. Voltamos à 'estaca zero', ao vazio fértil da indiferença criadora (Friedländer), de onde poderá emergir uma nova experiência" (Ginger; Ginger, 1995, p. 131).

Perls retoma o conceito de vazio fértil ao discorrer sobre a estrutura da neurose em um dos seminários dirigidos no Esalen Institute, referindo-se à passagem da camada implosiva ou da morte para a explosiva. Ao fazer um paralelo entre as concepções oriental e ocidental do nada, mostra que no Ocidente o nada é um vazio – a morte – e que, se é percebido, então tem existência; "[...] quando aceitamos e entramos neste nada, no vazio, descobrimos que o deserto começa a florescer. O vazio estéril torna-se o vazio fértil. O vazio vazio (*empty void*) ganha vida, se enche" (Perls, 1977, p. 86). Em *Escarafunchando Fritz*, ele volta a enfatizar a importância da compreensão do nada para o tratamento da neurose. Perls exemplifica esse fenômeno trabalhando com uma mulher de meia-idade que não conseguia liberar a filha: "[...] comecei a transformar o vazio estéril, que era preenchido por sua filha, num início de vazio fértil, de descoberta da própria substância e valor" (Perls, 1979, p. 279).

Segundo Van Dusen (1977), a chave para a compreensão da psicopatologia é o conhecimento dos espaços vazios nos indivíduos e de como estes reagem perante eles. Saber como trabalhar esses vazios é fundamental para uma mudança terapêutica. Para ele, o vazio fértil é o centro do processo psicoterápico (p. 127). "Na psicoterapia, toda ação é o dia e todos os buracos, os defeitos, são o vazio fértil da noite. O vazio fértil entra na psicoterapia de forma que possamos dissolver um pouco e sair um pouco mudados para o novo dia" (p. 129). Como diz Ribeiro (1985, p. 128), o vazio fértil é este momento de "entrega a si mesmo como única resposta possível [...] a partir do qual tudo pode acontecer".

Vazio fértil, fale através de mim
Em estado de graça quero ver
Bênção e verdade sobre mim
Face a face com você.
(Perls, 1979, p. 231)

Maria Alice Queiroz de Brito (Lika)

REFERÊNCIAS BIBLIOGRÁFICAS

GINGER, S.; GINGER, A. *Gestalt: uma terapia do contato.* São Paulo: Summus, 1995.

LAO TSE. *Tao Te King.* São Paulo: Alvorada, 1990.

LATNER, J. *The Gestalt therapy book.* Nova York: Bantam Book, 1974.

PERLS, F. S. *Ego, fome e agressão.* São Paulo: Summus, 2002.

_____. *Escarafunchando Fritz: dentro e fora da lata de lixo.* São Paulo: Summus, 1979.

_____. *Gestalt-terapia explicada.* São Paulo: Summus, 1977.

PERLS, F. S.; HEFFERLINE, R.; GOODMAN, P. (1951). *Gestalt-terapia.* São Paulo: Summus, 1997.

RIBEIRO, J. P. *Gestalt-terapia: refazendo um caminho.* São Paulo: Summus, 1985.

VAN DUSEN, W. "Wu-wei, não-mente e o vazio fértil". In: STEVENS, J. O. *Isto é Gestalt.* São Paulo: Summus, 1977.

VERBETES RELACIONADOS

Camadas da neurose, Campo, Conflito, Contato, Excitação/excitamento, Experiência, Gestalt, Gestalt-terapia, Indiferença criativa, Mudança, Neurose, *Self*, Zen-budismo

VERGONHA[44]

Este tema está presente no Capítulo 9 da Parte I de *EFA* (1942) e, principalmente, no Capítulo 13 da Parte II da mesma obra, que trata das "resistências emocionais". Perls qualifica a vergonha e o embaraço de "Quislings do organismo"[45], referindo-se ao ministro norueguês que, durante a Segunda Guerra Mundial, identificou-se com o inimigo e traiu seu próprio povo. "Em vez de ajudar no funcionamento saudável do organismo, elas o dificultam e o interrompem" (Parte II, Cap. 13)[46].

Mas a vergonha está ali ainda pouco definida, e ela sequer é evocada em *Gestalt-terapia*, sua obra fundadora. É, sobretudo, a partir da década de 1990, particularmente seguindo os trabalhos norte-americanos sobre os afetos e as emoções, ou sobre as perturbações do narcisismo, que numerosos gestalt-terapeutas enfocaram esse tema, o que contribuiu para intensificar a passagem de um referencial intrapsíquico ao paradigma do campo e, assim, permitiu uma grande revolução das atitudes clínicas (como Robine, 1991; Yontef, 1993; Erskine, 1995; Fuhr, 1995; Jacobs, 1995; Lee; Wheeler, 1996).

A vergonha é definida por Yontef como "o sentimento que acompanha a experiência de estar 'não OK' e/ou 'insuficiente'" (1993, p. 489); Lee insiste sobre a ameaça que ela faz pesar sobre o vínculo e o pertencimento: "Esse sentimento de recuo que sentimos quando percebemos que a conexão que desejamos é impossível ou está ameaçada" (Lee; Wheeler, 1996, p. 3), o que Robine classifica como "ruptura de confluência". Por sua vez, Wheeler (Lee; Wheeler, 1996, p. 48) afirma que a vergonha tem que ver com o "sentido de ajustamento entre o interior e os mundos exteriores da experiência".

Wheeler se apoia ainda sobre o tema da vergonha para convidar a reconsiderar um lugar para o conceito de *self* tal qual pôde ser desenvolvido por Goodman na obra fundadora, e Robine enfatiza o olhar dos outros sobre o ser desejante, ou seja, o *self* em sua função *id*.

Se a vergonha está ligada, em especial, ao sentimento de insuficiência, de indignação, de ilegitimidade, vividos por aquele que se coloca sob o olhar do outro, a situação terapêutica é, pois, especialmente propícia a criar ou ativar a vergonha. E é por essa razão que todos os autores gestaltistas insistem sobre a necessidade de o terapeuta haver explorado e trabalhado por si mesmo sua vergonha e suas defesas em relação à vergonha (assim, por exemplo, Yontef, Jacobs, Lee). As situações de formação de psicoterapeutas (Yontef, 2000; Fuhr e Gremmler-Fuhr, 1995) e de supervisão (Robine, 2007) são igualmente tomadas como situações propícias à criação ou ao desencadeamento da vergonha e, portanto, à sua colocação em trabalho.

Jean-Marie Robine

---

44. Este verbete foi escrito originalmente em francês e traduzido para o português por Adriano Holanda.
45. Na tradução brasileira: "Chamei a vergonha e o embaraço de traidores do organismo" (Perls, 2002, p. 256) [Nota do Tradutor].
46. (2002, p. 256, para a tradução brasileira) [NT].

REFERÊNCIAS BIBLIOGRÁFICAS

Erskine, R.G. (1995). "A Gestalt Therapy Approach to shame and self-righteousness: theory and methods". *The British Gestalt Journal*, v. 4, n. 2, p. 108-117.

FUHR, R.; Gremmler-Fuhr M. "Shame in teaching/learning situations". *The British Gestalt Journal*, v. 4, n. 2, p. 91-100, 1995.

JACOBS, L. "Shame in the therapeutic dialogue". *The British Gestalt Journal*, v. 4, n. 2, p. 86-90, 1995.

LEE, R.; Wheeler G. *The voice of shame, silence and connection in psychotherapy*. São Francisco: Jossey-Bass, 1996.

PERLS, F.S. (1942). *Ego, fome e agressão*. São Paulo: Summus, 2002.

ROBINE, J.-M. "La honte, rupture de confluence", *Gestalt*, n. 2, p.19-34, 1991, re-édité in ROBINE, J.-M. *Contacto & relacion en psicoterapia*. Santiago de Chile: Cuatro Vientos, 1997.

_____. "La honte en supervision". In: DELOURME, A.; MARC, E. (Eds.). La Supervision en psychanalyse et en psychothérapie. Paris: Dunod, 2007.

_____. "Shame". In: FRANCESETTI *et al. Gestalt Therapy in Clinical Practice. From Psychopathology to the Aesthetics of Contact*, 2011. (no prelo).

YONTEF, G. "Awareness, dialogue & process – essays on Gestalt Therapy". *The Gestalt Journal Press*, Highland, NY, 1993.

_____. "Relation et sens de soi dans la formation en Gestalt-thérapie, Clinique de la honte". *Cahiers de Gestalt-thérapie*, n. 7, 2000.

VERBETES RELACIONADOS

Confluência, Funcionamento saudável e funcionamento não saudável, *Self*, Resistência e evitação

VIAGEM DE FANTASIA

O termo "viagem de fantasia" nos remete ao volume I do livro de PHG, publicado originalmente em 1951, o qual contém uma série de experimentos que ilustram técnicas utilizadas em exercícios de crescimento. Entretanto, não há no livro uma referência específica à viagem de fantasia, entre os experimentos, o que só vai aparecer no livro de John Stevens, *Tornar-se presente* (1976).

A viagem de fantasia é uma das técnicas utilizadas em Gestalt-terapia para fazer emergir elementos do fundo. O procedimento visa ampliar a *awareness*, permitindo o autoconhecimento pela presentificação de experiências não percebidas. Stevens (1976, p. 180) nos diz que:

> *É valioso tornar-se mais consciente de si próprio, e é muito importante também comunicar esta consciência a alguém; desta forma, sua vida torna--se interligada com a de outros num contato honesto [...] projeção numa situação de fantasia, reidentificação através da dramatização e diálogo [...] diferentes contextos de fantasia fazem a diferença. Você descobrirá também que alguns dos seus principais sentimentos e temas reaparecem, apesar das situações diferentes. Isto é mais uma confirmação de que aquilo que você experiencia nestas fantasias é uma expressão real da sua existência: como você realmente vive, sente, age.*

Esta técnica é particularmente utilizada com grupos, embora também possa ser usada individualmente. Eficaz com adultos, também o é com crianças, que, por conta própria, já a utilizam em suas brincadeiras.

Oaklander (1980, p. 25) utilizou-a com crianças e nos diz:

> *Através da fantasia podemos nos divertir com a criança e também descobrir qual é o processo dela. Geralmente o seu processo de fantasia (a forma como faz as coisas e se move no seu mundo fantasioso) é o mesmo que seu processo de vida. Podemos trazer à luz aquilo que é mantido oculto ou o que ela evi-*

ta, e podemos também descobrir o que se passa na vida da criança a partir da perspectiva dela própria. Por essas razões encorajamos a fantasia e a utilizamos como instrumento terapêutico.

Ao fazermos uso desse recurso, devemos dar instruções para que a pessoa fique confortável e comece a entrar em contato com suas percepções, sua respiração, enfim, a entrar em contato consigo mesma. A fantasia deve ser narrada com voz calma, pausada, facilitando a "entrada" na história.

No livro de Stevens (1976), temos uma série de exemplos de fantasias dirigidas, das quais escolhemos a "Loja abandonada e a loja de trocas", em que pedimos para a pessoa "entrar na loja", escolher um objeto e deixar um objeto seu em troca. Violet Oaklander, no primeiro capítulo do livro *Descobrindo crianças* (1980), apresenta a fantasia da caverna, que pode ser utilizada em crianças e adultos. Trata-se de uma viagem imaginária na qual o cliente é convidado a passear por uma floresta, sentir o ar do campo, o cheiro de mato, terminando em uma caverna onde tem uma porta com seu nome escrito, que é o "seu lugar". Ao voltar da fantasia, o cliente faz um desenho revelando o que havia nesse lugar.

Em seguida, é encorajado a relatar sua experiência, como o que viu e seus sentimentos.

As fantasias podem ser criadas pelo terapeuta para facilitar a expressão e o trabalho com aspectos evitados ou ignorados. É Juliano (1999, p. 46) que nos fala que "[...] são recursos preciosos para 'mobilizar' o fundo, tornando-o mais rico, mais consistente. Em geral, funciona enriquecendo o campo perceptual que estava estreitado por questões existenciais".

Rosana Zanella

REFERÊNCIAS BIBLIOGRÁFICAS

JULIANO, J. C. *A arte de restaurar histórias*. São Paulo: Summus, 1999.

OAKLANDER, V. *Descobrindo crianças*. São Paulo: Summus, 1980.

STEVENS, J. O. *Tornar-se presente*. São Paulo: Summus, 1976.

VERBETES RELACIONADOS

Awareness, Consciência, Contato, Crescimento, Experimento, Fantasia, Figura e fundo, Gestalt-terapia, Projeção

VIVÊNCIA (VER MÉTODO FENOMENOLÓGICO)

WORKSHOP (VER PSICOTERAPIA DE GRUPO E *WORKSHOP*)

Z

ZEN-BUDISMO, ZEN

Perls não só nutriu certa simpatia pelo zen-budismo, como chegou a viajar ao Japão para praticá-lo. Em sua autobiografia, refere-se ao seu crescente interesse pelo zen, por considerar sua sabedoria, seu potencial e sua atitude não moral. É interessante notar que o seu encontro com o zen ocorre sincronicamente com o seu desencontro com Freud:

> [...] depois de 1936, procurei me reorientar. As malditas e contidas dúvidas sobre o sistema freudiano se espalharam e me envolveram todo. Tornei-me um cético, quase um niilista – um negador de tudo. Budismo – Zen – uma religião sem Deus? É verdade, na época eu aceitava muita coisa do Zen, de um modo frio, intelectual. (Perls, 1979, p. 35)

Tais colocações sugerem que, em meio à crise que resultaria no rompimento com a psicanálise, Perls tenha buscado no zen alguma forma alternativa de referência e apoio.

O zen-budismo tem sido objeto de interesse da psicologia, particularmente no campo clínico. Referência importante desse relacionamento é encontrada no livro *Zen budismo e psicanálise* (1960), de autoria conjunta de Daisetz Teitaro Suzuki, maior autoridade acadêmica japonesa do zen, e os psicanalistas Erich Fromm e Richard de Martino. Para a Gestalt-terapia, tal interesse transpõe o nível das possíveis relações de parentesco para se constituir importante fonte de referências fundamentais. O próprio Perls assim o indica, não só pelas frequentes citações que faz ao zen, como pela utilização recorrente de termos próprios do zen, como: "*Koan*"; "*Satori*"; "Vazio" (vazio fértil). Além dessa presença original, também encontramos na literatura da Gestalt-terapia vários autores que recorrem aos conceitos do zen-budismo, do taoismo e de algumas práticas de meditação oriental, o que confirma a importância do zen como uma influência no desenvolvimento da abordagem gestáltica.

A palavra "zen" vem do chinês *Ch'na*, que deriva do termo sânscrito "*Dhyana*", que significa "meditação". Em termos gerais, o zen é uma escola do *budismo* surgida na China, no século VI d.C., que se expande para o Japão no século XII, onde teve grande influência na cultura local e de onde se difundiu para o restante da Ásia, despertando grande interesse no Ocidente. Caracteriza-se por práticas diversas que visam à obtenção do *satori*, iluminação súbita da consciência, estado este que transcende o pensamento lógico causal libertando o homem do sofrimento.

O zen, no contato com a cultura nipônica, tem grande impacto no campo das habilidades esportivas e artísticas, originando os chamados *Dôs* (caminhos), ampliando a acessibilidade às experiências zen. Os principais *Dôs* são: *HaiKu*, ou haicai, composição de micropoemas, que têm no poeta Matsuo Bashô sua maior expressão; *Cha-dô*, conhecido como a cerimônia do chá; *Kyu-dô*, a prática do arco-e-flecha; *Ka-dô*, conhecido por nós como ikebana ou a arte dos arranjos florais; *Ken-dô*, o caminho da espada; *Chu-dô*, a arte da caligrafia, entre outros.

No Ocidente, o termo "zen" acabou se descolando de seu sentido original ao se popularizar como sinônimo de um estado de bom humor e tranquilidade.

A Gestalt-terapia e o zen-budismo têm como ponto central comum a importância dada à atenção para com a experiência vivida, nomeada "*awareness*" na Gestalt-terapia, e "meditação" na prática zen. Baseiam-se no mesmo princípio, que é a conscientização constante do presente imediato, segundo Figueiroa (1996); ambos dão total primazia à experiência, à tomada de consciência direta da realidade vivenciada no presente, o que inclui o próprio ato de conscientizar-se. Apesar da grande variedade de métodos e técnicas existentes e possíveis para promover esse estado de atenção, o que importa é sempre o contato direto com o experienciar, direto no sentido de não intermediado pelo pensar, pelo reflexivo, pelo conceitual. Perls sempre insistiu enfaticamente que esse era o elemento principal de seu método, conforme citado por Figueiroa (1996, p. 59): "Eu fiz da tomada de consciência o ponto central da minha abordagem, reconhecendo que a fenomenologia é o passo básico e indispensável no sentido de sabermos tudo o que é possível saber [...] a tomada de consciência em si – e de si mesmo – pode ter efeito de cura".

Isso nos remete às palavras de Suzuki (1969), quando enfatiza o contato direto com a experiência cotidiana, sem nenhuma outra interferência, como a principal ideia do zen.

A questão do óbvio, tão enfatizado por Perls, aparece com frequência nas metáforas zen-budistas e taoistas: vivemos como alguém que corre atrás de um touro, sentado sobre ele, ou: é como querer capturar o vento em uma caixa, e, ao fazê-lo, ele não mais estará lá (autores desconhecidos).

Também uma velha ideia designada *Wu-Wei*, traduzida como "ação pela não ação", ou simplesmente "o não fazer", é o princípio comumente representado pela imagem de uma árvore num campo em neve, em que os galhos mais finos, flexíveis, ao se inclinarem sob o peso da neve, permitem que esta escorregue e caia na terra, e assim eles se preservam, enquanto os galhos mais rígidos acumulam-na sobre si até o ponto em que o peso da neve supera a resistência do galho e este se quebra, e ambos caem por terra. Nesse sentido, Perls (1977, p. 38) é explícito: "Se você compreender a situação em que se encontra e deixá-la controlar suas ações, então aprenderá a lidar com a vida".

Mauro Figueiroa

REFERÊNCIAS BIBLIOGRÁFICAS

Figueiroa, M. "Re-oriente-se – uma reflexão sobre as influências do pensamento oriental na Gestalt-terapia". *Revista de Gestalt*, São Paulo, n. 5, p. 55-64, 1996.

Perls, F. S. *Escarafunchando Fritz: dentro e fora da lata de lixo*. São Paulo: Summus, 1979.

_____. *Gestalt-terapia explicada*. São Paulo: Summus, 1977.

Suzuki, D. T. *Introdução ao Zen Budismo*. São Paulo: Pensamento, 1969.

Suzuki, D. T.; Fromm, E.; De Martino, R. *Zen budismo e psicanálise*. São Paulo: Cultrix, 1960.

VERBETES RELACIONADOS

Awareness, Consciência, Conscientização, Contato, Experiência, Óbvio, Presente, Vazio fértil

IDEALIZADORA

Gladys D'Acri

AUTORES

Abel Guedes
Adriano Holanda
Afonso Henrique Lisboa da Fonseca
Alberto Pereira Lima Filho
Alejandro Spangenberg
Ângela Schillings
Ari Rehfeld
Beatriz Helena Paranhos Cardella
Brigite Peterhans
Claudia Baptista Távora
Claudia Lins Cardoso
Claudia Ranaldi
Eleonôra Torres Prestrelo
Eliane de Oliveira Farah
Elysette Lima da Silva
Enila Chagas
Ênio Brito Pinto
Fátima Barroso
Fernando De Lucca
Flávio Abreu
Georges Daniel Janja Bloc Boris
Gladys D'Acri (organizadora)
Gláucia Rezende Tavares
Graça Gouvêa
Guillermo Leone
Heloisa Costa
Hugo Elídio
Hugo Ramón Barbosa Oddone
Jane Rodrigues
Jean Clark Juliano
Jean-Marie Delacroix
Jean-Marie Robine
Jorge Ponciano Ribeiro
José Amâncio dos Santos Neto
Karina Okajima Fukumitsu
Laura Cristina de Toledo Quadros
Lilian Meyer Frazão

Loeci Maria Pagano Galli
Luciana Aguiar
Luciana Bicalho Cavanellas
Luciana Loyola Madeira Soares
Luiz Alfredo Lilienthal
Magda Campos Dudenhoeffer
Marcelo Pinheiro
Márcia Estarque Pinheiro
Marcos José Müller-Granzotto
Margaret Joode
Maria Alice Queiroz de Brito (Lika)
Maria Cecilia Peres do Souto
Maria Cristina Frascaroli
Maria Gercileni Campos de Araújo (Gercy)
Mário Tadeu Bruçó
Marisa Speranza
Marisete Malaguth Mendonça
Mauro Figueiroa
Miguel Angel Liello
Mônica Botelho Alvim
Myrian Bove Fernandes
Neuza Arruda
Patricia Lima (Ticha) (organizadora)
Paulo Porto
Pierre Ferraz
Roberto Veras Peres.
Ronaldo Miranda Barbosa
Rosana Zanella
Rosane Carneiro Porto
Rosane Lorena Müller-Granzotto
Sandra Salomão
Selma Ciornai
Sérgio Buarque
Sheila Orgler (organizadora)
Teresa Cristina Gomes Waismarck Amorim
Teresinha Mello da Silveira
Virginia E. Suassuna Martins Costa

www.gruposummus.com.br